KB213056

부처님건강법

도서출판禪

부처님건강법

2020년 9월 28일 1쇄 발행
2021년 6월 29일 2쇄 발행

著 者/현담스님
발행처/도서출판 禪
디자인/종합기획 숨은길
인쇄/(주)평화당
등록번호/제1-1691호(1994.4.22)
서울특별시 종로구 율곡로4길 55(수송동)
가격 : 6,000원

부처님건강법

목차

머 릿 말

귀의삼보하고!

여러분!

有財多病(유재다병)이란 말이 있습니다. 재산은 많은 부자인데 여기도 아프고 저기도 아프고 몸이 안 아픈 곳이 없어 고통스럽게 살아 나가는 사람이 있습니다.

부자라고 몸 아픈 사람을 부러워 할 사람은 없을 것입니다. 그런데 반대로 貧卽長壽(빈즉장수) 가난하여도 넘치는 힘 타고난 튼튼한 오장육부 건강한 몸을 가지고 장수하며 살아가는 사람이 있습니다.

건강하다 하더라도 가난한 사람을 부러워 하지는 않습니다. 부자면서도 건강하고 건강하면서도 부자가 되고 수명장수 하기를 누구나가 바랄것입니다. 부처님은 말씀 하셨습니다. 자업자득이라고 자기가 짓고 자기가 받는 것이라고 모든 것은 인과법입니다. 원인 없는 결과는 없습니다.

우리 모두가 전생에 지었던 업장이 금생에 병고롤 만들어 나타는 것입니다. 부처님 건강법이란 책 제목으로 이세상에 살고 있는 중생들에게 놀란 만한 경전에 말씀을 알려 드리겠습니다. 우리 몸은 벌레가 그렇게 많다고 합니다. 벌레가 신경을 갈아 먹으면 신경쇄약이 되는 것이고 머릿속에 벌레가 파먹어 들어 가면 치매가 될수 있다는 것입니다. 약사경을 만들면서 내용이 넘쳐서 제목을 약사경 상·하권으로 하지않고 부처님 건강법이란 내용으로 편집하였습니다.

부처님 말씀 하셨습니다. 건강하려면 마음이 안정이 되고 편안해지면 몸도 활기가 넘치고 혈액순환이 잘되며 잠도 잘자고 밥도 잘먹고 한다고 하셨습니다. 저는 부처님 말씀을 그대로 믿습니다. 마음이 몸을 조절하기 때문에 마음이 중요하다는 것입니다. 마음이 안정을 찾기 위해서는 틈날때마다 5분 참선이라도 하면 효과가 있을 것입니다.

그리고 노는 입에 염불한다고 염불 숙제를 고왕경 3천독 장엄염불 천독 화엄경 약찬게 천독만 하게 되면 얼굴이 환해지고 몸안에 벌레중에 나쁜 벌레는 힘을 못쓰거나 소멸되기 때문에 지독한 병에 고통으로 부터 벗어 날수 있다는 것입니다. 약은 약사에게 병은 의사에게 치료 받으면서 참선이나 염불도 함께 하면 효과를 볼수 있다는 것입니다.

눈에 보이지 않는 세계가 있습니다. 부처님의 가피의 세계가 있습니다. 이렇게 믿는 것을 신심이라는 것입니다. 잘 아셨죠! 자! 지금부터 부처님 건강법에 대해서 경전에 있는 내용을 소개해 드리겠습니다.

2021.06.29.

현담스님 합장

부처님이 말씀하신 인체에 대한 법문

　장자들이여, 보살 마하살이 이 몸이 최초 무슨 인연으로 성립한 것임을 관찰하나니 말하자면 부모의 정수와 피가 합하여 저 인연이 생긴다.

　또한 그 음식을 먹음으로 말미암은 것이니 먹고나면 변괴하여 문득 모였다가 곧 흩어져서 담음장(痰陰藏)에 들어가고 담음에서 흘러내리어 마침내 부정(不淨)에 돌아가며 그런 후에 화대(火大)가 증강하여 뜨겁게 변화시키고 성숙하게 하면, 그후 바람의 힘으로 돌아간다. 그 바람의 힘으로 말미암아 각각 찌꺼기의 무겁고 윤택한 것들을 분리시키나니 찌꺼기의 무거운 것이란 대 소변이요 윤택한 것이란 피를 말함이니 피가 변하여 살을 이루고 살이 변하여 기름(지방질)을 이루며 기름이 뼈를 이루고 뼈가 골수를 이루며 골수가 그 정수를 이루고 부정한 몸을 이루나니 보살이 이의 부정한 몸을 관찰하므로 이에 사유(思惟)를 일으키되,

「이 몸은 여러 가지로 합하여 모였기에 명상(明相)이 각기 다르다. 말하자면 三백 뼈와 六十방(肪)과 고(膏)와, 七백 맥(脈)과, 九백 근(筋)과, 十六늑골(肋骨)이며 또한 세 가지 일이 있어 안으로 그 창자를 읽어 생숙장(生熟藏)의 창자를 분리하되 十六으로 얽혀서 머무르게 함이 있고, 二천 五백의 맥도(脈道)가 투영(透映)되고 백七 절(節)과, 八十만 구지(俱胝)의 털 구멍이 있고, 다섯 감관이 갖추어 있으며 九규(竅)와 七장(藏)엔 부정한 것이 충만하고 골수는 일곱 줌[掬]의 뇌가 있고 一국인 지(脂)가 있고 三국인 담음이 있고 六국의 찌꺼

기 무거운 것과, 六국의 바람 힘이 따라서 두루하였으며 피는 一두 (斗)가 있어 이와 같이 모두 각각 충만하며 일곱 수맥(水脈)이 있어 또한 에워싸고 모든 맛을 흡수하거든 안의 화대(火大)가 증강하여 소화시키고 뜨겁게 하면 피곤하여 몸과 맥에서 땀이 흐르나니 이들 여러 모양은 참으로 보기 흉하고 냄새와 더러움은 부정한 체상(體相)이라 이 가운데에 어찌 증상(增上)의 애착을 일으키리요, 구걸 하는 사람이 물건을 얻고서는 도로 버리는 것과 같으며 또한 큰 수레 가 극히 무거운 것을 실은 것과 같나니 오직 지자(智者)만이 법을 깨 달아 응당 이와 같이 아느니라.』

곧 게송을 말씀하셨다.

이 몸 여러 가지 부정으로 모였거늘
어리석은 자 깨닫지 못하고
더욱 애착하는 마음 일으키나니
더러운 병(瓶)에서 나쁜 냄새 남 같네

귀와 눈 입과 코 모두 더럽나니
저들을 어이 향기롭고 깨끗하다 하리
침과 눈꼽 귀지와 콧물이며
충이 얽혀 추잡한 것 어이 애착하랴

비유컨대 어리석은 자 숯을 가지고
힘써 갈고 다듬어 희게 하려 한들
숯이 다하고 힘 지쳐도 희여질 수 없나니
지혜 없이 탐착함 또한 그와 같다네

어떤 사람 깨끗하게 만들려고
이 몸 여러 가지로 수치하며
백번 목욕하고 향수를 바른들
목숨 다하면 부정으로 돌아가네

그 때에 부처님은 무외수 등 五백 장자들에게 또 말씀 하셨다.
『장자여 마땅히 알라 보살마하살이 아뇩다라삼먁음을 관할 것이니
무엇이 四十四이냐. 말하자면 보살마하살이 「이 몸은 진실로 싫어
하고 버릴 바임」을 관찰함이요, 보살이 「몸은 가히 좋아할 것이 아
님으로」 관찰하나니 이롭지 못한 까닭이요 보살이 「몸은 극히 냄새
나고 더러운 것으로」 관찰 하나니 피 고름이 충만한 까닭이요.
보살이 「몸은 심히 견고하지 못한 것으로」 관찰하나니 근골(筋骨)이
　　　　　　　　　　　　　　　　　　　서로 연했는 까닭이요,
보살이 「몸은 부정한 것으로」 관찰하나니 더럽고 나쁜 것이 항상 흐
　　　　　　　　　　　　　　　　　　　르는 까닭이요,
보살이 「몸은 환(幻)과 같은 것으로」 관찰하나니 어리석은 사람과
　이생(異生)이 굳이 허망 동란(動亂)의 형상을 일으키는 까닭이요,
보살이 「몸은 새어나오는 것이 많은 것으로」 관찰하나니 아홉 구멍
　　　　　　　　　　　　　　　　　에서 항시 흐르는 까닭이요,
보살이 「몸은 치성하게 불타는 것으로」 관찰하나니 말하자면 탐욕
의 불이 태우는 바와 진애의 불이 맹렬히 모임과 어리석은 불이 어
　　　　　　　　　　　　　　　　　　　둡게 하는 까닭이요,
보살이 「몸은 탐욕·성냄·어리석음의 그물인 것으로」 관찰하나니
　　　　　　　　　항상 덮인 애정의 그물이 계속되는 까닭이요,
보살이 「몸은 구멍의 의자한 바인 것으로」 관찰하나니 아홉 구멍과
　모든 털 구멍에 두루 흘러 내리는 더러운 것이 충만한 까닭이요,
보살이 「몸은 여러 가지로 핍박하고 괴롭힌 것으로」 관찰하나니,

四百四병(病)이 항상 해롭게 하는 까닭이요,

보살이 「몸은 이 굴택인 것으로」 관찰하나니 八만四천 호충(戶虫)이 모인바인 까닭이요,

보살이 「몸은 무상(無常)한 것으로」 관찰 하나니 마침내 죽음에 돌아 가는 법인 까닭이요,

보살이 「몸은 무지(無知)인 것으로」 관찰하나니 법에 알지 않는 까닭이요,

보살이 「몸은 쓰는 그릇과 같은 것으로」 관찰하나니 뭇 인연으로 합하여 이루어졌다가 마침내 파괴되는 까닭이요,

보살이 「몸은 핍박이 심한 것으로」 관찰하나니 근심과 괴로움이 많은 까닭이요,

보살이 「몸은 귀취(歸趣)가 없는 것으로」 관찰하나니 필경 늙고 죽는 까닭이요,

보살이 「몸은 엉큼한 것으로」 관찰하나니 아첨과 속임을 행하는 까닭이요,

보살이 「몸은 땅과 같은 것으로」 관찰하나니 평탄하기 어려운 까닭이요,

보살이 「몸은 불과 같은 것으로」 관찰하나니 사랑하는 바 색(色)에 따라 얽매이는 까닭이요,

보살이 「몸은 염족(厭足)이 없는 것으로」 관찰하나니 五욕(五欲)을 따르는 까닭이요,

보살이 「몸은 파괴인 것으로」 관찰하나니 번뇌가 장애하는 까닭이요,

보살이 「몸은 일정한 분위(分位)가 없는 것으로」 관찰하나니 그 이쇠(利衰)가 수용하는 바에 나타나는 까닭이요,

보살이 「몸은 자타(自他)의 인연이 없는 것으로」 관찰하나니 근원과 지류를 얻을 수 없는 까닭이요,

보살이 「몸은 마음과 뜻이 다르고 흐르는 것으로」 관찰하나니 가지
가지 인연으로 뜻을 지어 사찰(伺察)하는 까닭이요,

보살이 「몸은 버리고 등지는 것으로」 관찰하나니 필경 시림(尸林)에
버리는 까닭이요,

보살이 「몸은 타의 먹이가 되는 것으로」 관찰하나니 독수리와 새와
사람들이 먹는 까닭이요,

보살이 「몸은 윤반(輪盤)에 그림자가 나타나는 것으로」 관찰하나니
근골이 연접한 까닭이요,

보살이 「몸은 돌과 아낄 바가 없고 쇠하면 버리고 누락되는 것으로」
관찰하나니 피 고름이 충만한 까닭이요,

보살이 「몸은 맛에 탐착한 것으로」 관찰하나니 음식으로 이루는 까
닭이요,

보살이 「몸은 근고(勤苦)하여도 이익이 없는 것으로」 관찰하나니 이
무상생멸(無常生滅)법인 까닭이요,

보살이 「몸은 나쁜 벗과 같은 것으로」 관찰하나니 모든 삿됨과 허망
을 일으키는 까닭이요,

보살이 「몸은 죽이는 자와 같은 것으로」 관찰하나니 거듭 거듭 고통
이 증가되는 까닭이요,

보살이 「몸은 고통의 기구인 것으로」 관찰하나니 三고(三苦)가 핍박
하여 괴롭게 하는 까닭이요, (이른바 행고(行苦)가 핍박하여 괴롭
게 하는 까닭이요, (이른바 행고(行苦)와, 괴고(壞苦)와, 고고(苦苦)
이다) 보살이 「몸은 고의 무더기인 것으로」 관찰하나니 오온(五온)
에 따라 유전하며 주재가 없는 까닭이요,

보살이 「몸은 극히 자유롭지 못한 것으로」 관찰하나니 가지가지 인
연으로 이룬 까닭이요,

보살이 「몸은 수자(壽者)가 없는 것으로」 관찰하나니 남녀상을 떠난
까닭이요,

보살이 「몸은 공적(空寂)한 것으로」 관찰하나니 모든 온(蘊)과, 처(處)와, 계(界)의 합성한 까닭이요,

보살이 「몸은 허가(虛假)인 것으로」 관찰하나니 꿈과 같은 까닭이요,

보살이 「몸은 진실치 못한 것으로」 관찰하나니 환(幻)과 같은 까닭이요,

보살이 「몸은 움직이고 산란한 것으로」 관찰하나니 아지랑이와 같은 까닭이요,

보살이 「몸은 달리며 흐르는 것으로 관찰하나니 메아리의 응하는 것과 같은 까닭이요,

보살이 「몸은 허망한 것으로」 관찰하나니 그림자 나타남과 같은 까닭이니라.

장자여, 보살 마하살이 이 四十四의 관찰을 지을 때엔 있는 바 몸의 낙욕(樂欲)과, 몸을 돌보고 아끼는 것과, 몸에서 〈나〉라고 집착한 것과, 목숨을 애염함과, 목숨의 적집과, 목숨의 계착과, 내지 사택과 처자와, 권속과, 음식과, 의복과, 수레와, 평상과, 자리와, 보물과, 재물과, 곡식과, 향화와, 등촉과 일체 수용하는 낙구(樂具)와, 낙욕과 돌보고 아낌과 아소(我所)에 집착함과, 애염함과, 적집과, 계착인 일체를 또한 끊는다. 몸과 목숨을 능히 버리므로 말미암아 일체 수용하는 낙구도 또한 모두 버리며 이와 같이하여 능히 六바라밀다(波羅密)를 원만 구족하느니라.

장자여, 보살 마하살이 능히 바라밀다를 원만 구족하므로 곧 능히 아뇩다라삼먁삼보리를 빨리 증득하느니라.」

그 때에 부처님은 이 뜻을 펴시려고 곧 게송을 말씀하셨다.

응당 알라 사마몸 열기 어렵나니
이몸 가지고 여러 죄업 짓지 않으리
시림(尸林)에 버리면 짐승들이 먹나니
괜히 이몸을 버리는 물건 만들었네

어리석은 자 항상 산란하여
헛된 몸에서 탐애 일으키네
이몸 다루기 어려워 등지기만 하여
밤 낮으로 받는 고통 쉴새 없네

이몸은 고통 바퀴, 병이 생기고
이몸의 부정물 많이 충만하였네
주리고 목마른 고통 심하나니
지자(智者)는 어이 애착 내랴

이몸 땅처럼 넓어 주인 없고
나쁜 벗과 같아 어리석게 애착 내어
이몸 때문에 갖은 죄악 짓고서
필경 그 고통 스스로 받네

이몸 금강 같이 굳지 않나니
이몸 인해 많은 죄 짓지 않으리
지자는 응당 수승한 복인(福人) 닦아
불교에서 청정한 신심 발하리

의복 음식 모든 물건으로
오래지 않는 이몸 양육한들

잠깐 있다 마침내 무너지나니
괜히 애써 가꾸고 어이 허송하랴

부처님이 세상에 출현함이여
백 겁을 지나도록 만나기 어렵나니
불교에 청정한 믿음 빨리 두고서
악취의 두려움 받지 않도록 하리

가사 수명이 천구지(俱胝) 산다 해도
저엔 응당 탐애두지 아니 하려든
하물며 백년도 못된 수명인데
어찌 실컷 탐애만 낼 것이랴

어떤 사치를 즐기는 자는
얻기 어려운 이몸 생각지 않고
노래 부르고 춤추는 사람 모아놓고
그 앞에서 구경하며 쾌락 구하네

재보(財寶)많이 모은들 무슨 낙 있으랴
보호하고 아끼느라 고통만 더하네
어리석은 자는 그를 기뻐하거니와
지자는 그의 탐착 떠나 버리네

부귀의 허망함 꿈과 같은데
어리석은 이는 마음에 흘러가네
찰나에 성립했다 찰나에 파괴되나니
어이 지자는 그를 탐애하랴

머리 속의 벌레

그 비구는 머리 속을 관찰한다.
『거기는 열 가지 벌레가 있어서 바람 때문에 죽는다. 즉
① 정내충(頂內虫)으로서 족갑풍(足甲風)에 죽고,
② 뇌내충(腦內虫)으로서 양족방풍(兩足傍風)에 죽으며,
③ 촉루골충(髑髏骨虫)으로서 불각풍(不覺風)에 죽고,
④ 식발충(食髮虫)으로서 파골풍(破骨風)에 죽으며,
⑤ 이내행충(耳內行虫)으로서 행도지풍(行蹈地風)에 죽고,
⑥ 유체충(流涕虫)으로서 근풍(跟風)에 죽으며,
⑦ 지내행(脂內行虫)으로서 파경풍(破脛風)에 죽고,
⑧ 교아절충(交牙節忠)이며,
⑨ 식연충(食涎虫)으로서 파족완절풍(破足腕節風)에 죽고,
⑩ 식치근충(食齒根虫)으로서 파비골풍(破髀骨風)에 죽는다.

목구멍 속의 벌레

또 열 가지 벌레가 있으니 그것들은 목구멍을 돌아다니다가 가슴
속으로 내려와서는 바람 때문에 죽는다. 그 열 가지는
① 식연충(食涎忠)으로서 파력풍(破力風)에 죽고,
② 수충(睡虫)이며,
③ 소타충(消唾虫)이요,
④ 토충(吐虫)이며,
⑤ 행십미맥충(行十味脈虫)으로서 행전풍(行轉風)에 죽고,
⑥ 첨취충(甛醉虫)으로서 해절풍(害節風)에 죽으며,
⑦ 기육미충(嗜六味虫)으로서 파모조갑시풍(破毛爪甲屎風)에 죽고,
⑧ 서기충(抒氣虫)으로서 정조풍(正跳風)에 죽으며,

⑨ 증미충(憎味虫)으로서 파괴풍(破壞風)에 죽고,

⑩ 기수충(嗜睡虫)으로서 포중풍(胞中風)에 죽는다.

피 속의 벌레

또 열 가지 벌레가 있다. 그것은 피 속에 있다가 바람에 죽는다.

① 식모충(食毛虫)으로서 간분풍(乾糞風)에 죽고,

② 공행충(孔行虫)으로서 방풍(傍風)에 죽으며,

③ 선도충(禪都虫)으로서 육구풍(六竅風)에 죽고,

④ 적충(赤虫)으로서 단신분풍(斷身分風)에 죽으며,

⑤ 회모충(蛔母虫)으로서 악화풍(惡火風)에 죽고,

⑥ 모등풍(毛燈風)으로서 일체신분풍(一切身分風)에 죽으며,

⑦ 진혈충(瞋血虫)이요,

⑧ 식혈충(食血虫)으로서 파건풍(破健風)에 죽으며,

⑨ 습습충(虫)으로서 일체신동풍(一切身動風)에 죽고,

⑩ 초충(酢虫)으로서 열풍(熱風)에 죽는다.

이 벌레들은 피 속에서 생긴 것으로서 그 형상은 짧고 둥글며 발이 없고 미세하여 눈이 없으며 사람의 몸을 가렵게하고 고달프게 움직이며 그 맛은 짜다. 이런 벌레들이 바람에 죽고 나면 그 사람은 피가 말라 죽는다. 그러므로 「죽은 사람에는 피가 없다」고 사람들은 말한다. 그 피가 마르려 하기 때문에 그는 큰 고통을 받는다. 목숨을 마치려 할 때에는 그는 크게 두려워하여 큰 고뇌를 받는다. 즉 「이 몸을 버리면 다른 곳에 가므로 친족과 벗·형제·처자·재물 등을 버릴까」 걱정한다.

그는 어리게 사랑하고 무지하기 때문에 애욕의 번뇌에 결박 되어 구호하는 이가 없고 좋은 법의 짝이 없이 오직 혼자 몸으로서 온 몸

의 각 부분에 피가 마르므로 몸과 마음의 두 가지 고통을 받는다.』

살 속의 벌레

또 그 수행하는 사람은 안 몸을 차례로 관찰한다.
『어떤 벌레가 바람에 죽으면서 어떤 고통을 받는다.』
그는 들은 지혜나 혹은 하늘눈으로 본다.
즉『열 가지 벌레가 살 속에 있다. 그 열가지란
① 생창충(生瘡虫)으로서 행풍(行風)에 죽고,
② 자충(刺虫)으로서 상하풍(上下風)에 죽으며,
③ 폐근충(閉筋虫)으로서 명풍(命風)에 죽는다. 무엇 때문에 명풍
　이라 하는가.
　만일 그것이 사람의 몸에서 나가면 사람은 곧 목숨을 마치기 때
　문이다.
④ 동맥충(動脈虫)으로서 개풍(開風)에 죽으며,
⑤ 식피충(食皮虫)으로서 난심풍(亂心風)에 죽고,
⑥ 동지충(動脂虫)으로서 뇌란풍(惱亂風)에 죽으며,
⑦ 화집충(和集虫)으로서 시현풍(視眴風)에 죽고,
⑧ 취충(臭虫)이며,
⑨ 오충(汚虫)이요,
⑩ 열충(熱虫)으로서 바람을 막기 때문에 목숨을 마칠 때에는 오폐
　풍(五閉風)에 죽는다.』

기력을 잃게 하는 벌레

또 그 수행하는 사람은 안 몸을 차례로 관찰한다.
『어떻게 죽을 때에는 흰 땀이 흘러나오고 이런 벌레들은 음(陰)속

을 다니다가 어떤 바람에 죽는가.

이 수행하는 사람은 음황(陰黃) 속을 다니는 열 가지 벌레를 관찰한다. 그 열 가지란

① 습습충으로서 괴태장풍(壞胎藏風)에 죽는데 남자나 여자나 목숨을 마치려 할 때에는 이 바람이 맥을 끊는다.

② 철철충(惙惙虫)으로서 전태장풍(轉胎藏風)에 죽는데 그것은 남자나 여자들을 기력을 잃게 하고 혹은 입 안에서 마치 금빛 같은 한 움큼의 누른 덩이를 내게 한다.

③ 묘화충으로서 거래행주풍에 죽고,

④ 대첨충이며,

⑤ 행공혈흑충이요,

⑥ 대식충이며,

⑦ 난행충으로서 괴안이비설신풍에 죽는다. 이렇게 차례로

⑧ 대열충으로서 도풍에 죽으며,

⑨ 식미충으로서 침자풍에 죽고,

⑩ 대화충으로서 악황풍에 죽는다.

뼈 속의 벌레

또 그 수행하는 사람은 안 몸을 차례로 관찰한다.

『골충은 목숨을 마칠 때 어떤 바람에 죽는가.』

그는 들은 지혜나 혹은 하늘눈으로 본다.

『이 온 몸의 뼛속에는 열 가지 벌레가 있다. 그 열가지란

① 지골충으로서 황과풍에 죽고,

② 교골충으로서 냉풍에 죽으며,

③ 단절충으로서 상수풍에 죽고,

④ 취충으로서 상피풍에 죽으며,

⑤ 소골충으로서 상혈풍에 죽고,

⑥ 적구충으로서 상륙풍에 죽으며,

⑦ 두두마충이요,

⑧ 식피충으로서 상골풍에 죽으며,

⑨ 도풍충으로서 해정풍에 죽고,

⑩ 도구충으로서 피추풍에 죽는다.』

대변 속에서 죽는 벌레

또 그 수행하는 사람은 안 몸을 차례로 관찰한다.

『사람이 목숨을 마칠 때 이 대변속에 사는 벌레들은 어떤 바람에 죽는가.』

그는 들은 지혜나 혹은 하늘눈으로 본다.

『열 가지 벌레가 있다. 그 열 가지 벌레란

① 생충으로서 생력풍에 죽고,

② 침구충으로서 한풍에 죽으며,

③ 백절충으로 임풍에 죽고,

④ 무족충으로서 상한풍에 죽으며,

⑤ 산분충으로서 파치풍에 죽고,

⑥ 삼초충으로서 후맥풍에 죽으며,

⑦ 파장풍으로서 하행풍에 죽고,

⑧ 폐식소충으로서 상행풍에 죽으며,

⑨ 황충으로서 이방풍에 죽고,

⑩ 소중식충으로서 전근풍에 죽는다.

이런 바람과 벌레들은 사람의 대변을 마르게 하고 모든 경계를 어지럽히며 서로 발동하고 충격한다. 바람은 모두 위로 올라가 몸의 경계를 괴롭히고 파괴하여 기운을 끊고 그 몸을 휘저어 그것을 마르게 하고 힘을 떨쳐 사람을 죽이는데 그 사람이 죽을 때 받는 고통은 어디에도 비유할 수 없다. 세상 사람들이 다 죽는 것은 결정된 것으로 의심의 여지가 없는 것이다.』

골수 속에서 죽는 벌레

또 그 수행하는 바람은 안 몸을 차례로 관찰한다.
『이 골수 속에 있는 벌레들은 사람이 목숨을 마치려한 때에는 어떤 바람에 죽는가.』
그는 들은 지혜나 혹은 하늘눈으로 본다.
『이 골수 속에는 열 가지 벌레가 있다. 그 열 가지란
① 모충으로서 해수풍에 죽고,
② 흑구충으로서 사소풍에 죽으며,
③ 무력충으로서 수견난풍에 죽고,
④ 통뇌충으로서 불인풍에 죽으며,
⑤ 심민충으로서 설명자풍에 죽고,
⑥ 화색충으로서 긴풍에 죽으며,
⑦ 환충으로서 폐풍에 죽고,
⑧ 하류충으로서 취상행풍에 죽으며,
⑨ 기신근충으로서 예문행풍에 죽고,
⑩ 억념환희충으로서 망념풍에 죽는다.

사람이 죽을 때 같이 죽는 벌레

또 그 수행하는 사람은 안 몸을 차례로 관찰하고는 무상하고 더러우며 〈나〉가 없음을 본다. 이미 앞의 한 벌레 상폐풍에 죽었는데 이

와같이 벌레들은 사람이 목숨을 마칠 때에는 바람에 죽는다.

4대가 흐트러지면 죽는다

즉『죽음에는 네 종류가 있으니 이른바 지대(地大)가 고르지 못하고 수대(水大)가 고르지 못하며 화대(火大)가 고르지 못하고 풍대(風大)가 고르지 못한 것이다. 어떻게 지대가 고르지 못하여 사람의 목숨을 끊는가. 만일 지대가 견고하지 못하면 몸 안의 바람 기운은 지대가 견고하기 때문에 온 몸이 다 닫기어 서로 파괴하고 서로 핍박한다.

마치 금강 같이 견고한 두 산이 있는데 그 두 산 사이에 생소(生酥)를 두고 큰 사나운 바람이 불면 두 산은 서로 부딪치면서 생소를 치고 누르는 것처럼 지대와 풍대는 그 두 산과 같아서 일체의 신명 즉 가죽살·뼈·피·지방·골수 등이 몸의 상자에 담긴 것은 마치 생소와 같은데, 지대와 풍대는 그것을 치고 눌러 해치며 온 몸의 경계를 파괴하므로 사람은 매우 고뇌하면서 부처님도 법도 스님네도 생각할 수 없다.

그리하여 현재의 몸이 장차 끝나려 하므로 중음(中陰)에 얽매어 끊이지 않고 계속한다. 우치한 범부들은 마음이 서로 같으므로 계속하여 인연해 나는 것은 마치 도장을 찍는 것과 같아서 죽음도 그와 같으며 현재의 몸은 다하려 하여도 서로 같은 마음 때문에 나는 것도 서로 같다. 마음의 원숭이와 같은 인연의 힘으로 온갖 생사를 받는 것이다.』

또 그 수행하는 사람은 안 몸을 차례로 관찰하고 사람이 목숨을 마칠 때를 관찰한다.

즉『어떻게 수대가 고르지 않아 나와 일체 어리석은 범부들로 하여금 그 신명을 잃게 하는가.』

그는 들은 지혜나 혹은 하늘눈으로 본다.

즉 『수대가 고르지 못하면 나와 일체 중생들이 목숨을 마치려 할 때에는 온 몸의 힘줄과 혈맥·가죽·살·뼈·피·지방·골수·정기 등은 모두 문드러져 고름피가 흘러나오고 서로 핍박하여 모두가 움직이며 두 산이 압착한다는 것은 앞에서 말한 바와 같다.

마치 생소(生酥)를 바다 가운데 두었을 때 사나운 바람에 불려 큰 물결이 서로 때려 그것은 머무를 수도 없고 또 견고하지도 않은 것처럼, 수대가 그 몸을 파괴하는 것도 그와 같아서 그는 부처님도 법도 스님네도 생각할 수 없고 다른 생각만 끊이지 않고 계속한다. 그러므로 우치한 범부들은 반연하는 마음이 서로 같아 나는 몸을 받는 것은 마치 도장을 찍는 것과 같아서 목숨을 마칠 때에 현재의 몸은 다하려 하더라도 같은 생을 받는 것은 그와 같다. 마음이 원숭이로 말미암아 생사를 받고 생사에 끌려 들어간다.』

또 그 수행하는 사람은 안 몸을 차례로 관찰한다.

『어떻게 화대가 고르지 못해 사람의 목숨을 끊는가.』

그는 들은 지혜나 혹은 하늘눈으로 본다.

즉 『사람이 목숨을 마치려 할 때에 화대가 고르지 못하면 사람의 온 몸의 혈맥과 모든 힘줄과 가죽·살·뼈·피·지방·골수·정기 등 일체는 다 타면서 불꽃이 왕성하다. 마치 거타라숲을 태워 그 불덩이는 산과 같은데 거기에 생소(生酥)를 던지면 불은 그것을 태워 불꽃이 이는 것처럼, 이 몸도 생소의 한 덩이를 불에 던지는 것과 같아서 죽음의 고통도 또한 그와 같다.

그리하여 그는 부처님도 법도 스님네도 생각할 수 없고 현재의 몸이 끝나려 하건만 다른 생각만 계속한다. 우치한 범부는 마음이 반연하는 생각으로 다 같은 생을 받는다. 그것은 마치 도장을 찍는 것처럼 사람이 목숨을 마칠 때 현재의 몸이 나하려 하더라도 그 마음으로 생을 받는 것도 또한 그와 같다. 마음이 원숭이 인연의 힘으로 생사를 받는 것이다.』

또 그 수행하는 사람은 안 몸을 차례로 관찰한다.

『사람이 죽을 때에 어떻게 풍대는 고르지 못하여 사람의 목숨을 끊는가.』

그는 들은 지혜나 혹은 하늘눈으로 본다.

즉『사람이 목숨을 마칠 때에 풍대가 고르지 못하면 온 몸의 일체의 힘줄과 혈맥과 일체의 몸의 경계인 이른바 가죽·살·뼈·피·지방·골수·정기 등은 다 무너져 흩어지며 마르고 기름기가 없으며 서로 찢어 발에서 정수리까지 모래처럼 흩어진다.

마치 생소 따위가 사나운 바람에 흩어지고 기름기를 잃어 모래와 같이 허공에 흩어지는 것처럼 사람이 목숨을 마칠 때 풍대가 고르지 못하여 죽음의 고통에 핍박을 받는 것도 그와 같아서 부처님도 법도 스님네도 생각할 수 없다.

우치한 범부들은 모두 반연하는 마음이 계속해 생겨 마치 도장을 찍는 것과 같은 것처럼 사람이 목숨을 마칠 때 모두 마음이 생기는 것도 또한 그와 같다. 그리하여 마음이 원숭이의 인연의 힘 때문에 생·노·병·사 등의 몸을 받는 것이니, 이것이 이른바 四대가 고르지 못해 네 가지 죽음이 있다는 것이다.

그 수행하는 사람은 이것을 다 보고는 모두는 무상하고 괴로우며 공이요 〈나〉가 없음을 관찰한다. 이렇게 보면 명을 잃고 신명을 버리면 세 가지 법을 잃는다. 즉 첫째는 목숨이요, 둘째는 따뜻한 기운이며, 셋째는 의식이다. 그러므로 다음 게송을 읊는다.

이 몸을 버릴 때에는
목숨·따뜻함·의식 등을 잃고
다시는 아무 감각 없기는
기왓장이나 나무나 돌과 같다

3가지 병

선남자여, 내가 먼저 말한 것처럼 세가지 병인 중에 용한 의원과 간병하는 이와 약을 만나거나 또 만나지 않고 병이 쾌차한다 함은 무슨 뜻인가. 약을 만나거나 못 만나거나간에 수명은 결정된 것이니라. 왜냐하면 이 사람은 한량없는 긴 세월에 세가지 선한 일을 닦았으니 상품·중품·하품이니라. 이렇게 세가지 선을 닦았으므로 수명이 결정된 것이니, 저 북구로주 사람이 수명이 천년인 것 같아서, 병에 걸린이가 용한 의원과 좋은 약과 간병하는 이를 만나거나, 못하거나 간에, 모두 병이 낫는 것이니, 왜냐하면 결정한 수명을 얻은 까닭이니라.

선남자여, 내가 말한 것처럼 병난 이가 만일 용한 의원과 좋은 약과 간병인을 만나면 병이 낫고, 만나지 못하면 낫지 못한다 함은 무슨 뜻인가. 선남자여, 이런 사람은 수명이 결정되지 않았으니, 목숨은 비록 다하지 아니하였으나 아홉가지 인연을 만나면 목숨이 단명하는 것이니라. 무엇이 아홉가지인가.

① 먹어서 편안치 못할 줄을 알면서도 먹는 것이요,
② 많이 먹음이요,
③ 미리 먹은 것이 아직 소화되기 전에 또 먹는 것이요,
④ 대소변이 때를 따르지 못함이요,
⑤ 병났을 적에 의원의 말을 따르지 아니함이요,
⑥ 간병하는 이의 시킴을 따르지 않음이요,
⑦ 억지로 참고 토하지 않음이요,

⑧ 밤에 다님이니, 밤에 다니므로 나쁜 귀신이 침노함이요,

⑨ 방사(房事)가 너무 과도함이니, 이런 인연으로 내가 말하기를 용한 의원과 약을 만나면 병이 나을것이요, 만나지 못하면 낫지 못한다 하느니라.

선남자여, 내가 먼저 말하기를 만나거나 만나지 못하거나 모두 낫지 못한다 함은, 무슨 뜻인가. 사람의 수명이 다하였으면 만나거나 만나지 못하거나간에 쾌차할 수 없나니, 왜냐하면 수명이 다한 연고니라. 이런 이치로 내가 말하기를 의원과 약을 만나거나 만나지 못하거나, 병이 낫지 못한다는 것이니라.

중생도 그와 같아서, 보리심을 낸 이는 선지식과 부처님과 보살을 만나서 깊은 법문을 듣거나 만나지 못하거나 마땅히 보리를 이룬다는 것이니 그 까닭은 능히 보리심을 낸 까닭이며, 북구로주 사람의 수명이 결정된 것 같느니라. 내가 말하기를 수다원으로부터 내가 벽지불이 선지식이나 부처님과 보살이 말씀하는 깊은 법을 들으면 아뇩다라삼먁삼보리 마음을 내고, 만일 부처님이나 보살이 말씀하는 깊은 법을 듣지 못하면 아뇩다라삼먁삼보리 마음을 내지 못한다 함은 저 수명이 결정되지 아니한 사람이 아홉가지 인연으로 목숨이 단명하는 것과 같나니 저 병난 사람이 의원과 약을 만나면 병이 쾌차하고 만나지 못하면 낫지 못하는 것과 같으니라.

그러므로 내가 말하기를 부처님이나 보살을 만나서 깊은 법을 들으면 보리심을 내고, 만나지 못하면 보리심을 내지 못한다는 것이니라.

또 보살마하살이 병이 유행하는 세상에서 앓는 이를 보고는 생각하기를 「마치 약 나무가 있거든 병난 이들이 뿌리를 캐고 줄기와 가지를 꺾고 잎을 뜯고 꽃을 따고 열매를 취하고 껍질을 벗기고 살을 깎아다가 먹고 병이 낫듯이 나의 이몸도 그와 같아서, 병난이가 소

리를 듣거나 몸을 만지거나 피와 살을 먹거나, 내지 뼈와 골수를 먹고는 모두 병이 쾌차하여지이다」하며 또 원하기를 「중생들이 나의 고기를 먹을 적에, 악한 마음을 내지 말고 아들의 살을 먹듯이 하며 병을 고친 뒤에는 내가 항상 법을 말하는 것을 그들이 믿고 생각하고 다른이들을 가르쳐지이다」하느니라.

또 선남자여, 보살이 번뇌를 구족하고 몸의 고통을 받더라도 마음이 물러나지 않고 흔들리지 않고 변하지 않으면, 반드시 물러나지 않는 마음을 얻어 아뇩다라삼먁삼보리를 성취할 줄을 알지니라.

또 선남자여, 어떤 중생이 귀신의 침입으로 병이 들었거든 보살이 보고는 원을 세우되 귀신의 몸, 큰 몸, 건장한 몸, 권속이 많은 몸이 되어, 저로 하여금 보고 듣고 병이 나아지이다 하나니 보살마하살이 중생을 위하여서 부지런히 고행을 닦으면 비록 번뇌가 있으나 마음을 더럽히지 않느니라.

어느 날 나라제 바라문 장자의 존락에서 수행하는 비구들을 향하여 부처님께서 이렇게 법문하셨다. 몸 안에 벌레가 살고 있기 때문에 몸을 병들게 하고 아프게 하고, 고통스럽게 하고, 괴롭게 한다. 그러니 비구들은 자신의 몸을 관찰해야 한다.

『이 몸은 어떤 것이 향상 되어 움직이지도 않고 무너지지도 않으며 어떤 것이 즐겁고 어떤 것이 〈나〉이며 어떤 것이 깨끗하고 미더운가.』

그는 들은 지혜나 혹은 하늘눈으로 본다. 즉
『이 몸에는 크거나 작거나 어느 한 법에도 향상 되어 움직이지도 않고 무너지지도 않는 것이 없으며 깨끗한 것이 없고 〈나〉가 없으며 믿을 만한 것이 없다.
마치 어떤 사람이 한낮에 크거나 작거나 어두움을 전연 구할 수 없는 것처럼 이 몸도 그와 같아서 향상됨·즐거움·나·깨끗함 등을 구할 수 없다.』
이것이 이른바 수행하는 사람이 그 안 몸을 차례로 관찰한다는 것이다. 그는 이렇게 관찰했을 때 악마의 경계를 멀리 떠나 열반의 길에 가까워졌다. 그리하여 애욕도 능히 그를 어지럽히지 못하고 또 다른 번뇌도 장애하지 못하였으니 이것이 이른바 안 몸을 차례로 관찰한다는 것이다.

자, 부처님 건강법 책을 읽고 계시는 여러분. 태어나서 이렇게 충격적인 부처님 법문은 처음 들어보실 것입니다. 우리 몸 안에 누구나가 음식을 먹게되면 대변을 보는데, 부처님의 말씀은 똥 속에도 10가지의 벌레들이 있다는 것입니다.

똥 속으로 다니는 열 가지 벌레를 본다.

그 열 가지란
① 생충(生虫)이요,
② 침구충(針口虫)이며,
③ 백절충(白節虫)이요,
④ 무족충(無足虫)이며,
⑤ 산즙충(散汁虫)이요,
⑥ 삼초충(三燋虫)이며,
⑦ 파장충(破腸虫)이요,
⑧ 폐색충(閉塞虫)이며,
⑨ 선색충(善色虫)이요,
⑩ 예문창충(穢門瘡虫)이다.

이들은 다 그 몸의 똥 속에 살면서 사람이 어떤 병을 만들며 어떻게 사람을 편하게 하는가.』

① 생충(生虫)

그는 들은 지혜나 혹은 하늘눈으로 생충(生虫)을 본다. 즉
『이 벌레는 똥 속을 다니는데 이것이 뜨겁게 타면 내 몸도 뜨거워지고 이것이 냉병에 걸리면 내 몸도 냉병에 걸려 흰 고름 똥을 싼다. 그리하여 내 몸은 여위어지고 얼굴빛은 누렇게 된다. 그러나 이것이 순종하여 성내지 않으면 위에서 말한 병은 없다.
그는 이렇게 생충을 관찰하고는 사람의 몸을 여실히 안다.

② 침구충(針口虫)

또 그 수행하는 사람은 안 몸을 차례로 관찰한다. 그는 들은 지혜나 혹은 하늘눈으로 침구충을 본다. 즉
『이것은 똥 속으로 다니는데 그 몸은 장대하다. 그것이 숙장에서 생장으로 갈 때에 어떤 벌레는 그것을 막지 못한다. 다시 생장에서 목구멍으로 올라와서는 뱉는 침과 함께 나올 때는 마음을 아프게 하거나 혹은 불안하게 하며 똥과 함께 나와서는 더운 기운이 약하기 때문에 이내 죽고 만다.』
그는 이렇게 침구충을 관찰하고는 사람의 몸을 여실히 안다.

③ 백절충(白節虫)

또 그 수행하는 사람은 안 몸을 차례로 관찰한다. 그는 들은 지혜나 혹은 하늘눈으로 백절충을 본다. 즉
『이것은 똥 속을 다니는데 몸은 짧고 빛깔은 희며 많은 벌레가 이어졌으며 몸은 차고 냄새가 매우 난다. 사람의 힘을 파괴하고 똥과 함께 나오면 파리들이 달려든다. 이 병이 있는 사람은 똥이 더욱 많

고 음식을 생각하지 않는다.』

그는 이렇게 백절충을 관찰하고는 사람의 몸을 여실히 안다.

④ 무족충(無足虫)

또 그 수행하는 사람은 안 몸을 차례로 관찰한다. 그는 들은 지혜나 혹은 하늘눈으로 몸 속에 사는 무족충을 본다. 즉
『이 벌레는 사람을 앓게 하며 어떻게 사람을 편하게 하는가.』

그는 들은 지혜나 혹은 하늘눈으로 이 무족충(無足虫)을 본다. 즉
『사람이 음식을 잘못 먹기 때문에 이 벌레는 성을 내어 일체의 바람 기운이 불어 사람의 대소변을 막는다. 그것이 만일 생장을 막으면 구토할 수도 없고 재채기 할 수도 없으며 또 소리칠 수도 없고 극히 피로하고 불안하여 벌레가 성을 내었기 때문에 이런 온갖 병이 생긴다.』

그는 이렇게 무족충을 관찰하고는 사람의 몸을 여실히 안다.

⑤ 산즙충(散汁虫)

또 그 수행하는 사람은 안 몸을 차례로 관찰한다. 그는 들은 지혜나 혹은 하늘눈으로 사람의 몸 안에 사는 산즙충을 본다. 즉
『그것은 음식을 소화시키기 위해 즙이 흐르는 곳에서 제 자신을 분산시켜 온 몸 속에서 즙과 함께 돌아다니되 발에까지 가고 또 발에서 정수리까지 간다. 온 몸에 두루 즙이 흐르기 때문에 사람들은 그를 얼굴빛이 좋다고 하고 그 즙이 흐르지 않으면 얼굴빛이 나빠 진다.』

그는 이렇게 산즙충을 관찰하고는 사람의 몸을 여실히 안다.

⑥ 삼초충(三燋虫)

또 그 수행하는 사람은 안 몸을 차례로 관찰한다. 그는 들은 지혜
나 혹은 하늘눈으로 사람의 몸속에 사는 삼초충을 본다. 즉
『만일 내가 열병을 앓으면 벌레는 더욱 사나워지므로 사람의 생장
은 편치 않고 불의 요소는 더욱 발동한다. 내가 열병을 앓기 때문에
벌레도 또한 열병을 앓아 온몸을 돌아다니면서 뜨거운 고통에 스스
로 탄다. 이 벌레가 성내기 때문에 맛이 흐르는 맥이 모두 말라 버리
므로 갈증이 생기고 두통이 난다.』

⑦ 파장충(破腸虫)

또 그 수행하는 사람은 안 몸을 차례로 관찰한다. 그는 들은 지혜
나 혹은 하늘눈으로 사람의 몸 안에 사는 파장충을 본다. 즉
『이 벌레는 어떻게 사람을 앓게 하며 어떻게 편안하게 하는가.』
그는 들은 지혜나 혹은 하늘눈으로 그 파장충(破腸虫)을 본다. 즉
『사람이 많은 맛난 음식을 먹기 때문에 벌레들은 핍박을 받아 성을
내어 사람 창자를 물어 뜯는다. 그러면 사람은 심장이 부어 아프거
나 바람으로 창자가 붓거나 열로 창자가 붓거나 냉으로 창자가 붓는
등 이런 갖가지 고통을 받는다. 이 파장충은 사람의 창자를 해친다.
그러나 이 벌레가 순종하면 위에서 말한 병들은 없다.』
그는 이렇게 파장충을 관찰하고는 사람의 몸을 여실히 안다.

⑧ 폐색충(閉塞虫)

또 그 수행하는 사람은 안 몸을 차례로 관찰한다. 그는 들은 지혜
나 혹은 하늘눈으로 사람의 몸 속에 사는 폐색충을 본다. 즉

『이 벌레는 어떻게 사람을 앓게 하고 또 편하게 하는가.』

『이것은 똥 속을 다니는데 내가 음식을 먹으면 이 벌레도 먹이를 먹고 먹은 뒤에는 창자를 막아 버린다. 사람은 음식을 잘못 먹기 때문에 그것은 유맥(流脉)을 해치고 불의 요소를 해치며 제가 먹는 창자를 붓게 하거나 굽히거나 뒤틀리게 하며 때로는 사람의 심장과 창자를 아프게 한다.

⑨ 선색충(善色虫)

그 수행하는 사람은 한 몸을 차례로 관찰한다. 그는 들은 지혜나 혹은 하늘눈으로 사람의 몸 속에 사는 선색충을 본다. 즉

『이 벌레는 어떻게 사람을 앓게 하며 또 편하게 하는가.』

그는 들은 지혜나 혹은 하늘눈으로 그 선색충을 본다. 즉

『내가 음식을 먹을 때 좋은 고기를 먹거나 나쁜 고기를 먹거나 혹은 갖은 음식을 먹으면 벌레는 몸 속에서 사람을 편하게 한다. 또 입으로 맛을 취하기 위해 온 몸속을 돌아다니되 사람의 병을 없애고 기운을 왕성하게 하며 몸 속에 있는 온갖 병을 끊어 버리는데 그것은 그 복덕 때문이다. 그 벌레가 큰 힘이 있으면 사람도 얼굴빛이 좋고 기운도 왕성하며 그 벌레가 힘이 없으면 사람도 여위어져 빛깔과 모양이 초췌하다.』

그는 이렇게 선색충을 관찰하고는 사람의 몸을 여실히 안다.

⑩ 예문창충(穢門瘡虫)

그 수행하는 사람은 안 몸을 차례로 관찰한다. 그는 들은 지혜나 혹은 하늘눈으로 사람의 몸 속에 사는 예문창충을 본다.

『이 벌레는 어떻게 나를 앓게 하고 또 편하게 하는가.』

그는 들은 지혜나 혹은 하늘눈으로 그 예문창충을 본다. 즉 『사람이 음식을 잘못 먹기 때문에 그 벌레가 성을 내어 갖가지 부스럼을 내는데 혹은 진부스럼을 내고 혹은 마른부스럼을 내며 혹은 뜨거운 부스럼을 낸다. 그 벌레가 성을 내면 더러운 몸의 똥이 흐르는 맥이다. 피가 흐르는 맥이나 즙이 흐르는 맥을 막으므로, 불기운이 적기 때문에 음식이 소화되지 않고 더러운 문에 부스럼이 생긴다. 그 벌레가 성을 내기 때문에 온갖 병을 만들지마는 그 벌레가 성내지 않으면 위에서 말한 병들은 없다.』그는 이렇게 예문창충을 관찰하고는 사람의 몸을 여실히 안다.

이상 10마리의 벌레는 똥 속에서 살고있다는 10종류의 벌레입니다. 그러니 여러분! 잘 먹고, 잘 싸고, 잘 자고, 기분좋으면 병이 없다는 사실입니다. 똥을 못 싸면 변비가 생기게 되고, 변비가 생기면 얼굴에 기미가 생기는 이유가 바로 이 10가지 벌레 때문입니다.

행자, 음심을 다스리는 법

『또 사리불이여, 행자가 선정에 들 때 음욕을 일으켜 바람이 四백
四 맥을 움직여 눈에서 몸까지 한꺼번에 동요하고 모든 정이 막히어
마음의 바람을 움직여 마음을 미치게 하고 그로 인해 발광하여 귀신
이 붙어 밤낮으로 음욕을 생각하되 머리의 불을 끄듯이 하면 빨리
그것을 다스려야 한다.

다스리는 법이란 행자로 하여금 자궁[子藏]을 보게 하는 것이니 자
궁이란 생장(生藏) 밑과 숙장(熟藏) 위에 있으며 九十九 겹의 막(膜)
은 죽은 돼지의 태와 같다. 四백 四 맥과 자장은 마치 말 창자와 같
이 바로 산문(産門)에 이른다.

그 모양은 팔찌 같다. 동글동글하며 크고 작은 것이 위는 둥글고
밑은 뽀족하여 형상은 이빨과 같다. 九十九겹으로 되었는데 낱낱 겹
사이에는 四백네 마리의 벌레가 있고 그 벌레들은 모두 머리와 입이
열 둘씩이다. 사람이 물을 마실 때에는 물은 혈맥에 들어가 모든 벌
레들에게 흩어져 비라충 정수리까지 이르러서 바로 산문으로 나오
게 된다. 반 달마다 더러운 물이 나오면 벌레들은 각각 그것을 토하
는데 그것은 마치 터진 고름과 같고 九十번 벌레의 입으로 들어갔다
가 十二번 벌레의 여섯 구멍으로 나오는 것은 마치 문드러진 빨간
비단의 즙(汁)과 같다. 또 벌레들이 있는데 가을 털처럼 작은데 그
안에서 유희한다.

남자들은 전생의 죄악 때문에 四백 四 맥이 눈으로부터 사지에 흩
어지고 모두 창자에 흘러 들어 생장 밑과 숙장 위에 이른다. 폐장과
신장 맥 양쪽에는 각각 六十 네 마리의 벌레가 있는데 그 벌레들은
모두 머리와 입이 열 두 개씩이다. 동그랗게 말려 서로 붙은 형상은

마치 가락지 같고 푸른 빛깔의 고름을 담은 것은 들돼지의 정기와 같고 더러운 냄새는 고약하다.

음장(陰藏)에 이르러서는 세 갈래로 나누었는데 두 갈래는 위에 있어 파초 잎 같고 一천 二백 맥이 있으며 낱낱 맥 안에는 바람벌레가 생겨 가늘기는 가을털과 같으며 비란다새 부리와 같다. 그 벌레의 입 안에서 근색충(筋色虫)이 생기는데 이 벌레의 형체는 힘줄이 잇닿은것 같은데 자궁을 보호하고 모든 맥을 움직이며 정기를 빨아 내고 들고 한다. 남충(男虫)은 푸르거나 희며 여충(女虫)은 붉다. 그 수는 七만 八천으로 서로 감싼 모양은 쌓은 고리와 같고 또 구사라새와 같다. 눈은 九十八 개며 혈맥 위에서 심장과 정수리의 상투를 찌른다.

남자들의 눈이 여색에 닿으면 바람은 마음을 움직여 四백 四 맥은 바람에 그치지 않고 움직인다. 그때는 팔만개의 벌레가 한꺼번에 입을 벌리므로 눈에서는 온갖 고름이 나와 모든 혈맥과 정수리에 흘러든다. 그리하여 벌레들이 난동하고 미처 아무 것도 모르는데 앞의 여근(女根)에 닿을 때 남정(男精)이 희고 푸른 것은 벌레들의 눈물이요, 여정(女精)의 붉은 것은 벌레들의 고름이다. 九十八 가지 번뇌에 훈습된 법으로 八만개의 벌레와 땅·물·불·바람 등이 움직여 된 것이다.』

부처님께서 사리불에게 말씀하셨다.
『만일 사부 대중으로서 부끄러움의 옷을 입고 부끄러움의 약을 먹고 해탈을 구하여 세상의 고통에서 벗어나려는 이는 이 법을 배우되 감로를 마시듯하여야 한다. 이법을 배우는 이는 생각해야 한다. 즉 앞에서 말한 자궁과 여근(女根)·남근(男根)에 이르기까지 크고 작은 벌레들이 입을 벌리고 귀를 세우며 성낸 눈으로 고름을 토한다.

그 때는 손을 뒤집어 왼쪽 무릎 끝에 두고 숨길을 안정시키되 一천九백 九十九 번을 되풀이해 관해야 한다.

이 생각을 성취한 뒤에는 손을 오른 무릎 끝에 두고 전처럼 관하고는 다시 손을 뒤집어 머리 위에 두고 이 벌레들의 더러운 물질로 하여금 먼저 두 눈과 귀·코·입 등 어디에도 다 이르게 하라. 이런 광경을 본 뒤에는 좋은 여색 좋은 남색, 내지 천자·천녀들까지도 문둥병자의 나라창벌레(那利瘡虫)나 지옥의 전반다라 귀신 형상이나 아비지옥의 사나운 물처럼 모일 것이니 이렇게 자신과 남의 몸과 이 욕심세계의 일체 중생들 몸의 더러움도 다 이와 같다고 자세히 관해야 한다.』

부처님께서 이어 사리불에게 말씀하셨다.
『그대는 알겠는가. 중생들 몸의 근본 종자는 다 더러운 것으로서 그것은 이루 다 말할 수 없다. 다만 숨길을 세면서 일심으로 관하라. 만일 이 약을 먹으면 그는 대장부로서 천상·인간의 스승이요, 사람을 제어하는 주인이다. 욕심의 진흙을 벗어나고 은애(恩愛)의 큰 빠른 물에 떠내려 가지 않으며 음탕해 좋지 못한 허깨비와 요망한 귀신의 희롱을 받지 않으며 그는 생사는 벗어나지 못했더라도 그 몸은 향기롭고 조촐하여 우파라꽃과 같고 인간의 향상(香象)과 용왕으로서 마해수역사로 미치지 못할 것이요 힘이 센 장부로서 천상·인간의 존경을 받을 것이다.』
부처님은 이어 사리불에게 말씀하셨다.
『그대는 잘 받들어 지녀 사부대중을 위해 설명하고 부디 잊어 버리지 말라. 그 때 사리불과 아난은 부처님 말씀을 듣고 기뻐하며 받들어 행하였다.』

부처님께서 말씀하신
지수화풍 4대를 다스리는 법

1. 지대(地大). 땅

무엇을 땅 요소라고 하느냐 하면, 땅 요소에는 두 가지가 있어서 첫째는 안[內]이요, 둘째는 바깥[外]이다.

안의 땅 요소[內地界]라고 함은, 이 몸의 안에서 구별되는 단단한 성질[堅性]이다. 단단하고 굳은 데에 소속된 땅[地]인데 땅의 소속이면서도 가까이 붙따라서 잡아 들여 느껴지는 것[執受]이다.

바깥의 땅 요소[外地界]라고 함은, 바깥에 있는 단단한 성질이다. 단단하고 굳은 데에 소속된 땅인데 땅의 소속이면서 가까이 붙따름이 아니요 잡아 들여 느껴지는 것이 아니다.

또 안의 땅 요소인 그것은 어떤 것들이냐 하면 머리카락과 터럭·손발톱·이·먼지와 때·살갗·살·해골·힘줄·맥·간·쓸개·심장·허파·지라·콩팥·밥통·대장·소장·생장(生藏)·숙장(熟藏) 및 똥 찌꺼기 따위를 안의 땅 요소라고 한다.

또 바깥의 땅 요소는 어떤 것들이냐 하면 기와와 나무·흙덩이·자갈·수목·돌·산과 바위 등의 이와 같은 종류들을 바깥의 땅 요소라고 한다.

지(地)를 다스리는 법

지대(地大)를 다스리는 법의 생각으로 이 산들은 모두 파초와 같다고 관찰한다. 이렇게 차례로 열 가지 비유를 거치면서 낱낱이 자세히 관찰하면 그때에는 다만 시방의 대지가 흰 유리와 같고 흰 보배꽃이 같으며, 사리불·목갈라아야나·카아샤파·카아챠아야나 등이 흰 금강굴(金剛窟)에 앉아 땅을 물처럼 밟으면서 행자를 위해 오파(五坡)·오합(五合)을 말하고 땅의 무상을 말하는 것을 본다. 행자는 그것을 보고 몸과 마음이 부드러워져 다시 본심을 얻는다. 이것은 지대를 다스리는 법이다.

지삼매(地三昧)에 들었을 적에 불상사를 보고 놀라고 실심하는 것을 다스리는 법

『또 사리불이여, 만일 행자가 지삼매에 들어 사방의 검은 산들을 볼 때 그 장엄한 산들 사이에는 한량없고 끝없는 구반다들이 흙더미처럼 웅크리고 앉아 추악한 형상을 나타내며, 그 몸의 각 기관 끝에는 또 다섯 산이 있는데 야차들이 다투어 와 그 산들을 취하면 구반다들은 몹시 아프고 놀라 아주 사나운 소리를 지르면서 그 행자에게로 온다.

그는 또 본다. 즉 머리털을 흩뜨린 온갖 귀신들은 그 끝에 산이 있는 큰 쇠망치를 들고 행자에게로 온다. 그는 또 본다. 야차들이 산을 메고 일어나 춤을 출 때 나찰들은 나무를 들고 야차에게로 가서 성을 내어 야차들과 싸우며 비사차 귀신은 머리에 검은 산을 이고 입에는 죽은 호랑이를 물었다. 행자는 그것을 보고 놀라 몸의 털이 일어선다. 놀라고 두려워 하기 때문에 나찰들은 더욱 사납게 야차와 싸워 나찰이 이겨 야차의 머리를 벤다. 비사차는 그 손발로 영락을 삼고 구반다는 그 몸으로 화만을 삼아 북을 치고 춤을 추면서 앞으로 나아갈 때 개의 어금니는 위로 나와 칼나무의 가지와 같고 눈[眼] 속에는 우박을 내리고 벼락불이 일어난다.

그러나 야차가 다시 이기면 나찰을 붙잡아 그 낯가죽을 벗기고 그 여근(女根)을 도려내어 구반다의 몸과 비사차의 손발로 화만을 만들고 귀와 목을 꿰어 북을 치고 춤을 추면서 앞으로 나아갈 때 몸을 흔들고 크게 외치며 아주 사나운 소리를 내면 매우 두렵다.

그는 또 본다. 즉 네 바다의 신(神)을 낳은 어머니 비모루지(毘牟樓至)는 바닷물에 반듯이 누웠는데 머리는 천개요, 손발은 각각 二천개로서 몸을 어루만지며 사방으로 향하여 그 여근(女根)을 드러내면 그것은 높고 험해 매우 두려워 마치 산에 피를 바른 것 같고 그 사나운 털 모양은 칼로 된 나무 같다. 그 가운데 한 나무는 칼산의 숲과 같고 백천의 한량 없는 나귀의 귀에 소의 머리며, 사자의 입과 말의 다리며 이리의 꼬리에 구반다의 몸을 가진 온갖 귀신들이 거기서 나온다.

그는 또 본다. 즉 머리는 백천개요 길이는 수십 유순이 되는 큰 용이 거기서 나오며 또 어떤 귀신은 온갖 짐승 같은데 모양은 사자 같고 다리는 만 개로서 비늘사이에는 무수한 백천 독사를 가진 것이 거기서 나오고 또 그 형상이 장대하여 十억 유순이 되는 아귀가 독을 토하고 불을 뿜으면서 여러 산을 메고 나오며 또 천마리 이리가 꼬리는 잇닿았고 몸은 다르며 이빨은 뾰족한 돌 같은 것이 나오고 또 천 마리 호랑이가 꼬리에도 머리가 있으며 몸을 붙이고 다니는 것이 거기서 나오며 또 용녀(龍女)가 영락으로 장엄하여 사람의 눈을 끄는 것이 거기서 나오면 야차가 그것을 잡아 먹으며 삵·고양이·다람쥐·원숭이·늑대·여우·나쁜 귀신 일체 나쁜 짐승 등이 다 거기서 나온다.

아비지옥과 옥초산(沃焦山)의 신·十八 지옥의 신·九억의 우두아방(牛頭阿傍)·八十억의 아귀·천억의 변소 벌레·五백의 회충 등 이런 갖가지 비참한 광경이 있고 모진 귀신들은 칼산을 가지기도 하고 칼나무를 잡기도 하여 수미산을 흔들고 혹은 철위산(鐵圍山)·유건타산등을 흔들기도 한다.

행자는 또 본다. 즉 그 자신이 대지에 꽉 찼는데 三백 三十六의 마디는 다 높은 산과 같아 무형세계에 이르렀고, 배꼽에서 물이 나오는 네 마리의 큰 독사는 그 물속에서 유희하며 입 안에서 불을 내면 열 놈의 사나운 나찰은 그 불 속으로 달아나면서 귀와 항문에서 바람을 내 여러 산들을 흔들면 일체 귀신들은 모두 와서 눈을 부릅뜨고 뼈마디를 쪼갠다. 행자는 그 때문에 두려워하여 발광하는데 만일 이것을 보면 빨리 다스려야 한다.

그 다스리는 법이란 먼저 한 해를 생각한다. 즉 해 천자와 함께 四보로 된 궁전을 타고 백천의 풍악을 누리며 흑산(黑山) 위에 있으면서 흑산을 밝게 비추어 차츰 밝게 한다. 이 한해의 생각을 성취하고 다시 두해를 생각 하고는 또 그 자신의 백골을 관한다. 즉 三백 三十六의 뼈마디가 눈산처럼 흰데 해는 그 눈산을 비춘다. 그는 다시 생각한다. 즉 정수리 위에 있는 달 천자는 四보로 된 궁전에서 백천의 권속을 거느리고 달구슬을 들어 그 머리 위에 둔다. 이 생각을 성취하고는 또 생각한다. 즉 셋째 산 위에도 위와 같은 한 해가 있다. 이 해를 보고는 다시 눈산처럼 흰 정수리 뼈를 생각하며 다시 이 산에 있는 한 달을 생각하여 그 달을 보고는 다시 넷째 산 위에 있는 해가 이 흑산을 비추는 것을 생각한다.

그 해를 보고는 그 자신을 생각하되 三백 三十六 뼈 마디에 있는 백골의 산들은 모두 네 모가 서로 대해 있고 낱낱 모[角]에는 한 달의 광명이 있으며 달 천자는 손에 두 개의 구슬을 들고 양쪽을 향해 가지고 있다. 이렇게 모든 뼈마디의 모와 모 사이에다 열 번의 드나는 숨길에 마음을 쏟아 분명히 관하고 또 낱낱 뼈에 일곱 개의 보배 구슬과 같이 밝고 깨끗해 사랑스러운 스물 여덟 개의 별을 본다.

이 생각을 성취한 뒤에 다시 생각한다. 즉 한 마리 금시조가 머리에 마니주를 이고 네 마리 뱀과 여섯 마리 용을 치면 뱀은 놀라고 용은 달아나며 여러 산의 귀신들은 한꺼번에 놀라 형상이 모든 검은 빛깔이 되는데 이것은 다 전생에 계율을 깨뜨린 과보이다. 그러므로 부지런히 참회하고 계율을 깨끗이 하여야 한다. 계율이 깨끗하면 해와 달의 광명은 갑절로 밝게 빛날 것이다.

만일 마음에 악을 생각하고 입으로 나쁜 말을 하여 돌길라를 범하면 마니주 위에는 검은 흙이 내리고 해와 달은 티끌을 뒤집어 쓰며 별들은 운행하지 않고 아수라왕의 九백九十九개의 손과 천개의 머리가 한꺼번에 나타나 해와 달과 별들을 가리어 그것들이 나타나지 않을 것이니 이것을 타락이라 하는데, 그것은 나쁜 마음의 칼과 입의 불로 계율을 깨뜨린 도적의 겁탈을 당했기 때문이다.

만일 이 훌륭한 감로의 약을 먹고자 하면 먼저 깨끗한 계율과 온갖 위의를 지니고 나쁜 업장의 죄를 참회해야 하며 또 마음과 뜻을 잡고 한 곳에 단정히 앉아 숨길을 세고 기운을 막아야 한다. 그리고 앞에서처럼 三백三十六의 뼈마디를 관하고 낱낱의 뼈마디로 하여금 모아 서로 향하게 하면 별과 달 따위와 위에서 말한 것과 같이 마음은 다시 밝고 지혜로와서 낱낱 뼈마디 사이에서 달빛은 옷과 같고 별빛은 실가닥과 같아 서로 돕고 어울려 있음을 볼 것이다.

그리고 그는 또 본다. 즉 네개의 해가 나와 네바다의 물은 三분의 二가 줄어들고 다섯개의 해가 나와 수미산이 다 녹고 큰 바다가 다 마르며 여섯 개의 해가 나와 이 산들이 차츰 다 녹는다고 생각하며 일곱개의 해가 나와 대지가 모두 타면 나찰들은 날아 올라 공중에 머무르고, 내지 욕심세계의 불당기가 그 뒤를 따르며 다시 형상세계로 가면 불도 따르며 무형상 세계로 가면 불도 따르며 무형세계로 가려고 하면 손발이 타서 오그라들어 불무더기 속에 떨어져 그 무서운 부르짖는 소리는 대지를 뒤흔든다. 이 삼매에 들 때에는 대지가 차츰 흔들려 수레바퀴처럼 돈다.

그 때에는 빨리 마음을 거두어 잡아 三백三十六의 뼈마디를 생각하면 그는 금강산과 같아서 그 형상은 수미산보다 더 사랑스러우며 땅·물·불·바람 등도 움직일 수 없다. 그리하여 오직 네마리 뱀이 마니주를 물고 뼈산 사이에 있는 것만을 본다.

그 때에는 먼저 불상을 생각하고 또 금강 끝을 보면 금강 당기 끝에는 마니로 된 거울이 있는데 과거의 일곱 부처님 그림자가 그 거울 속에 나타난다. 그리고 또 비바시 부처님의 눈썹 사이의 백호와 시기 부처님의 눈썹 사이의 백호와 제사 부처님의 눈 사이의 백호와 구루손 부처님의 눈썹 사이의 백호와 가나함모니 부처님의 눈썹 사이의 백호와 가섭 부처님의 눈썹 사이의 백호와 석가모니 부처님의 눈썹 사이의 백호를 자세히 관한다. 그리하여 그는 본다. 즉 그 일곱 부처님의 눈썹 사이의 백호는 파리 빛으로서 그 물은 매우 맑고 시원하여 모든 뼈마디 사이를 씻는다. 그러므로 三百三十六개의 뼈마디는 백호의 머리에 씻겨 매우 하얗고 빛깔은 깨끗하고 묘하여 파리 거울과 어떤 것에도 비할 수 없다.

이로 인해 그는 다시 본다. 즉 다섯 개의 금강 바퀴가 七보로 된 당기 끝에 있다가 그 밑으로 나와 공중에서 돌면서 비 가지의 이치를 말한다. 그는 이것을 보면서도 일심으로 그 자신이 백골의 산을 관하면 그는 부처님이 초롱이 물을 그 정수리에 쏟고 다른 여섯 부처님도 그렇게 하는 것을 본다.』

그 때에 석가모니 부처님은 그에게 말씀하신다.
『법자(法子)여, 너는 자세히 관하라. 몸·감각·상상 지어감·의식 등은 괴롭고 공이며 무상이요 나가 없는 것이다.』
그리고 다시 공·형상 없음·지음 없음·원 없음 등을 널리 말씀하시고, 또 몸은 비고 고요하며 四대에는 주인이 없으며 五음에는 집이 없어 끝내 적멸하여 허공과 같다고 말씀하신다.

그로 인해 그는 곧 세간은 무상하여 무너지는 것임을 깨우치고 네 가지 진리를 관하여 숨길이 다섯번 드나드는 동안에 二十억의 불타는 번뇌를 부수어 수다원이 되고 숨길이 열번 드나드는 동안에 모든 탐욕의 물결을 벗어나 사다함이 되며 숨길이 열번 드나드는 동안에 온갖 둔한 번뇌와 욕심세계의 번뇌와 온갖 번뇌의 근본을 끊어 욕심세계에 돌아오지 아니함이 된다.

그리고 또 숨결이 열번 드나드는 동안에 공한 법에 유희하면서 마음에 걸림이 없고 三十四심(心)의 상응에 머물러 열 가지 근본을 벗어나 멸하거나 부숴지지 않고 九十八의 번뇌의 산을 부순다. 그러면 크게 용맹스런 장군인 지혜 장군인 지혜 광명의 법의 당기는 사방에서 오고 금강의 보좌(寶座)는 밑에서 나와 서로 부딪치면서 공법을 연설한다. 다섯 개의 금강 바퀴는 왼쪽 무릎 끝에 머물러 저절로 아홉 무애(無碍)와 여덟 해탈의 법을 연설하고 과거의 성문들은 다 비유리 삼매에 들어 그 앞에 서면 석가모니는 금강비정경계(金剛譬定境界)의 뜻을 자세히 말씀하신다.

그리하여 그는 그 몸과 마음을 전연 보지 못하고 금강삼매에 들었다가 금강삼매에서 일어나면 결사(結使)의 산은 무너지고 번뇌의 뿌리는 끊어지며 무명의 강은 마르고 늙음·죽음의 원수는 없어진다. 그리하여 생(生)은 다하고 범행은 완성되었으므로 마치 순금을 단련한 것 같아 어떤 욕심도 받지 않고 할 일을 다 마쳤으니 이것을 큰 아라한이라 한다.

위 없는 보리에 뜻을 둔 사람은 처음에 일곱 부처님의 백호 광명을 보되 낱낱 부처님의 백호 광명이 열 갈래로 나뉘고 그것은 열 개의 보배 꽃이 되며 보배 나무와 보배 누대가 공중에 줄을 짓는다. 때에 시방 부처님도 광명의 물을 쏟아 위에서 말한 것처럼 그의 모든 뼈마디 사이를 씻는다.

낱낱 부처님은 그 백호 광명 속에서 十八종의 자심법문(慈心法問)을 말씀하시고 또 十八종의 대비법문(對比法問)과 十八종의 대희(大喜) 법문·十八종의 대사(大捨) 법문 등을 말씀하시고 차츰 더 가르치고는 四 무량심을 갖추면 十종의 명심(明心)을 말씀하시고 명심을 갖추면 「색(色)이 곧 공(空)으로서 색이 멸하여 공이 아님」을 말씀하시며 공을 관하면 보살의 六념(念)을 수행하고 부처님의 법신(法身)을 생각하며 부처님의 법신을 생각한 뒤에는 회향(廻向)하는 마음을 일으키고 회향이 이루어지면 네 가지 큰 서원을 세워 중생을 버리지 않고 네 원이 이루어지면 보살의 계율을 갖추고 보살의 계율이 이루어지면 비슷한 단바라밀(檀波羅蜜)을 배워 닦고 단바라밀이 이루어지면 비슷한 십바라밀을 배워 닦으며 이 생각이 이루어지면 안팎의 공(空)을 관한다.

그리하여 그는 현재에서 본다. 즉 백천의 한량없는 부처님이 그의 정수리위에 물을 쏟고 비단으로 머리를 매고는 공법을 말씀하신다. 그는 공으로 마음을 깨치고는 보살의 지위에 들어가는데 이것을 성지(性地)라 하며 보살의 최초이 경계이다. 이 법에서 흔히 증상만(增上慢)을 내는데 그런 줄 알아야 한다. 이것이 보리심의 첫 경계의 모양이다.

부처님은 이어 사리불에게 말씀하셨다.

『이것을 지삼매에서 증상만을 다스려서 무명의 근본인 三독의 두려움을 없애는 모습이라 한다. 그대는 잘 받들어 지녀 부디 잊어 버리지 말라.』

때에 사리불과 아난은 부처님 말씀을 듣고 기뻐하며 받들어 행하였다.

2. 수대(水大). 물.

무엇을 물 요소라고 하느냐 하면, 물 요소에는 두가지가 있는데 첫째는 안이요 둘째는 바깥이다.

안의 물 요소[內水界]라고 함은, 이 몸의 안에서 구별되는 축축한 성질[濕性]이다. 축축하고 물기에 소속된 물[水]인데, 물의 소속이면서도 가까이 붙잡아 들여 느껴지는 것이다. 그것은 어떤 것들이냐 하면 눈물과 땀·콧물·침·기름·열담(熱痰)·고름·피·뇌막(腦膜)이며 오줌 따위를 물의 요소라고 한다.

바깥의 물 요소[外水界]라고 함은, 바깥에 있는 축축한 성질이다. 축축하고 물기에 소속된 물인데, 물의 소속이면서 가까이 불따름이 아니요 잡아 들여 느껴지는 것이 아니다. 그것은 어떤 것들이냐 하면 우물과 샘·못·호수·시내·바다 등의 이와 같은 종류를 바깥의 물 요소라고 한다.

수(水)를 다스리는 법

사리불이여, 행자로 수삼매(水三昧)에 든 사람이 그 자신이 큰 솟는 샘물 같은데 三百三十六의 뼈마디가 물을 따라 흘러가는 것을 보고, 또 시방의 대지에 푸른 물이나 흰 물이나 가득한 것을 보면 빨리 그것을 다스려야 한다.

물을 다스리는 법이란 먼저 그 몸이 여의주나 길상병(吉祥瓶)이 되고 금꽃이 그 위에 덮이며 시방의 물을 병안에 흘러 들게 한다. 이 길상병에서는 일곱 줄기의 꽃이 솟아나는데 그 일곱줄기는 낱낱이 분명하고 낱낱 줄기사이에는 일곱개의 샘물이 있으며 낱낱의 샘물 가운데에는 일곱개의 금꽃이 있고 낱낱 꽃 위에는 한 부처님이 앉아 칠각지(七覺支)를 연설하신다고 관하는 것이다. 이것은 수대를 다스리는 법이다.

수대가 왕성함을 다스림으로 인하여 낮게 하는 법
[治水大猛盛因是得下]

사리불이여, 만일 四부 대중으로 물삼매에 들어 온 몸에서 물이 나와 몸과 마음을 보지 못하는 것이 마치 큰 바다와 같고, 선정에서 나올 때 음식이 맛나지 않고 심장 밑의 뜨거움을 근심하여 물맥이 더욱 움직이고 밑으로 내려 가지 않는 것을 근심하게 되면 빨리 그 것을 다스려야 한다.

그 다스리는 법이란 그는 생각해야 한다. 즉 비구가 금시조(金翅鳥)를 타고 큰 바다 가운데서 두려움 없이 놀 때 용과 나찰들은 모두 놀라 달아난다. 그 새가 용을 잡아 먹으므로 용은 두려워하여 물을 모두 빨아들이고 네 마리 뱀으로 화한다. 금시조왕은 그 네 마리 뱀을 입에 물고 있으며 비구는 그 위에 앉아 물을 찾으나 얻지 못한다. 금시조왕은 눈에서 불을 내어 뱀을 태우므로 뱀들은 놀라고 두려워한다. 그것은 마치 요술쟁이가 요술로 만든 사람이 나타나지 않고 숨는 것처럼 비구의 몸으로 들어간다.

그는 그로부터 선정에서 나와서는 세간에 내리는 것을 끊는 약을 먹어야 한다. 그리고 그는 두 개의 화주(火珠)가 있는데 하나는 위의 관(管)에 있어서 혈맥을 따뜻하게 하고 하나는 항문에 있어 그 모양은 뜨거운 돌과 같다. 그는 또 생각한다. 즉 울다가라는 설산(雪山)의 신이 있는데 키는 여섯 길이요, 희기는 구슬이나 눈 같다. 그는 사가나가라는 향기로운 약을 행자에게 준다.

그는 이 약을 먹으면서 먼저 위없는 보리심을 낸다. 한 번 먹으면 四백 네 가지의 병이 죽을 때까지 움직이지 않거늘 하물며 내리는 것이겠는가. 만일 그 신을 빨리 오게 하려면 깨끗이 목욕하고 오신채(五辛菜)를 먹지 않고 술을 마시지 않으며 고기를 먹지 않고 고요한 곳에서 일심으로 숨길을 세면서 그 신의 이름을 부르고 그 신의 형상을 생각하되 하루에서 이레에 이르면 그 설산의 큰 신은 열둘의 백광신(白光神)과 함께 행자의 앞에 와 설법한 뒤에 이 약을 주고 다시 十二문의 선정을 가르치는데 그 신들은 다 오지(五地)의 큰 보살들이다.

그러므로 병이 있는 사람은 먼저 저울다라가신을 생각하고 다음에는 용건신(勇健神)·강력신(强力神)·웅맹신(雄猛神)·지행신(智行神)·자재신(自在神)·선비신(善臂神)·구마라신·난승신(難勝神)·백광명왕신(白光明王信)·약왕신(藥王信) 등 十二 백광신을 생각하고, 그들을 본 뒤에는 그 신에게 각각 다른 법문을 물어야 한다.

그 신들은 먼저 행자로 하여금 미륵보살을 보게 하고 미륵보살이 계시는 곳에서는 문수사리등 일체 보살과 시방 부처님을 보게 한다. 만일 그 행자가 전생에도 사중(四重) 계율을 범하지 않았고 현세에서도 四중 계율을 깨뜨리지 않았으면 그가 신들을 볼 때에 곧 도의 자취를 보게 된다. 만일 그가 계율을 범하였으면 그 신들은 그로 하여금 참회하게 하되 천 일을 채운 뒤에라야 그는 미륵보살과 문수사리 모든 대사들을 보고 그 다음에 도의 자취를 얻게 된다.

부처님은 이어 사리불에게 말씀하셨다.
『만일 어떤 행자로서 물이 밑으로 내려감으로 말미암아 四백 四병이 움직일 때 그것을 다스리려면 빨리 이사가 등 약을 먹어 병을 제거해 근심이 없고 업장의 바다를 말없애야 빨리 도의 자취를 볼 수 있다. 그러므로 그대들은 잘 받들어 부디 잊어 버리지 말라.』

때에 사리불과 아난은 부처님 말씀을 듣고 기뻐하며 받들어 행하였다.

3. 화대

무엇을 불 요소라고 하느냐 하면, 불의 요소에는 두 가지가 있는데 첫째는 안이요, 둘째는 바깥이다.

안의 불 요소[內火界]라고 함은 이 물의 안에서 구별되는 따뜻한 성질[溫性]이다. 따뜻하고 더운 데에 소속된 따뜻함[煖]인데, 따뜻함의 소속이면서도 가까이 붙따라서 잡아 들여 느껴지는 것이다. 그것은 어떤 것들이냐하면, 몸 안에서의 온갖 따뜻함이어서 몸을 덥게 하고 고르게 덥게 하고 두루 덥게 하는 것이니, 이런 인연으로 말미암아 먹는 바와 마시는 바와 씹는 바와 맛보는 바를 바로 소화하기 쉽게 하며 그것을 더욱 왕성하게 하기 때문에 덥게 하는 도리에 해당한다. 이와 같은 종류를 안의 불 요소라고 한다.

바깥의 불 요소[外火界]라고 함은 바깥에 있는 따뜻한 성질이다. 따뜻하고 더운 데에 소속된 따뜻함인데, 따뜻함에 소속하면서 가까이 붙따름이 아니요, 잡아 들여 느껴지는 것이 아니다.

그것은 어떤 것들이냐 하면, 인간이 송곳으로 뚫어서 불을 일으키는[鑽燧] 따위와 소똥가루[牛糞末] 따위에 의하여 불을 구하는 것이니, 불이 일어난 뒤에는 소 똥을 태우고, 혹은 풀이거나 섶이거나 덤불이나 들이나 산을 태우며, 혹은 섬이거나 마을이거나 마을의 일부이거나 성이거나 성의 일부이거나 나라거나 나라의 일부를 태우기도 하며, 혹은 또 그밖의 이와 같은 태우는 종류들을 바깥의 불 요소라고 한다.

화(火)를 다스리는 법

『또 사리불이여 행자로서 선정을 행하고자하면 대사 경계가 때를 따라 늘고 주는 것을 잘 관찰해야 한다. 즉 봄에는 화삼매(火三昧)에 들어 몸을 따뜻하게 하되 불빛이 너무 사나워 몸이 뜨거우면 그것을 다스려야 한다. 즉 생각하기를 「모든 불빛이 여의주가 되어 털구멍에서 나오는데 불꽃과 불꽃 사이에 금련화가 되어서 화신불(化身佛)이 그 위에 앉아 병을 다스리는 법을 말씀하신다. 즉 세 개의 구슬을 쓰는데 첫째는 월정마니(月精摩尼)요, 둘째는 성광마니(星光摩尼)로서 마치 하늘의 별이 빛은 희고 몸은 푸른 것과 같은 것이며, 셋째는 수정마니(水精摩尼)다.』

또 생각하기를 「이 세 개의 구슬이 하나는 머리 위를 비추고 하나는 왼쪽 어깨를 비추며 하나는 오른쪽 어깨를 비춘다」이 세 구슬을 보고는 다시 생각하기를 「몸의 털구멍으로 나오는 이 세 구슬의 광명은 극히 맑고 시원하고 몸과 마음은 부드러워져 화삼매에 들어가더라도 부숴지지 않는다.」(이것은 화대를 다스리는 삼매의 법이다.)

화대로 인하여 머리 아프고 눈 아프고 귀먹은 것을 다스리는 법 [治因火大頭眼痛耳聾法]

『또 사리불이여, 만일 행자가 불삼매에 들었을 때 뼈마디 마다 불꽃이 일고 대장·소장 등에 한꺼번에 불이 일어나 움직이는 화맥(火脈)을 태우면 그 삼매에서 나올 때에는 머리가 조금 아프고 모든 맥이 움츠러들며 눈은 붉고 귀는 먹는데 이로 인해 병이 생기면 빨리 그것을 다스려야 한다.

그 다스리는 법이란 먼저 생각한다. 즉 한 우리 항아리에 온갖 빛깔의 물을 담고 거기에 여러 보배 꽃이 나면 그 꽃 위에는 다 백천으로 화한 부처님과 화한 보살이 모두 백호의 광명을 놓아 모든 불빛을 비추어 그 불빛으로 하여금 금룡(金龍)으로 화하게 한다. 행자는 그것을 보고 기뻐하여, 항아리를 볼 밑에 두고 꽃받침은 위에 있다고 생각한 뒤에 부처님께 예배하고는 곧 화한 부처님이 눈썹 사이의 상녕을 놓고 감로(甘露)를 내려 모든 뼈마디에 뿌리면 물방울이 떨어진 곳은 유리로 화하고 이내 대장, 소장에 쏟아 감로가 가득 차며 불빛은 차츰 사라지고 온갖 보배 꽃을 내는데 그 꽃에는 광명이 있고 그 빛깔은 붉고 희다.

그리고 다시 생각한다. 즉 마혜수라가 금빛 소를 타고 보배 병의 물을 가지고 행자 앞에 와서 물 가운데 있는 파독(破毒)이라는 약을 행자로 하여금 먹게 한다. 다시 전다라마니라는 한 구슬을 그 정수리에 놓고 온갖 약을 흘려 내가 귀와 눈과 코에 쏟는데 단 한 번 그것을 보면 그 병은 곧 낫는다.

마혜수라는 큰 보살로서 항사 수능엄삼매에 유희하면 눈썹 사이에서 큰 광명을 놓아 불상과 五백 신선들을 변화하여 부처님을 모시고 행자를 위해서는 감로문으로 병을 다스리는 법을 설명한다.』

부처님은 이어 샤아리푸트라에게 말씀하셨다.

『그대는 잘 받들어 부디 잊어 버리지 말라.』

때에 사리불과 아난은 부처님 말씀을 듣고 기뻐하며 받들어 행하였다.

4. 풍대(風大) 바람.

무엇을 바람 요소라고 하느냐 하면 바람 요소에는 두 가지가 있는데 첫째는 안이요, 둘째는 바깥이다.

안의 바람 요소[內風界]라고 함은, 이 몸 안에서 구별되는 바람의 성질[風性]이다. 바람으로 나부끼는 데에 소속된 가벼운 성질[輕性]

과 움직이는 성질[同性]로서 가까이 붙따라서 잡아 들여 느껴지는 것이다. 그것은 어떤 것들이냐하면 몸 안에서 위로 올라가는 바람[上行風]이 있고 아래로 내려가는 바람[下行風]이 있으며, 겨드랑이를 대고 누울 때의 바람[脇臥風]이 있고 척추를 대고 누울 때의 바람[背臥風]이 있고 허리 사이의 바람[腰間風]이 있고 사타구니 사이의 바람[間風]이 있고 작은 칼의 바람[小刀風]이 있고 큰 칼의 바람[大刀風]이 있고 바늘로 찌르는 바람[針刺風]이 있고 핍팔라의 바람[畢鉢羅菩提樹風]이 있고 들숨 날숨의 바람[入出息風]이 있고 뼈마디를 따라서 나는 바람[隨支節風]이 있나니, 이러한 종류들을 안의 바람 요소라고 한다.

바깥의 바람 요소[外風界]라고 함은 바깥 바람의 성품[外風性]이다. 바람으로 나부끼는데 소속된 가벼운 성질과 움직이는 성질로서 가까이 붙따름이 아니고 잡아들여 느껴지는 것도 아니다. 그것은 어떤 것들이냐 하면 몸 밖에 있어서 동쪽에서 오는 바람[東來風]이 있고 서쪽에서 오는 바람[西來風]이 있고 남쪽에서 오는 바람[南來風]이 있고 북쪽에서 오는 바람[北來風]이 있고 먼지 있는 바람[有塵風]이 있고 작은 바람[狹小風]이 있고 넓고 큰 바람[廣大風]이 있고 비쉬바야 바람[毗濕恋種巧莊嚴風]이 있고 바이람바카 바람[吠ㄱ藍姿(暴風)風]이 있고 바람 바퀴의 바람[風輪風]이 있으며, 때로는 큰 바람이 갑자기 일어서 한데 뭉쳐서 나무를 부러뜨리고 바다를 쓸어 없애나니, 날려 흔들린 뒤에는 의지하는 데도 없이 저절로 고요하게 잔다. 만약 유정들이 바람을 구하려고 하면 옷을 움직이고 부채와 타알라바닥[多羅掌]을 흔드나니 이와 같은 종류들을 바깥의 바람 요소라고 한다.

풍(風)을 다스리는 법

또 사리불이여, 행자로서 풍삼매(風三昧)에 든 사람이 자기 몸이 열 아홉 개 머리를 가진 용이 되고 낱낱의 용 머리에는 九백개의 귀와 한량 없는 입이 있으며 털구멍과 귀와 입은 큰 골짜기 같아서 모두 사나운 바람을 불어내면 그것을 빨리 다스려야 한다.

그것을 다스리는 법이란 행자로 하여금 자기 몸이 금가좌(金剛座)가 되는 것을 관하게 하면 그는 사면에서 금강륜(金剛輪)이 이 바람을 유지하며 금강륜에서는 일곱 갱의 금강화(金剛花)가 생기고 꽃 위에는 화신불(化身佛)이 차관을 들었으며 차관 안에는 열여섯 마리의 용이 몸을 움직여 바람을 빨아들이므로 지금은 시방의 바람이 고요하여 움직이지 않는다고 생각한다. 그 때에 행자는 다시 일곱 부처님과 네 사람의 큰 성문들이 七각지를 거듭 설명하고 차츰 팔성도(八聖道)로 들어가는 것을 본다. (이것은 안의 풍대를 다스리는 법이다.)

또 사리불이여, 만일 행자로서 바람 삼매에 들어 그 자신을 보되, 아홉 구멍 속이 큰 골짜기처럼 五색의 바람을 내고 또 그 자신의 三백 三十六 개의 뼈마디가 눈산처럼 희며 마디 마다 바람이 온갖 알길지(藹吉支=알길지는 송장을 일으키는 귀신)를 내어, 그들은 손에 쇠망치를 들고 천 개의 해골바가지로 영락을 만들어 용과 귀신 등 九十八종과 함께 행자에게로 오면 행자는 그것을 보고 놀라 털이 일어서고 그로 인해 발광하거나 혹은 백나병(百癩病)이 되나니 빨리 그것을 다스려야 한다.

그 다스리는 법이란 먼저 설산(雪山)·향산(香山)등에 있는 사대선인(四大仙人)은 다 큰 보살이라고 관하는 것이다. 그는 생각한다. 즉 그 선인들의 몸은 황금빛이며 키는 열여섯 길이다. 한 손에는 꽃을 들고 한 손에는 금강 바퀴를 잡고 입에는 향기로운 약을 물고 행자를 보호하여 바람을 일지 못하게 한다.

선인은 꽃을 갖고 물에 주문을 외워 용이 나와 그 바람을 다 빨아 먹고 용몸이 팽창되어 땅에 누어 자면서 끝내 일어나지 못한다. 그리고 그는 그 용은 미치 피초처럼 가죽과 가죽이 서로 맞써 숨을 쉬지 못한다고 관해야 한다.』

그 때에 부처님은 주문을 외우셨다.

나무불타 나무달마 나무승가
나무마하리사비사라사 알돌타달타 바만타 발사라지
타라굴다서다 차리차리마하차리우마리우마륵지 실탐비염이 아염
비리구국국지 살바타라니지 아산제마구리응예우미우마우마사바하

그 때에 부처님은 이 주문을 외우시고 샤아리푸트라에게 말씀하신다.

『이 신령스런 주문은 과거의 한량 없는 부처님이 말씀하신 것으로서 나도 지금 이 주문을 말하고 미래의 미륵과 현겁(賢劫)의 보살들도 이 주문을 말할 것이다. 이 신주의 공덕은 자재천(自在天)과 같아 후세의 五백년 동안 온갖 나쁜 비구들의 그 마음을 깨끗하게 하고 四대의 증감을 잘 조화시키고 다스리며 또 마음 속의 四백 四병과 四백 四맥을 일으키는 경계와 九十八 번뇌의 욕심 종자를 다스리고 또 업장과 계율을 범하는 온갖 악을 모두 다스려 남음이 없게 하는데, 이것을 七十二종의 병과 근심을 잘 다스리는 다라니라고도 하고 또 五음과 무명의 근본을 빼는 다라니라고도 하며 또 현재에서 모든 부처님과 성문들이 참법을 말하여 갖가지 번뇌를 부숨을 보는 것이라고도 한다.』

그 때에 부처님은 다음 게송으로 말씀하셨다.

법의 성품은 의지하는 곳이 없고
공(空)을 관하여도 또한 그렇다
만일 四대를 잘 관찰하면
그 번뇌 때문에 죽지 않으리

약을 먹고 선정을 닦고
또 이 다라니를 외우며
일심으로 모든 부처님 생각하면
번뇌는 아주 일어나지 않으리

번뇌의 바다가 길이 마르고
은애의 강물이 또 끊어지면
어떤 욕심도 인연한 곳이 없어
이것은 해탈이라 자칭하리라

근심이 없어 마음은 편안하고
여섯 가지의 신통에 놀면
또한 이 다라니로써
다른 사람을 가르쳐 주라

　그 때에 부처님은 이 게송으로 말씀하시고 이어 사리불에게 말씀
하셨다.
『그대는 알아야 한다. 내가 열반한 뒤의 오는 세상에 만일 어떤 비
구·비구니·우바새·우바이로서 이 매우 깊고 요긴한 깨끗한 계법
과 선정을 닦을 때 모든 병의 약과 이 광명왕의 훌륭한 당기의 다라
니를 들을 수 있으면 그는 한 부처님이나 둘·셋·넷·다섯 부처님
에게서만 선근을 심은 것이 아니라 한량없는 백천 부처님에게서 오

랫동안 세 가지 보리의 마음을 닦아 익혔기 때문이다.

지금 이 매우 깊고 비밀한 법을 듣고 그 말대로 수행하면 그 사람은 최후의 몸으로 급히 흐르는 물처럼 빨리 네 가지 사문의 결과와 보살의 행을 얻을것이다.』

부처님께시 이렇게 말씀히실 때 五백 석자(釋子)들은 감전이나 분발하여 여섯가지 신통을 갖추었고 사위성 안의 一천 수트라로서 전생에 선정을 닦다가 발광한 사람은 이 부처님 말씀을 듣고 기뻐하여 수다원이 되었으며 八十 억의 천자들은 四대의 병을 다스려 몸과 마음에 근심이 없어졌고 곧 위없는 도의 마음을 내어 하늘꽃을 두루 내려 부처님과 대중 위에 뿌렸다.

그 때 그 모임에 있는 하늘·용 등 八부 대중은 부처님 말씀을 듣고 같은 소리로 이렇게 말하였다.

『부처님께서 세상에 나오심은 실로 이 미치고 나쁜 삿된 소견을 가진 이와 나찰의 행을 하는 사람의 병을 다스려 그 본심을 얻게 하기 위하심이니 마치 좋은 꽃당기처럼 매우 좋습니다.

장하십니다. 세존께서는 저 우담바라꽃이 때가 되어야 한 번 피는 것 같습니다.』

때에 그 모임의 대중들은 다음 게송으로 찬탄하였다.

일종왕(日種王)의 태자이시고
감자족(甘蔗族)의 후예이시며
성광월(星光月)의 외손(外孫)이시고
마야 부인의 아드님이시다

나시자 곧 일곱 걸음 걸으실 때
발로 밟으면 대천세계 흔들렸고
시방의 신들 모두 응하며

아름다운 상서는 三十二상이다

침을 뱉 듯이 나라 버리고
필발라 나무 밑에 앉으시다
금상의 훌륭한 도량에서는
만억의 악마들 항복 받으시다

보리의 도를 이루게 되어
깨끗한 얼굴은 보름달 같고
마음의 번뇌도 아주 없어졌나니
우리는 지금 일심으로 예배하네

석씨(釋氏) 중에서 가장 훌륭하시고
훌륭한 자비를 갖춘 이로서
능히 모든 중생들로 하여금
생사의 고통에서 길이 벗어나게 하시다

그 때에 부처님은 四부 대중의 이 게송을 들으시고 다시 은근히 금
빛 손을 펴시어 사리불과 아난의 머리를 어루만지시고 이 일을 부촉
하셨다.

때에 사리불과 아난 등 모든 대중은 부처님 말씀을 듣고 기뻐하며
받들어 행하였다.

인욕정진

　전생에서 생긴 일이었는데 석가모니께서 혼자 깊은 산속에서 좌선을 하면서 인욕을 닦고 있었을 때 생긴 일이 있습니다.

　가리왕(歌利王)은 본래 폭군인데, 어느 따뜻한 봄날 대신들과 장군들을 이끌고 큰 산으로 사냥을 가게 됐습니다. 이 날 사냥에 궁녀들도 따라갔습니다. 가리왕이 피곤해서 낮잠을 자고 있는 사이에 궁녀들은 산 구경을 하러 잠깐 왕의 곁을 떠났습니다. 궁녀들이 이리 저리 돌아 다니다가 어느 조그만 토굴(土窟)안에서 참선을 하면서 인욕을 닦고 있는 도사(道師), 석가모니를 만났습니다. 궁녀들은 호기심이 나서 석가모니하고 잠깐 이야기를 하고 있는 사이에 가리왕이 낮잠에서 깨어났습니다. 가리왕은 원래가 성격이 고약한데다가, 어느 궁녀든지 자기를 조금이라도 덜 좋아하는 눈치가 있으면 당장 죽여버리는 그런 폭군이었습니다. 깨어나서 보니 궁녀들이 없어졌습니다. 골이 잔뜩 나서 가리왕은 궁녀들을 찾아 다녔는데 궁녀들이 토굴안에서 석가모니하고 이야기를 정답게 주고 받고 있는 것을 보고 질투 시기심이 극도로 생겨 석가모니를 죽이고 싶은 마음이 생겼습니다.

　"네가 이런 산중에서 혼자서 뭘하느냐?" 하고 가리왕이 물었습니다.

　"제가 참는 공부를 좀 하고 있습니다."하고 석가모니가 대답을 했습니다. "그러면 네가 어느 정도까지 참느냐?"

　"참는 데 까지 참습니다."

　"그러면 네 신체를 도려 내도 참겠느냐"

　"글쎄요, 참는 데까지 참지요"

왕은 화가 잔뜩 나서 칼을 쑥 빼어 가지고 한 눈을 푹 도려내 버렸습니다. 피가 툭 터졌는데도 석가모니는 가만히 남은 한 쪽 눈으로 꼼짝도 안하고 앉아 있었습니다.

왕은 "이놈의 자식, 항복도 안하고!, 이런 나쁜 놈이 있느냐"고 또 한 눈을 마저 빼 버렸습니다. 석가모니는 '아프다' 리고 말 한 마디도 안하고 또 찡그리지도 않고 등신불 모양으로 가만히 그대로 앉아만 있었습니다. 가리왕은 참는 공부를 한다고 하지만, 그래도 임금의 말대접을 해서라도 항복을 해야 할텐데 이 놈이 임금을 이기려고 한다고 화가 더 나서는 '네가 참는 데까지 잘 참는다고 했으니까 어디 한번 잘 참나봐라' 하고는 그만 양쪽 귀를 싹싹 도려 내 버렸습니다. 아, 그래도 도사는 까딱 안하고 가만히 앉아 있었습니다.

요런 죽일 놈 보라고 두 팔을 짤라 내고 두 다리를 짤라 내어 버렸습니다. 그러니까 몸뚱이 동체만 남았는데 석가모니는 까딱 안 하고 가만히만 앉아 있었습니다. 이 때 도리천에 계신 제석천이 가리왕의 폭행을 보고 계시다가 더 참을 수가 없어서 곧 내려와 뇌성벽력과 함께 큰 태풍을 일으켰습니다. 산이 막 무너지는 판이 였습니다. 가리왕이 겁이 나서 "아, 천벌이 내리는구나" 하고 꿇어 엎드려서 살려 달라고 빌었습니다. 대신들과 궁녀들은 돌에 묻혀 죽을 판국이었습니다. 그런데 그 때 석가모니가 제석천에게 자기는 다 죽게 되어 말도 할 수 없을 정도지만,

"오늘 내가 참는 이 인욕이 정말 인욕다운 인욕이거든 내 앞에 있는 가리왕을 해롭게 하지 마옵소서" 하고 오히려 제석천에게 가리왕을 해치지 말라고 부탁을 했습니다.

제석천은 하늘에서 가지고 내려 온 '전당포'라는 신기한 약을 사용해서 인욕선인의 팔과 다리에 갖다 붙이고, 눈과 귀도 도로 제자리에 붙여서 석가모니를 다시 살려냈습니다. 그리고 천당에서 미리 준비했던 음식으로 천공(天供)을 올리고는 미래세(未來世)에 성불하시

거든 부디 자기부터 먼저 제도해 달라고 간청을 하고서는 하늘로 다시 올라갔습니다.

이처럼 부처님은 전생에 인욕을 닦았기에 나중에 연등부처님으로부터 이 세상에 나타나서 불타가 되리라고 수기를 받았던 것입니다.

병을 다스리는 법

소(酥)를 안은 관으로 四大를 부드럽게 하여 차츰 성인의 경지인 지혜 경계에 들어가는 것이니 사리불이여, 만일 행자로서 사대가 거칠어 성내기도 하고 기뻐하기도 하며 슬퍼하기도 하고 웃기고 하며 배[腹]로 다니기도 하고 혹은 방귀를 뀌기도 하면 이런 병은 빨리 다스리게 하여야 한다.

그 다스리는 법이란 먼저 얇은 가죽이 반 마디에서 일어나는 것을 관찰하되 그 얇은 가죽의 九十九겹이 물거품 같음을 보고 다음에는 두꺼운 가죽의 九十九겹이 파초 같음을 보며 다음에는 눈을 싼 것 같은 막(膜)의 九十九겹이 허물어져 뚫릴 것 같음을 관하며 중간에는 털같이 작은 벌레가 있는데 그것들은 각각 머리는 넷이요 입도 넷이며 꼬리는 九十九개이다.

다음에는 뼈를 관하되 그 뼈들은 희기가 흰 유리 같은데 九十八겹이며 四百四맥(脈)은 그 뼛 속으로 들어나 아래 위로 흘러가는데 마치 파초 같으며 다음에는 九十八겹의 골수가 벌레에서 나오는 실 같음을 관한다.

모든 뼈마디를 관한 뒤에는 다시 머리뼈를 관한다. 즉 낱낱의 머리

털 밑에 있는 四백 四 맥은 바로 머리골 속으로 들어가고 그 밖의 엷은 가죽·두꺼운 가죽과 뼈는 몸과 다름이 없으며 오직 뇌막(腦膜)만은 十四 겹이다. 머리골은 네 부분과 九十八 겹으로 되었고 四백四 맥은 심장으로 흘러들어간다.

대장·소장·비장·신장·간장·폐장·심장·담·목구멍·폐유(肺腧)·생장·숙장·팔만 개의 벌레 등은 낱낱 자세히 관찰하여 다 공허하고 희고 깨끗하게 하고 가죽과 가죽은 서로 감싸 중간의 밝고 깨끗한 것은 흰 유리와 같다.

이렇게 낱낱의 반 뼈마디를 자세히 관하여 三백三十六의 뼈마디를 모두 환하게 하고 마음을 거기에 머무르게 하며 다시 一천九백九十九번을 반복한 뒤에 한곳에 기운을 모아 숨길을 고르게 해야 한다.

어떤 범왕(梵王)은 손에 범병(梵瓶)을 들고 그 무리들과 함께 행자 앞에 와서 금강도(金剛刀)를 잡아 행자에게 준다. 행자는 그 칼을 받아 제 머리뼈를 쪼개어 크기가 마가(馬珂) 만큼씩한 것을 왼쪽 무릎 위에 놓는다. 그 범병 안에서 난 흰 연꽃은 아홉 마디·아홉 줄기·아홉 겹으로 되었다. **첫째** 한 동자는 범왕의 뒤를 따라 첫 연꽃에서 나오는데 그 몸의 빛깔은 희어 마치 백옥으로 된 사람 같다. 그가 손에 든 흰 병에는 제호가 들어 있다. 동자는 그것을 행자의 정수리에 쏟으면 그것은 뇌맥(腦脈)으로 들어가서는 바로 흘러 왼쪽다리 엄지발가락의 반 마디로 들어가고 반 마디가 가득차면 충분히 젖어 엷은 가죽에까지 이르고 다시 한 마디로 간다. 이리하여 차츰 반 몸에 가득 차고 반 몸에 가득 찬 뒤에는 온 몸에 가득 차며 온 몸에 가득 찬 뒤에는 四백四맥에 온갖 약이 흘러들어 온 몸의 三백三十六의 뼈마디에 다 가득 차는 것을 본다.

그 때에 행자는 머리뼈를 도로 가져다 머리 위에 두면 동자는 다시 푸른 빛깔의 약을 그 머리 위에 바른다. 그 약 방울은 털구멍으로 들어가는데 그것은 바깥 바람이 들어올까 두려워해서이다. 범왕은 다시 설산(雪山)의 소(酥)를 만들되 모두 새하얗게 하므로 제호의 못을 만들면 흰 소는 꽃이 된다. 행자는 소의 일산에 올라 소의 굴에 앉는다. 범왕은 인자한 약으로 그 소의 사이에 뿌린다.

이렇게 九백九十九번을 자세히 관한 뒤에는 다시 **둘째** 마디를 관해야 한다. 즉 연꽃 속에서 붉은 빛깔의 동자가 나와 빨간 빛깔의 약을 머리털 사이와 온 몸과 일체의 털구멍에 흩고 그 약을 엷은 가죽과 골수에까지 들어가게 하고 심장 밑을 밝게 하면 온 몸은 점점 부드러워진다.

또 **셋째** 마디 속에서 연꽃이 피면 금색 동자는 황색약을 가져다 머리털 사이와 온 몸과 일체의 털구멍에 흩고 그 약을 엷은 가죽에서 골수에까지 들어가게 하고 심장 밑을 푸르게 하면 온 몸은 차츰 커 가고 또 더욱 부드러워진다.

넷째 마디의 비유리 동자는 오른 손에 파란 약을 가지고 머리털 사이와 온 몸과 일체의 털구멍에 흩고 그 약을 엷은 가죽에서 골수에까지 들어가게 하고 심장 밑을 빨갛게 한다. 그리고 낱낱의 털구멍에 각각 침 하나씩을 놓고 발밑에서 위로 두 개의 침을 놓는다. 심장 위에는 세 개의 연꽃이 피고 그 꽃들 속에는 세 개의 화주(火珠)가 빨간 광명을 놓으면 그 광명은 심장을 비추어 심장 밑을 차츰 따뜻하게 한다.

그 다음에는 두 손바닥의 모든 마디에 각각 침을 세 개씩 놓고 맥의 오르내림을 따라 모든 기운을 조화시켜 四백四맥을 살리면서도 대장은 건드리지 않고 신장의 맥은 더욱 왕성하게 하며, 다시 다섯 개의 침으로 왼쪽 창자의 맥을 찌른다. 이렇게 동자는 모든 침을 조화시키고는 불가사의한 훈련과 수행으로 모든 침을 뽑아 내어 다섯 손톱 밑에 넣어 두고 손으로 행자의 몸을 두루 어루만진다.

다섯째 마디의 녹색 동자는 손에 옥병(玉瓶)을 잡고 항문으로 녹색 물약을 넣어 대장 · 소장과 오장(五臟)의 맥에 들어가게 하고는 다시 항문으로 그 물을 흘려내면 더러운 잡충들이 물을 따라 흘러나오나 제호는 다치지 않으며 벌레는 멎고 물은 없어진다. 또 녹색 가루약을 머리털 사이와 온 몸과 일체의 털구멍에 흩고 그 약을 엷은 가죽에서 골수에까지 들어가게 하고는 심장 밑을 희게 하면 온 몸은 차츰 부드러워진다.

여섯째 마디의 자 빛 동자는 매괴주(玫瑰珠)의 병을 들고 거기에 매괴의 물을 모든 털구멍으로 나오게 하면 털 밑의 벌레들은 다 물을 따라 나온다. 그리고 호박빛 마른 약을 머리털 사이와 온 몸과 일체의 털구멍에 뿌리고 그 약을 엷은 가죽에서 골수까지 들어가게 하고는 심장 밑을 흰 눈빛처럼 더욱 밝게 하면 온 몸은 차츰 부드러워진다.

일곱째 마디의 황색 동자는 금강찬(金剛鑽)을 들고 두다리 밑과 두 손바닥과 심장 양쪽을 뚫은 뒤에 여의주를 가지고 여섯 감관을 문지르면 여섯 감관은 열리어 최상의 선정의 맛의 즐거움을 받으며 모든 가죽과 혈맥 사이는 흰 기름을 바른 것 같아서 일체는 부드러워진다.

여덟째 마디의 금강색 동자는 손에 두 개의 병을 들고 금강색 약을 두 귀와 일체의 털구멍에 쏟고 안마하는 법처럼 모든 마디를 조정시키면 몸은 사슬처럼 되어 모든 마디 사이에서 논다.

아홉째 마디의 마니주 빛깔 동자는 병에서 나와 행자에게 가서 다섯 손가락을 행자의 입 안에 넣으면 그 손가락 끝에서 五색 물약이 흘러나온다. 그 행자는 그것을 마시고 그 몸과 마음과 모든 혈맥까지 관하면 그것들은 거울처럼 밝아 파리나 마니 빛깔로도 비유할 수 없다.

동자는 행자에게 연꽃 줄기를 주어 먹게 한다. 그는 그것을 먹을 때에는 연밥 먹는 것과 같아서 그 물방울 마다에서 감로(甘露)가 흐른다. 그가 그 줄기를 먹고 나면 아홉개의 꽃만이 있고 낱낱 꽃 속에는 어떤 범왕이 범왕의 평상을 가져다 행자에게 주어 행자를 앉게 한다. 행자가 그 평상에 앉으면 七보로 된 큰 일산이 행자 위를 덮는다. 범왕들은 각각 자기의 법문을 연설하여 행자를 가르치면 범왕의 힘 때문에 시방의 모든 부처님이 행자 앞에 서서 자·비·희·사의 법문을 연설하되 근기를 따라 약을 주어 四대를 부드럽게 한다.

부처님은 이어 사리불에게 말씀하셨다.

『너는 이것을 잘 지니어 四대를 부드럽게 하여 九十八의 번뇌와 몸 안팎의 모든 병을 굴복시켜야 한다.』

이렇게 부처님은 범왕의 관정옹소관법(灌頂擁酥灌法)으로 사부 대중을 위해 연설하였다.

그때에 사리불과 아난 등은 부처님 말씀을 듣고 기뻐하며 받들어 행하였다.

1. 두두마충(頭頭摩虫) – 뼈 속에 사는 벌레

그 수행하는 사람은 안 몸을 두루 관찰한다.

그는 들은 지혜나 혹은 하늘눈으로 두두마충을 본다. 즉

『그것은 사람의 뼛속에 살면서 뼛 속을 다니는데 어떻게 그것은 사람을 앓게 하고 어떻게 안온하게 하는가.』

『사람이 음식을 잘못 먹기 때문에 그것(두두마충)이 성을 내면 사람은 찌푸리며 마음은 두려워 떨며 몸을 잃은 것 같고, 혹은 몸이 흔들려 잠을 잘 수 없으며 몸이 가려워하는 모양은 마치 벌레가 다니는 것과 같고 눈으로 보는 것은 분명하지 않으며, 차거나 더운 병을 얻어 혹은 몸이 붓고 상한다. 그러나 그것이 성내지 않으면 위에서 말한 병들은 없다.』

그는 이렇게 두두마충을 관찰하고는 그 몸을 여실히 안다.

2. 식피충(食皮虫) - 힘줄 속에 사는 벌레

그 수행하는 사람은 안 몸을 차례로 관찰한다.

그는 들은 지혜나 혹은 하늘눈으로 식피충을 본다. 즉

『그것은 사람 몸 속에 살면서 혹은 앓게 하고 혹은 안온하게 한다.』

『사람이 음식을 잘못 먹기 때문에 그 벌레가 성을 내면 사람은 입술과 눈에 종기가 생기고 두 옆구리에 종기가 생기며, 그것이 힘줄속을 다니거나 혹은 힘줄을 물어 씹으면 사람은 몸이 마르고 혹은 귀가 막히며 귓속에서 고름이 나오고 혹은 해골 위를 빨리 다니며 혹은 뜻밖에 머리가 희어지고 목구멍에 수병(癩病)이 생기며 아무 때나 자고 혹은 음식을 싫어하며 한 곳에 있기를 싫어해 쓸쓸한 곳에 가기를 좋아하고 혹은 그 마음이 어지러워 시비를 그릇 말한다. 벌레가 피부를 먹기 때문에 온몸은 찢기고 터지며 먼지가 몸에 쌓인다. 그러나 그것이 성내지 않으면 위에서 말한 병들은 없다.』

그는 이렇게 식피충을 관찰하고는 그 몸을 여실히 안다.

3. 풍도충(風刀虫) - 뼈 속에 사는 벌레

그 수행하는 사람은 안 몸을 차례로 관찰한다.

그는 들은 지혜나 혹은 하늘눈으로 풍도충을 본다. 즉

그것은 사람의 뼛속을 다니는 것인데 그것이 성을 내기 때문에 사람은 앓기도 하고 혹은 안온하기도 한다.』

『사람이 음식을 잘못 먹기 때문에 이 벌레가 성을 내면 그것은 마치 뱀이 독을 쏘는 것과 같아서 그 지독한 고통은 참기 어렵다. 이른바 머리 · 정수리 · 목구멍 · 심장 · 세포 · 대 소변 하는 곳 · 손톱 · 발톱 등의 안도 마치 바늘로 찌르는 것과 같다. 벌레가 이빨로 물기 때문에 코는 향냄새를 맡지 못하고 혀는 맛을 알지 못하며 눈은 번득

거리고 음식 생각이 없다. 그 벌레가 성을 내었기 때문에 뼛속에 다니는 벌레들과 함께 사람의 몸을 해치어 고통이 심하기 때문에 밤낮으로 잠을 자지 못한다. 그러나 그 벌레가 성내지 않으면 위에서 말한 것과 같은 병은 없다.』

그는 이렇게 풍토충을 관찰하고는 그 몸을 여실히 안다.

4. 도구충(刀口虫) - 어머니 태에서 나오는 벌레

그 수행하는 사람은 안 몸을 차례로 관찰한다.

그는 들은 지혜나 혹은 하늘눈으로 도구충을 본다. 즉 『이 벌레는 사람들 몸 속에 살면서 병도 만들고 혹은 안온하게도 한다.』

『사람이 처음으로 어머니 태에서 나올 때 이 벌레는 처음으로 생긴다. 법이 훌륭하기 때문에 어머니 젖을 먹기 위하여 처음으로 태에서 나오면 이 때에 이 벌레는 다른 벌레들을 모두 잡아 먹고 뒤에는 다시 아무것이나 먹는다. 이런 인연으로 다른 벌레는 다시 살아난다.』

그는 이렇게 도구충을 관찰하고는 그 몸을 여실히 안다.

이런 4가지 벌레가 사람의 몸속으로 다니는 것을 그는 여실히 관찰하고 여실히 관찰한 뒤에는 눈은 더러운 티끝을 떠나고 범부의 허물을 떠나 몸에 대해 음으로 염증을 낸다. 그리하여 〈나〉와 〈내 것〉을 버리고 의심을 떠나고 청정하여 삿된 소견을 버리고 그 몸을 여실히 알아 열반에 이른다.

양의경(良醫經)

이와 같이 내가 들었다.

어느때 부처님께서는 바라나시의 선인이 살던 사슴동산에 계시면서 여러 비구들에게 말씀하시었다.

『네 가지 법이 있다. 그것을 성취하면 큰 의왕(醫王)이라 부르나니 왕의 필요와 왕의 분별에 응하는 바이니라. 어떤 것을 네 가지라고 하는가.

첫째는 병을 잘 아는 것이요.

둘째는 병의 근원을 아는 것이며,

셋째는 병을 잘 알아 다스리는 것이요,

넷째는 병을 다스릴 줄을 잘 알고는 장래에 다시 도지지 않게 하는 것이니라.

어떤 것을 좋은 의사의 병을 잘 아는 것이라 하는가. 이른바 좋은 의사가 이러이러한 갖가지 병을 잘 아는 것이니 이것을 좋은 의사의 병을 잘 아는 것이라 한다.

이른바 좋은 의사는 「이 병은 바람을 인하여 일어났다. 벽음(癖陰)에서 일어났다. 침[涎]에서 일어났다. 냉[冷]에서 일어났다. 현재 일로 인해 일어났다. 절후에서 일어났다」고 아나니, 이것을 좋은 의사가 병의 근원을 잘 아는 것이라 한다. 어떻게 좋은 의사는 병을 잘 알아 다스리는가.

이른바 좋은 의사는 갖가지 병의 약을 발라야 할 것, 토해야 할 것, 내려야 할 것, 코 안을 씻어야 할 것, 떠야 할 것, 땀을 내야 할 것을 잘 알고 그것을 따라 갖가지로 다스리나니 이것을 좋은 의사의 병을 다스릴 줄을 잘 아는 것이라 한다. 이렇게 좋은 의사가 병을 다스릴 줄을 잘 안 뒤에는 미래에 다시는 도지지 않게 하는가. 이른바 좋은 의사는 갖가지 병을 잘 다스리되 완전히 없애어, 미래에 영원히 다시 일지 않게 하나니, 이것을 좋은 의사가 병을 다스릴 줄을 잘 알아 도지지 않게 하는 것이라 하느니라.

여래·응공 정등각이 큰 의왕이 되어 네 가지 덕(德)을 성취하여 중생들의 병을 고치는 것도 또한 그와 같나니, 어떤 것을 넷이라 하는가. 이른바 여래는 아시나니 즉 이것은 괴로움의 진리라고 참다이 알고 이것은 괴로움의 모임의 진리라고 참다이 알며, 이것은 괴로움의 멸함의 진리라고 참다이 알고, 이것은 괴로움의 멸하는 길의 진리라고 참다이 아시느니라.

모든 비구들이여, 저 세상의 좋은 의사는 남[生]의 근본을 다스리기를 참다이 알지 못하고 늙음·병·죽음과 근심·슬픔·번민·괴로움의 근본을 다스리기를 참다이 알지 못한다. 그러나 여래·응공 정등각은 큰 의왕이 되어 생의 근본을 알아 다스리기를 참다이 알고, 늙음·병·죽음과 근심·슬픔·번민·괴로움의 근본을 다스리기를 참다이 아시나니 그러므로 여래·응정등각을 큰 의왕이라 부르느니라.』

※ 현담스님 생각 ※

현담스님이 이 경을 읽는 여러분들에게 알기쉽게 한마디로 설명해 드리겠습니다. 경전에 나와있는 말씀은 엄청난 것입니다. 누군가가 번역을 해서 현대의학과 몸안의 벌레들과의 관계를 연구하는 분들이 나왔으면 참 좋겠습니다. 뇌 속에 벌레가 정신병을 만들고 치매를 만들고 우울증을 만들고 수면부족을 만들고 모든 병의 원인은 벌레가 뇌 속을 갉아먹는다는 사실을 명심하시기 바랍니다.

뇌 속에 벌레가 모든 병을 만든다는 사실을 다시한번 알려드리는 것입니다. 뇌를 쉬게하는 것이 참선입니다.

욕지기를 다스리는 법

『또 사리불이여, 만일 아련야 비구로서 애를 지나치게 씀으로 해서 숨길이 매우 거칠고 침구가 얇고 차가운데 자면 바깥 바람의 추위로 말미암아 위와 비장·신장의 맥이 흔들리기 때문에 모든 힘줄이 바람을 일으켜 욕지기로 가슴이 막히고 뼈마디마다 흐르는 물이 가슴 속에 멈추어 이내 피가 엉기고 기운이 일어나 머리가 아프며 등에 가득 찬 힘줄들이 움츠러들면 빨리 그것을 다스려야 한다.

그것을 다스리는 법은 먼저 세간의 기름진 맛난 약을 먹은 뒤에 반듯이 누워 숨길을 안정시키고 상상한다. 즉 아뇩달못의 물은 한 유순쯤 가득 찼는데 그 밑에는 금모래와 네 보배와 금바퀴가 있고 수레바퀴 만한 큰 황금꽃이 나 있으며 꽃 속에는 네 보배가 있다. 짐승 머리와 코끼리 코 같은 것에서는 물이 나오며 사자 입과 말 입과 소 입 같은 것에서도 모두 물을 내며 그 못을 일곱번 돈다.

아뇩달못의 용왕의 七보로 된 궁전은 네 짐승 머리 사이에 있고, 용왕의 정수리 위에 있는 여의주에서는 용왕의 힘으로 천五백 잡색 연꽃과 五백의 푸른 연꽃이 피어 있는데 존자 빈두로 등 五백 아라한이 그 위에 앉아 있고 그 꽃은 해가 저물면 옴추리며 낮이 되면 핀다.

七보로 된 일산은 비구들 위에 있고 七보로 된 평상은 연꽃 밑에 있으며 五백의 금빛 연꽃 위에는 순타바 등 五백 사미가 앉아 있는데 그 꽃은 해가 저물면 옴추리고 낮이 되면 핀다. 七보로 된 일산은 사미들 위에 있고 七보로 된 평상은 연꽃 밑에 있으며 五백의 홍련화 위에는 존자 우파알리·난다·화수밀다 등 큰 아라한과 혹은 그 큰 보살의 권속 五백이 모두 앉아 있는데 꽃은 해가 저물면 움추리고 낮이 되면 핀다.

七보로 된 일산은 비구들 위에 있고 七보로 된 평상은 연꽃 밑에 있으며 七보로 된 높은 누대는 그 길이가 八천 발로, 밑에서 나와 아녹달 용왕의 궁전 앞에 다가섰다. 첫째 동자의 이름은 사바요, 둘째는 선재(善財)며 五백째의 이름은 관정력왕(灌頂力王)이다.

욕지기를 고치려면 먼저 위에서 말한바 존자 빈두로 등 一천 五백 인을 생각한다. 위에서 말한 바 같이 그들을 분명히 보게 하고 나면 존자 빈두로는 사바 동자를 데리고 가서 아녹달 용왕이 먹는 흰 빛깔의 암바타약(암바타약이란 맛은 감자와 같고 모양은 연뿌리 같으며 맛이 석밀과 같은 것도 있다.)을 가져다 먹인다. 그것을 먹고 나면 욕지기는 낫고 四 대는 조화 되며 눈은 밝고 깨끗해진다.

그가 대승에 뜻을 둔 사람이면 사바ㆍ선재 등 五백 동자들은 그를 위해 대승법을 연설하므로 그로 인해 발타바라 등 十六 현사(賢士)들을 보게 되고 또 현겁(賢劫)의 미륵 등 천 보살을 보아 이내 아녹다라삼먁삼보리의 마음을 내고 여섯 바라밀을 갖춘다.

또 그가 성문에 뜻을 둔 사람이면 존자 빈두로는 그를 위해 사념처(四念處)의 법과 팔성도(八聖道)의 법을 연설하여 九十 일을 지나면 그는 아라한의 도를 얻게 된다.』

부처님께서 이어 사리불에게 말씀하셨다.

『그대는 이 욕지기 다스리는 법을 잘 지니어 부디 잊어버리지 말라.』

그때 사리불과 아난은 부처님 말씀을 듣고 기뻐하여 받들어 행하였다.

부처님 건강법 책을 읽고 계시는 여러분. 태어나서 이렇게 충격적인 이야기는 처음 들어보실 것입니다. 부처님 경전에서 말하길 사람의 골수와 정액 속에도 10종류의 벌레들이 있다는 것입니다.

또 그 수행하는 사람은 안 몸을 차례로 관찰한다. 그는 들은 지혜나 혹은 하늘 눈으로 골수 속이나 정액 속으로 다니는 열 가지 벌레를 본다.

그 열 가지란
① 모충(毛虫)이요,
② 흑구충(黑口虫)이며,
③ 무력충(無力虫)이요,
④ 대통충(大痛虫)이며,
⑤ 번민충(煩悶虫)이요,
⑥ 화색충(火色虫)이며,
⑦ 하류충(下流虫)이요,
⑧ 기신근충(起身根虫)이며,
⑨ 억념충(憶念虫)이요,
⑩ 환희충(歡喜虫)이다.
또 그 수행하는 사람은 안 몸을 차례로 관찰한다.

① 모충(毛虫) – 골수를 먹고사는 벌레

그는 들은 지혜나 혹은 하늘눈으로 골수에 사는 모충을 본다. 즉 『그것은 온 몸에 털이 났다. 만일 그 벌레가 성을 내면 사람의 골수를 상하게 하는데 그 허물과 함께 사람의 골수를 먹으면 사람은 낮병을 얻어 얼굴빛은 추악하고 골수는 아프므로 모두 기력을 잃는다. 그러나 그 모충이 순종하여 성을 내지 않으면 위에서 말한 병들은 없다.』

그는 이렇게 모충을 관찰하고는 사람의 몸을 여실히 안다.

② 흑구충(黑口虫) – 골수 속에 사는 벌레

그 수행하는 사람은 안 몸을 차례로 관찰한다. 그는 들은 지혜나 혹은 하늘눈으로 흑구충을 본다. 즉

『그것은 골수 속에 사는데 온몸 속을 돌아다녀도 아무 장애가 없다. 만일 그 벌레가 성을 내면 사람의 골수가 녹고 골수가 상했기 때문에 사람의 얼굴빛은 나빠지며 곱사둥이가 되어 행보가 불편하므로 지팡이를 짚고 다니며 얼굴빛은 초췌하고 몸은 흔들린다. 그러나 그 벌레가 유순하여 성내지 않으면 위에서 말한 병들은 다 없다.』

그는 이렇게 흑구충을 관찰하고는 사람의 몸을 여실히 안다.

③ 무력충(無力虫)
– 골수를 먹는 벌레, 골수를 적게 먹으면 힘이없다.

그 수행하는 사람은 안 몸을 차례로 관찰한다. 그는 들은 지혜나 혹은 하늘눈으로 무력충을 본다. 즉

『이 벌레는 사람의 몸 속에 사는데 그것이 사람의 골수를 먹어 골수가 부족하면 그 벌레가 무력하고 벌레가 무력하면 사람도 무력하다. 또 다른 벌레도 사람의 골수를 먹으므로 강한 벌레의 핍박을 받아 사람은 고뇌한다.

그는 이렇게 무력충을 관찰하고는 사람의 몸을 여실히 안다.

④ 대통충(大痛虫)
– 골수속에서 고름을 만드는 벌레, 잠을 못잔다.

그 수행하는 사람은 안 몸을 차례로 관찰한다. 그는 들은 지혜나 혹은 하늘눈으로 대통충을 본다. 즉

『이 벌레는 골수 속을 돌아다니되 항상 온 몸을 두루 흘러다닌다. 이 벌레는 병의 인연이 되어 사람의 모든 감관 속에서 고름이 흘러 나오므로 사람은 잠을 잘 수 없다.』

그는 이렇게 대통충을 관찰하고는 사람의 몸을 여실히 안다.

⑤ 번민충(煩悶虫) - 심장을 돌아다니는 벌레.

그 수행하는 사람은 안 몸을 차례로 관찰한다. 그는 들은 지혜나 혹은 하늘눈으로 번민충을 본다. 즉

『이 벌레는 사람의 몸 속에 있는데 미세한 심장의 유맥(流脈)속을 돌아다니면서 혈맥을 방해하고 혈맥을 방해 하기 때문에 심장의 병을 얻어 심장은 답답하여 토하며 안색은 나빠지고 음식 생각이 없다. 혹은 열병으로 심장이 아픈 것은 마치 칼로 베는 것 같으며 다른 벌레를 볼 때에는 심장이 답답하여 토하고 싶다.』

그는 이렇게 번민충을 관찰하고는 사람의 몸을 여실히 안다.

⑥ 화색충(火色虫) - 경전 번역이 안되어 있음.

⑦ 하류충(下流虫) - 정액을 끌어오는 벌레. 음심을 일으킨다.

그 수행하는 사람은 안 몸을 차례로 관찰한다. 그는 들은 지혜나 혹은 하늘눈으로 정액이 흐르는 혈맥 속을 다니는 하류충들을 본다. 즉

『사람이 욕정을 일으키는 좋은 음식을 먹으면 정액이 많아진다. 이 벌레는 오줌이 흘러나오는 혈맥에서 그 정액을 끌어 나오게 한다.』

그는 이렇게 하류충을 관찰하고는 사람의 몸을 여실히 안다.

정(精)을 새지 않게 한다는 불루정(不漏精)은 정액을 사정하지 않는다는 의미가 아니다. 수행자는 마땅히 정액이 발동하기 이전에 그것을 변화시켜야만 한다. 도가(道家)에서 광성자(廣成子)는 "정(情)이지 결코 정충(情蟲)의 정(精) 아니다." 몽정(夢精)을 도가에서는 누단(漏丹)이라고 부른다.

⑧ 기신근충(起身根虫) – 방광안에서 오줌 속에 사는 벌레.

그 수행하는 사람은 안 몸을 차례로 관찰한다. 그는 들은 지혜나 혹은 하늘눈으로 기신근충을 본다. 즉
『이 벌레는 방광 안에 사는데 만일 오줌이 방광에 가득 차면 이 벌레는 기뻐하고 기뻐한 뒤에는 오줌의 인연으로 생식기를 일으킨다. 이것은 모든 우치한 범부들의 좋지 못한 관문이다.』
그는 이렇게 기신근충을 관찰하고는 사람의 몸을 여실히 안다.

⑨ 억념충(憶念虫) · ⑩ 환희충(歡喜虫)
– 심장안에 살며 꿈을 꾸게하는 벌레

그 수행하는 사람은 안 몸을 차례로 관찰한다. 그는 들은 지혜나 혹은 하늘눈으로 억념충과 환희충을 본다. 즉
『이 벌레들은 어떻게 사람을 앓게 하고 또 편안하게 하는가. 만일 이 벌레가 기뻐하여 힘이 있으면 좋거나 좋지 못한 꿈을 많이 꾼다. 이 벌레가 심장의 맥을 흘러다니는 허물이 있기 때문에 꿈에 온갖 현상을 본다.』
그는 이렇게 억념충을 관찰하고는 사람의 몸을 여실히 안다.

◈ **부처님 건강법 책을 읽고 계시는 여러분.** 태어나서 이렇게 충격적인 이야기는 처음 들어보실 것입니다. 풍이라는 것은 기(氣). 에너지를 말하는 것입니다. 나무가 가만히 있으면 쑥쑥 자라지 못합니다. 바람에 부딪히고 흔들리는 것을 버틴 후 거목이 되는 것처럼, 우리 몸도 또한 가만히 있는 것이 없습니다. 죽은 사람만이 기가 없기 때문에 몸을 움직이지 못하는 것입니다. 부처님은 기라는 용어를 쓰지 않았습니다. 바람이라고 하였습니다. '기'라는 단어는 도교에서 많이 쓰입니다. 도교에서는 정·기·신(精·氣·神)이라고 해서 삼분법적 체계를 통해 인간 생명의 원천을 설명하고자 하였다. 이러한 사상의 원형은 《여씨춘추 呂氏春秋》의 형·정·기(形精氣), 《회남자 淮南子》의 형·기·신(形氣神) 등 춘추전국시대 제가백가에서 찾아볼 수 있는데 후에 진한시기 《황제내경(黃帝内經)》에 이르러서 정(精)·기(氣)·신(神)의 체계로 정착되었다고 합니다. 그러나 불교에서는 정·신·기(精·身·氣)로 하는 것이 현담이 생각할 때는 불교 유식사상에 맞다고 생각합니다. 마음은 정이요. 몸은 신이요, 기는 에너지, 움직임. 즉, 풍(風)을 이야기 합니다. 불교의 사상은 도교처럼 몸을 3분법으로 쓰기보다는 몸은 지수화풍의 4대, 공.식.여래장을 합쳐 7대설을 이야기합니다. 7대설은 지·수·화·풍(地·水·火·風)의 4대와 공(空), 식(識), 여래장(如來藏)을 합해 총 7가지를 말합니다. 부처님이 말씀하신 풍(風)이라는 것은 도교에서의 기(氣)를 말하는 것입니다. 대승불교의 유식(唯識)사상은 심법(心法)이라고 하며 마음을 우선으로 봅니다. 그 다음에 몸을 물질로 보기 때문에 색법(色法)이라고 합니다. 이 심법과 색법이 합쳐진 것을 살아있는 사람이라고 합니다. 몸이 움직이기 위해서는 지수화풍 4대 중에서 풍이 필요한 것입니다. 그런데 사람들은 풍이라고 하면 잘 이해하지 못합니다. 부처님이 왜 이렇게 풍에 대해서 법문을 많이 하셨는가? 도대체 기하고는 어떤 관계인가. 이렇게 기는 둘이 아니라

는 것을 말씀드립니다. 도교와 유교문화가 깊숙이 우리나라에 자리 잡고 있기 때문에 기라고 한다면 잘 알아 듣는데 풍이라고 하면 생소하게 느껴질 것 같아 자세히 설명하는 것입니다. 그런데 불교라도 근본불교라고 하는 소승불교에서는 색법(色法)인 몸을 우선으로 보고 심법(心法)으로 설명을 합니다. 이것을 구사론(俱舍論) 사상이라고 합니다. 소승불교에서는 안·이·비·설·신(眼·耳·鼻·舌·身) 다섯가지를 1식부터 5식까지 숫자를 몸의 중요한 부분부터 매겼습니다. ⑴안(눈). ⑵이(귀). ⑶비(코). ⑷설(혀). ⑸신(몸). 그래서 몸을 통제하고 몸에서 마음으로 보고하기도 하고 마음이 몸에게 명령을 전달하기도 하는 6식을 중요하게 생각합니다. 그 6식이 바로 마음인 것입니다. 그러나 대승불교 유식론에서는 7식과 8식을 더 추가하여 8식 사상을 만들었습니다. 7식 말나식은 아치(我癡), 아만(我慢), 아견(我見), 아애(我愛)의 4가지로 구성되어 있는데 바로 악(惡)이라는 것입니다. 결국은 7식을 소멸하는 것이 업장소멸이고, 8식은 전생 것, 전전생것, 금생 것을 보관만 하는 곳입니다. 중생들은 7식을 자기 마음으로 착각합니다. 이것을 진짜 나 인줄 압니다. 이 착각을 사량 분별식이라고 합니다. 어떤 것이 더 이익이 되는가 따지는 것입니다. 그것을 전문적인 용어로 유부무기(有覆無記)라고합니다. 악(惡)을 다 받아들입니다. 거절이 없습니다. 오직 악만 받아들입니다. 그러나 8식은 무부무기(無覆無記)라고 합니다. 선도 악도 구분하지 않고 다 받은 후 악만 7식으로 보관하도록 끼리끼리 모이도록 하는 것입니다.

　윤회를 벗어나는 길은 불교유식 공부 밖에 없습니다. 유식 공부를 하고 5분참선을 꾸준히 해서 7식이 소멸되면 깨달음입니다. 깨달은 사람은 항상 기분이 좋습니다. 평생 기분이 좋습니다. 얼굴에는 미소만 남아있습니다. 얼굴 표정으로 나타납니다. 이것이 깨달은 마음이고 모습인 것 입니다.

자, 부처님 건강법 책을 읽고 계시는 여러분.

이렇게 어려운 전문적인 내용을 말하느냐 하지만 근본불교라고 불리는 소승불교가 대승불교보다 더 낫다고 우기면서 한국불교는 썩었다고하며 대승불교마저 폄하하고 유식이나 화두 참선법을 가볍게 여기는 분들에게 논리적으로 반론을 하고 싶어서 이야기하는 것입니다. 참 답답한 것은 6식은 너무 복잡합니다. 6식에는 판단내리는 순서가 솔이심〉 심구심〉 결정심〉 염정심〉 등류심의 차례로 작용하고 자성분별, 수념분별, 계도분별이 있으며 오구의식, 불구의식이 있고, 선과 악을 별도로 구분하지않고 6식속에 다 포함시킵니다. 평등지로 본다면 다 똑같지만 차별지로 보면 다 다릅니다. 똑같은 대한민국에 살더라도 자유스럽고 평화로운 생활을 하는 사람들이 있고 죄를 짓고 교도소에 수감되어 있는 사람도 있습니다. 평등지로 볼땐 다 같은 대한민국 사람이지만 차별지로 본다면 평범한 사람과 죄수는 다르다는 것입니다.

그래서 깨달은 사람은 평등지 속에 차별지를 쓰고 차별지를 평등지로 잡아쓰는 것입니다. 때문에 '잡아쓰는게 법'이라고 하는 이유입니다. 7식과 8식이 그냥 나오는 것이 아닙니다. 유식은 어려운 것이 아니고 시간 투자를 하지않고 쉽게 배우려고 하는데 전생에 하던 사람들은 어렵지않게 배울 수 있지만 전생에도 어렵다고 익히지 않은 사람은 금생에 새로 배우려니까 낯설고 외워지지도 않고 힘들다는 것입니다.

아뢰하식 8식이 없어지는 것이 아니고 대원경지로 바뀌는 것입니다. 7식이 바껴지면 평등성지로 변하는 것입니다. 6식이 멸하면 묘관찰지로 변하는 것입니다. 5식이 멸하면 성소작지로 바뀌는 것입니다. 이것을 전식득지라 합니다. 잘 아셨죠?

본론으로 들어가면

부처님이 말씀하신 풍이라는 것은 기라는 것입니다. 기가 빠지면 죽습니다. 기운이 없다. 기분이 나쁘다. 기분이 좋다. 기가 맑다. 이 모든 것은 지수화풍의 4대풍 중에 해당된다는 사실을 알려드립니다.

이제부터 부처님이 말씀하신 풍(風)의 종류에 대해 시작하겠습니다. 기가 막힙니다!

1. 심전풍(心轉風) – 몸을 움직이는 몸 안의 바람(氣)

그 수행하는 사람은 안 몸을 차례로 관찰한다. 즉『어떤 바람이 내 몸속에 있어서 고르거나 고르지 않으면 어떤 업을 짓는가.』

그는 들은 지혜나 혹은 하늘눈으로 그 몸속에 있는 심전풍(心轉風)을 본다. 즉

『이 심전풍은 어떻게 그 몸을 운전하는가.』

그는 들은 지혜나 혹은 하늘눈으로 그 심전풍을 본다. 즉

『바람이 고르기 때문에 그 몸을 운전하는 것이니 즉 혹은 다니고 혹은 머무르며 혹은 구부리고 혹은 우러르면 혹은 갖가지 일을 한다. 이 바람의 힘 때문에 편안하기도 하고 위태롭기도 하는 것이다.』

그는 이렇게 심전풍을 관찰하고는 사람의 몸을 여실히 안다. 이것이 이른바 안 몸을 차례로 관찰한다는 것이다.

2. 조갑풍(爪甲風) – 손 · 발톱이 자라게 하는 바람(氣)

근 수행하는 사람은 안 몸을 차례로 관찰한다. 즉

『어떤 바람이 이 몸속에 있어서 고르거나 고르지 않으면 어떤 업을 짓는가.』

그는 들은 지혜나 혹은 하늘눈으로 그 몸 속에 있는 조갑풍(爪甲

風)을 본다.

『만일 그 바람이 고르지 않으면 어떤 업을 짓는가.』

그는 들은 지혜나 혹은 하늘눈으로 본다. 즉

『손톱이나 발톱은 바람의 인연으로 자라나고 또 낡아 빠진다.』

이것이 이른바 조갑풍을 관찰한다는 것이다. 그리고 그는 또 이렇게 관찰한다. 즉

『이 몸속의 바람이 견고 하기때문에 손톱·발톱도 견실하게 되어 빨리 자란다.』

그 비구는 이렇게 조갑풍을 관찰하는 사람의 몸을 여실히 안다.

3. 족하풍(足下風) – 발을 움직이는 바람(氣)

그 수행하는 사람은 안 몸을 차례로 관찰한다. 즉

『어떤 바람이 이 몸속에 있어서 고르거나 고르지 않으면 어떤 업을 짓는가.』

그는 들은 지혜나 혹은 하늘눈으로 그 몸속에 있는 족하풍(足下風) 을 본다. 즉

『만일 족하풍이 고르지 못하면 몸에 가려움증이 생기고 그 끝에는 부스럼이 되며 다닐 때에는 땅을 밟는 소리가 나고 발 뼈는 단단해 져 추위와 더위를 견딘다. 또 이 발의 힘줄은 눈의 맥과 통했으므로 기름을 코에 쏟거나 발에 바르면 눈은 밝게 된다.』

그는 이렇게 족하풍을 관찰하고는 사람의 몸을 여실히 안다.

4. 불각풍(不覺風) – 장딴지를 마비시키는 바람

그 수행하는 사람은 안 몸을 차례로 관찰한다. 즉

『어떤 바람이 이 몸속에 있어서 고르거나 혹은 고르지 않으면 어떤

업을 짓는가.』

그는 들은 지혜나 혹은 하늘눈으로 그 몸 속에 있는 불각풍(不覺風)을 본다. 즉

『이 바람이 고르거나 고르지 않으면 어떤 업을 짓는가.』

그는 들은 지혜나 혹은 하늘눈으로 본다. 즉

『이 불각풍이 피부 속에 있으면 장딴지가 마비 된다. 그 바람의 힘으로 장딴지 가죽 안은 마치 개미가 다니는 것 같고 손으로 그 부스럼을 누르면 개미를 누르는 것과 같다.』

그는 이렇게 불각풍을 관찰하고는 사람의 몸을 여실히 안다.

5. 파골풍(破骨風) – 뼛골이 시리게 하는 바람

그 수행하는 사람은 안 몸을 차례로 관찰한다. 즉

『어떤 바람이 이 몸 속에 있어서 고르거나 혹은 고르지 않으면 어떤 업을 짓는가.』

그는 들은 지혜나 혹은 하늘눈으로 이 몸속에 있는 파골풍(破骨風)을 본다. 즉

『그것이 고르지 못하면 어떤 업을 짓는가.』

그는 들은 지혜나 혹은 하늘눈으로 본다. 즉

『이 파골풍은 밤이나 낮이나 다니거나 머무르거나 동산숲에 있거나 절에 있거나 혹은 극히 피로할 때 그 뼈를 부수는 고통으로 사람은 잠을 자지 못하고 혹은 수족이 불편하여 굴신할 수 없다.』

그는 이렇게 파골풍을 관찰하고는 사람의 몸을 여실히 안다.

6. 파행풍(破行風) – 몸을 괴롭히는 바람

근 수행하는 사람은 안 몸을 차례로 관찰한다. 즉

『어떤 바람이 어떤 업을 짓는가.』

그는 들은 지혜나 혹은 하늘눈으로 그 몸속에 있는 파행풍(破行風)이라는 바람을 본다. 즉

『이 파행풍이 고르지 못하면 이 바람이 일어나 괴롭히므로 사람은 가고 오는 행보를 할 수 없다.』

그는 이렇게 파행풍을 관찰하고는 사람의 몸을 여실히 안다.

7. 파과풍(破踝風) – 다리뼈에 고통을 주는 바람

그 수행하는 사람은 안 몸을 차례로 관찰한다.

『어떤 바람이 이 몸속에 있어서 고르거나 혹은 고르지 못하면 어떤 업을 짓는가.』

그는 들은 지혜나 혹은 하늘눈으로 파과풍(破踝風)을 본다.

『이 바람은 몸속에 있으면서 어떤 업을 짓는가.』

그는 들은 지혜나 혹은 하늘눈으로 본다. 즉

『이 파과풍이 찬 것에 부딪치면 다리뼈의 고통이 온몸에 퍼진다.』

그는 이렇게 파과풍을 관찰하고는 사람의 몸을 여실히 안다.

8. 파폐골풍(破胜骨風) – 다리를 튼튼하게 하는 바람

그 수행하는 사람은 안 몸을 차례로 관찰한다. 즉

『어떤 바람이 이 몸속에 있어서 고르거나 혹은 고르지 않으면 어떤 업을 짓는가.』

그는 들은 지혜나 혹은 하늘눈으로 이 몸 속에 있는 파폐골풍(破胜骨風)을 본다. 즉

『만일 이 바람이 고르지 못하면 어떤 업을 짓는가.』

그는 들은 지혜나 혹은 하늘눈으로 그 파폐골풍은 본다. 즉

『만일 이 바람이 고르지 못하면 넓적다리 속의 즙이 흐르는 맥이 넓고 굵어지며 매우 씩씩해져 다리가 굴신하고 두 넓적다리가 가까워지면서 살이 부어 오른다.』

그는 이렇게 파폐골풍을 관찰하고는 사람의 몸을 여실히 안다.

9. 절풍(節風) − 목숨을 잃게 하거나 고뇌를 가져오는 바람

그 수행하는 사람은 안 몸을 차례로 관찰한다. 즉

『어떤 바람이 이 몸 속에 있어서 고르거나 혹은 고르지 않으면 어떤 업을 짓는가.』

그는 들은 지혜나 혹은 하늘눈으로 몸 속에 있는 절풍(節風)을 본다.

『이 바람은 무슨 일을 하는가.』

그는 들은 지혜나 혹은 하늘눈으로 본다. 즉

『이 절풍은 두 어깨에 네 마디, 목구멍에 두 마디, 이마 · 뼈에 두 마디, 콧뼈에 한 마디, 턱뼈에 한 마디, 이빨 뼈는 서른두 마디가 있고 뒷턱에 한 마디, 송곳니에 두 마디, 목에 열다섯 마디, 두 넓적다리에 두 마디, 두 팔꿈치에 두 마디, 두 팔에 두 마디, 척골수는 마흔다섯 마디가 있으며 가슴에 열네 마디, 좌우 옆구리에 각각 열두 마디, 양쪽 옆구리 끝의 무릎뼈는 스물네 마디가 있고 가로 뼈에 한 마디, 가랑이 뼈에 두 마디, 신근(身根)에 한 쌍, 두 넓적다리에 두 마디, 두 무릎에 두 마디, 두 복사뼈에 두 마디, 발뒤꿈치에 두 마디, 발등에 두 마디, 두 손 두 발의 상하를 합해 예순 마디가 있으며, 손톱 발톱은 합해서 스무 마디로서 이것이 절풍의 의지하는 곳이다. 내가 병이 있으면 목숨을 잃게 하거나 혹은 고뇌를 가져온다.』

그는 이렇게 절풍을 관찰하고는 사람의 몸을 여실히 안다.

10. 비완풍(髀頑風) - 몸을 움직이지 못하게 하는 바람

그 수행하는 사람은 안 몸을 차례로 관찰한다. 즉

『어떤이는 바람이 이 몸 속에 있어서 고르거나 혹은 고르지 않으면 어떤 업을 짓는가.』

그는 들은 지혜나 혹은 하늘눈으로 그 몸 안에 있는 비완풍(髀頑風)을 본다.

『이 바람이 고르지 못하면 어떤 업을 짓는가.』

그는 들은 지혜나 혹은 하늘눈으로 본다. 즉

『이 비완풍이 고르지 못하면 굴신을 할 수 없으므로 행보를 할 수 없으니 그것은 병 때문이다.』

그는 이렇게 비완풍을 관찰하고는 사람의 몸을 여실히 안다.

11. 신행계풍(身行界風) - 소화시키도록 해주는 바람

그 수행하는 사람은 안 몸을 차례로 관찰한다. 즉

『어떤 바람이 이 몸속에 있어서 고르거나 혹은 고르지 못하면 어떤 업을 짓는가.』

그는 들은 지혜나 혹은 하늘눈으로 이 몸 속에 있는 신행계풍(身行界風)을 본다.

『이 바람이 고르지 못하면 어떤 업을 짓는가.』

그는 들은 지혜나 혹은 하늘눈으로 본다. 즉

『신행계풍이 고르고 안온하면 사람은 기력이 있고 기운이 잘 출입하여 음식을 잘 소화 시키므로 안색이 좋고 눈·귀·코·혀·몸 등이 다 안온하며 음식이 잘 소화된다. 그러나 이 바람이 고르지 못하면 신색이 추악하고 다섯 감관이 쇠약하여 음식이 소화되지 않아 안색이 좋지 못하고 눈 등의 감관이 쇠약하여 아이를 낳지 못한다.』

그는 이렇게 신행계풍을 관찰하고는 사람의 몸을 여실히 안다.

12. 추근풍(抽筋風) – 몸을 움직이게 하는 바람

그 수행하는 사람은 안 몸을 차례로 관찰한다. 즉
『어떤 바람이 이 몸속에 있어서 고르거나 혹은 고르지 않으면 어떤 업을 짓는가.』
그는 들은 지혜나 혹은 하늘눈으로 이 몸속에 있는 추근풍(抽筋風)을 본다. 즉
『만일 이 바람이 고르지 못하면 어떤업을 짓는가.』
그는 들은 지혜나 혹은 하늘눈으로 그 추근풍(抽筋風)을 본다.
『자거나 머무르는 모든 동작과 일체의 신색에 광택이 있음은 다 이 추근풍의 작용인데 만일 이 바람이 고르지 못하면 어떤 활동도 할 수 없으므로 자거나 머무르는 일체의 활동을 할 수 없다.』
그는 이렇게 추근풍을 관찰하고는 사람의 몸을 여실히 안다.

13. 왕반풍(往返風) – 몸을 아프게 하는 바람

수행하는 사람은 안 몸을 차례로 관찰한다. 즉
『이 몸속에 어떤 바람이 있어서 고르거나 혹은 고르지 못하면 어떤 업을 짓는가.』
그는 들은 지혜나 혹은 하늘눈으로 이 몸 안에 있는 왕반(往返)이라는 바람을 본다.
『만일 이 왕반풍이 고르지 못하면 몸의 유맥(流脈)을 막아 임병을 만들기 때문에 사람의 온몸이 아프다. 그리하여 배가 아프고 모든 감관이 아파 음식을 먹지 못하며 정혈(精血)이 모두 말라 아기를 낳지 못한다. 그러나 이 바람이 고르면 이런 병은 없다.』

그는 이렇게 왕반풍을 관찰하고는 사람의 몸을 여실히 안다.

14. 절행뇌란풍(節行腦亂風) – 치질이 생기게 하는 바람

그 수행하는 사람은 안 몸을 차례로 관찰한다. 즉
『어떤 바람이 몸 속에 있어서 고르거나 혹은 고르지 않으면 어떤 업을 짓는가.』
그는 들은 지혜나 혹은 하늘눈으로 본다. 즉
『이 몸 속에 절행뇌란(節行腦亂)이라는 바람이 있는데 만일 그것이 고르지 못하면 어떤 업을 짓는가.』
그는 들은 지혜나 혹은 하늘눈으로 본다.
『만일 절행뇌란풍이 고르지 못하면 사람에게 적병이 생기거나 혹은 치질이 생겨 대소변에 괴로워하고 사대(四大)가 여위며 두통이 나고 음식은 소화되지 않으며 하풍(下風)이 통하지 않아 몸은 여위고 온갖 부스럼이나 열병이 생긴다. 그러나 행절풍이 고르면 위에서 말한 병들은 다 없다.』
그는 이렇게 행절풍을 관찰하고는 사람의 몸을 여실히 안다.

15. 파모조분풍(破毛爪糞風) – 기침 가래를 만드는 바람

그 수행하는 사람은 안 몸을 차례로 관찰한다. 즉
『어떤 바람이 이 몸 속에 있어서 고르거나 혹은 고르지 않으면 어떤 업을 짓는가.』
그는 들은 지혜나 혹은 하늘눈으로 본다.
『이 몸 속에는 파모조분(破毛爪糞)이라는 바람이 있는데 만일 이 바람이 고르지 못하면 어떤 업을 짓는가.』
그는 들은 지혜나 혹은 하늘눈으로 본다.

『만일 이 바람이 고르지 못하면 모든 감관이 약해진다. 그리하여 머리가 아프고 혹은 한 눈·한 귀나 얼굴 반쪽이 아프며 혹은 시력이 아주 약해지고 혹은 코가 막히어 냄새를 맡지 못하며 얼굴빛은 누래지고 기침이 올라와 가래를 뱉으며 마음은 매우 어지러워 고요히 생각할 수 없다. 항상 몸과 마음에 병이 없어 안온하기를 원하나 사람의 몸에 감각·상상·의지·의식 등 사음(四陰)이 머무는 곳이므로 이 몸이 포섭하고 있는 것은 모두 무상한 것이다.』

그는 이렇게 관찰하고 생사의 법을 안다. 그리고 파모조분풍을 관찰하고는 사람의 몸을 여실히 안다.

16. 난정말풍(亂精沫風) - 오줌이 나오게 하는 바람

그 수행하는 사람은 안 몸을 차례로 관찰한다.

『어떤 바람이 내 몸 안에 있어서 어떤 업을 짓는가.』

그는 들은 지혜나 혹은 하늘눈으로 난정말풍(亂精沫風)을 본다. 즉 『이 바람은 소변 속에 있으면서 그 사람의 정액을 오줌과 함께 나오게 하되 마치 겨자처럼 작은 것이 오줌과 함께 나오게 하며 혹은 대변할 때는 아프게 한다. 그것은 이런 병을 만들어 그 마음을 어지럽고 전일하지 못하게 한다. 그러나 이 바람이 고르면 이런 병은 없다.』

그는 이렇게 난정말풍을 관찰하고는 사람의 몸을 여실히 안다.

17. 노풍(老風) - 기력을 쇠하게 하는 바람

그 수행하는 사람은 안 몸을 차례로 관찰한다. 즉 『어떤 바람이 이 몸 속에 있으면서 혹은 편안하게 하고 혹은 불안하게 하는가.』

그는 들은 지혜나 혹은 하늘눈으로 본다.

『이 몸 속에 노풍(老風)이 있는데 사람은 이 바람을 따라갈수록 늙어서 기력이 쇠약하므로 보행할 수 없고 일어나고자 하나 몸은 전연 마음을 따르지 않고 다니거나 서거나 앉거나 눕거나 몹시 피곤하고 쇠약해져 마치 남의 몸과 같고 마음은 흐리멍덩하다.』

그러나 만일 이 바람이 고르면 이런 병은 없다.

그는 이렇게 노풍을 관찰하고는 사람의 몸을 여실히 안다.

18. 색포풍(塞胞風) - 대소변을 막히게 하는 바람

또 그 수행하는 사람은 안 몸을 차례로 관찰한다. 즉

『어떤 바람이 내 몸 안에 있으면서 혹은 편하게 하고 혹은 불안하게 하는가』

그는 들은 지혜나 혹은 하늘눈으로 본다. 즉

『이 색포풍(塞胞風)이 몸 안에 있는데 만일 그것이 고르지 않으면 살은 벌벌떨고 몸은 여위며 심장은 아프며 대소변은 막히고 순하지 않아 선정을 방해하여 크게 고뇌한다. 마음은 산란하고 의식은 편하지 않아 법을 볼 수 없으며 몸이 괴롭기 때문에 법을 생각할 수 없다. 그러나 이 바람이 고르면 위에서 말한 병들은 다 없어진다.』

그는 이렇게 색포풍을 관찰하고는 사람의 몸을 여실히 안다.

1. 간분풍(乾糞風)

그 수행하는 사람은 안 몸을 차례로 관찰한다. 즉
『어떤 바람이 내 몸 안에 와서 혹은 나를 편하게 하고 또 편하지 않게 하는가.』

그는 들은 지혜나 혹은 하늘눈으로 건분풍(乾糞風)을 본다.

『만일 내가 음식을 너무 과하게 먹으면 이 바람은 고르지 않아 나를 괴롭게 하는데, 내 몸의 힘줄 속에 들어가 대변을 말리므로 이틀·사흘·나흘·닷새만에 한 번 대변을 보되 마른 대변이 조금 나오고 또 매우 고통스럽다. 그러나 이 바람이 순조로우면 이런 병은 없어진다.』

그는 이렇게 간분풍을 관찰하고는 사람의 몸을 여실히 안다.

2. 양방풍(兩傍風)

그 수행하는 사람은 안 몸을 차례로 관찰한다. 즉『어떤 바람이 내 몸 안에 와서 나를 편하게 하고 또 불안하게 하는가.』

그는 들은 지혜나 혹은 하늘눈으로 본다. 즉『만일 이 양방풍이 몸에 가까이 가면 피가 마르고 피가 마르기 때문에 사람은 큰 고통을 받는다. 그러나 이 바람이 고르면 이런 병은 없다.』

그는 이렇게 양방풍(兩傍風)을 보고는 사람의 몸을 여실히 안다.

3. 색구공(塞九孔)

그 수행하는 사람은 안 몸을 차례로 관찰한다. 즉『어떤 바람이 내 몸 안에 있어서 나를 편하게 하고 또는 불안하게 하는가.』

그는 들은 지혜나 혹은 하늘눈으로 본다. 즉『어떤 바람이 내 몸 안에 있어서 어떤 업을 짓는가.』

그는 들을 지혜나 혹은 하늘눈으로 본다.

『색구공(塞九孔)이라는 바람이 내 몸 안에 있는데 만일 그것이 고르지 못하면 아홉 구멍을 막아 통하지 못하게 한다. 즉 머리에 온 일곱 구멍과 대변 소변등 아홉구멍을 막으면 몸은 매우 괴로우며 드나드는 숨길은 편하지 않다. 그러나 이 바람이 순조로우면 몸은 편안하여 법을 행할 수 있고 바람이 지탱하기 때문에 몸은 오갈 수 있다.』

그는 이렇게 색구공풍을 관찰하고는 사람의 몸을 여실히 안다.

4. 단신분(斷身分)

그 수행하는 사람은 안 몸을 차례로 관찰한다. 그는 들은 지혜나 혹은 하늘눈으로 본다. 즉

『어떤 바람이 내 몸 안에 와서 어떤 업을 짓는가.』

그는 들은 지혜나 혹은 하늘눈으로 본다.

『어떤 바람이 내 몸 안에 와서 어떤 업을 짓는가.』

그는 들은 지혜나 혹은 하늘눈으로 본다.

『단신분(斷身分)이라는 바람이 있다. 만일 그것이 고르지 못하면 어떤 짓을 하는가.』

그는 들은 지혜나 혹은 하늘 눈으로 본다. 즉『만일 이 바람이 고르지 못하면 손가락이 꾸부러져 일을 할 수 없고 손발이 다 꾸부러지며 다리 힘줄이 몹시 아프고 아홉 개의 맥박이 아주 급하며 몸이 흔들리고 매우 피곤해 힘이 없다. 그러나 이 바람 고르면 이런 병이 없다.』

그는 이렇게 단신풍을 관찰하고는 사람의 몸을 여실히 안다.

5. 해화(害火)

그 수행하는 사람은 안 몸을 차례로 관찰한다. 즉 『어떤 바람이 내 몸 안에 있어서 나를 편하게 하거나 혹은 편하지 않게 하는가.』

그는 들은 지혜나 혹은 하늘눈으로 본다. 즉 『내 몸 안에는 해화(害火)라는 바람이 있다. 그것은 무슨 짓을 하는가.』

그는 들은 지혜나 혹은 하늘눈으로 본다.

『이 바람의 힘은 더운 불기운을 없애고 음식을 소화되지 않게 하고 음식이 소화 되지 않기 때문에 음식 생각이 없으며 음식을 먹지 못하므로 얼굴 빛이 나빠진다. 왜 그렇냐면 피가 마르기 때문이다. 피가 마르므로 살은 다 빠지고 살이 빠지기 때문에 힘줄이 말리어 지방이 생기지 않고 지방이 생기지 않으므로 뼈가 마르며 뼈가 마르기 때문에 골수도 마르고 골수가 마르므로 온 몸의 정기가 빠진다. 그러나 이 바람이 고르고 안온하면 위에서 말한 병들은 없어진다.』

그는 이렇게 해화풍을 관찰하고는 사람의 몸을 여실히 안다.

또 그 수행하는 사람은 안 몸을 차례로 관찰한다. 『어떤 바람이 내 몸 안에 있으면서 어떤 업을 짓는가.』 그는 들은 지혜나 혹은 하늘눈으로 본다.

6. 일체신분냉풍(一切身分冷風)

『일체신분냉풍(一切身分冷風)이라는 바람이 있다. 그것은 어떤 짓을 하는가.』

그는 들은 지혜나 혹은 하늘눈으로 본다. 『이 바람은 몸에 냄새나는 땀이 흐르게 하고 몸은 껄끄럽고 쭈굴어지며 여위고 털이 일어서

게 한다. 또 몸에는 검은 부스럼이 생겨 더러운 고름이 나오므로 그것을 긁어서 땀이 흐르며 혹은 빨간 부스럼이 생기고 혹은 찌는 듯 뜨거우며 혹은 흰 부스럼이 생겨 온 몸이 거칠다. 또 그 몸은 흰 코끼리 가죽과 같이 거칠고 부스럼이 생긴다. 또 이빨은 성기고 검어지며 그 손발에는 부스럼이 생기고 마치 야장이처럼 몹시 피곤하고 쇠약하다.

그 몸에는 옴이 생기고 손발은 항상 뜨겁고 뻣뻣하며 추악하고 혹은 부스럼이 생기며 손톱은 빛깔이 나쁘고 콧마루는 내리앉으며 눈썹은 빠져 사람의 천대를 받되 시주들이 모두 그를 밉게 보며 파리들은 그를 둘러싸고 손톱은 빠진다. 잘 때는 숨길이 혼탁하고 소리 높게 코를 골며 음식을 좋아하지 않고 혹은 먹어도 소화 되지 않으며 혀는 맛을 잃는다. 이렇게 일체신분냉풍은 사람의 몸을 부순다.

그러나 일체신분냉풍이 순조로우면 사람의 얼굴빛은 좋아지되 부드럽고 윤이 나므로 사람들의 존경을 받으며 따뜻한 땀과 진액이 털구멍에서 난다. 그리하여 위에서 말한 그런 병이 없어진다.』

그는 이렇게 일체신분냉풍을 관찰하고는 사람의 몸을 여실히 안다.

7. 파강건(破强健)

그 수행하는 사람은 안 몸을 차례로 관찰한다. 즉『어떤 바람이 내 몸 안에 있어서 고르거나 혹은 고르지 않으면 어떤 업을 짓는가.』

그는 들은 지혜나 혹은 하늘눈으로 본다.

『파강건(破强健)이라는 바람이 내 몸 안에 있는데 만일 그것이 고르지 못하면 내 마음은 겁이 많고 온 몸은 아프다. 혹은 몸이 뻣뻣하여 굴신하기에 불편하고 드나드는 숨길은 안온하지 않으며 몸은 떨려 옷을 입을 수 없고 머리가 아파 괴로워 하므로 좌선하여도 마음이 전일하지 않으며 혹은 나쁜 꿈을 꾸고 마음이 답답해 구토질하며, 좋은 빛깔도 잘못보아 가까운 것을 멀다고 생각하며 목이 마르고 몸이 여위어진다. 그러나 이 바람이 고르고 부드러워지면 위에서 말한 병들은 다 없어진다.』

그는 이렇게 파견풍을 관찰하고는 사람의 몸을 여실히 안다.

8. 신윤풍(身閏風)

그 수행하는 사람은 안 몸을 차례로 관찰한다. 즉『어떤 바람이 내 몸 안에 있어서 어떤 업을 짓는가.』

그는 들은 지혜나 혹은 하늘눈으로 본다.

『내 몸 안에는 신윤풍(身閏風)이 있는데 그것이 고르거나 혹은 고르지 않으면 어떤 업을 짓는가.』

그는 들은 지혜나 혹은 하늘눈으로 본다.

『이 바람이 고르지 않으면 귀가 울고 팔이 떨리며 온 몸도 다 떨린다. 여러 곳으로 돌아다니고 한 곳에 있기를 좋아하지 않는다. 이 외에는 다른 병이 없다. 만일 이 바람이 고르면 위에서 말한 병은 없어진다.』

그는 이렇게 신윤풍을 관찰하고는 사람의 몸을 여실히 안다.

9. 열풍(熱風)

그 수행하는 사람은 안 몸을 차례로 관찰한다.

『어떤 바람이 내 몸에 있는가.』

『내 몸에는 열풍(熱風)이 있다. 그것이 고르거나 혹은 고르지 않으면 어떤 업을 짓는가.』

그는 들은 지혜나 혹은 하늘눈으로 본다.

『만일 이 바람이 고르지 않으면 음식이 입에 들어가면 목구멍이 말라 버린다. 그러므로 사대(四大)가 고르지 않아 몸이 자라지 못한다. 음식 맛에 있어서는 두 가지를 구하지 않고 탁하며 더럽다. 만일 깨끗한 음식이면 사대가 더욱 자라나겠지마는 오직 탁한 음식이면 곧 병이 된다. 이 바람이 고르지 못하면 먹는 음식이 다 탁하고 깨끗해지지 않는다. 그러므로 병이 생긴다. 그러나 이 바람이 고르면 깨끗하거나 탁한 두 가지 음식으로 사대가 평등해지고 사대가 평등하기 때문에 병이 생기지 않는다.』

그는 이렇게 열풍을 관찰하고는 사람의 몸을 여실히 안다.

10. 집충(集虫)

그 수행하는 사람은 안 몸을 차례로 관찰한다.
『어떤 바람이 내 몸에 있어서 어떤 업을 짓는가.』

그는 들은 지혜나 혹은 하늘눈으로 본다. 즉『내 몸에는 집충(集虫)이라는 바람이 있다. 이 바람은 온 몸 속에서 벌레를 모았다 흩었다 하면서 정수리에서 발에 이르기까지 아래 위를 다 막는다.

이 벌레에는 열 가지가 있다.
① 두행충(頭行虫)이요,
② 골행충(骨行虫)이며,
③ 식발충(食髮虫)이요,
④ 이행충(耳行虫)이며,
⑤ 비내충(鼻內虫)이요,
⑥ 지내행충(脂內行虫)이며,
⑦ 절행충(節行虫)이요,
⑧ 식연충(食涎虫)이며,
⑨ 식치충(食齒虫)이요,
⑩ 구토충(歐吐虫)이다.

또 열 가지 벌레가 목구멍과 가슴속에 있다.

① 감식충(瞰食虫)이요,

② 식연충(食涎虫)이며,

③ 소타충(消唾虫)이요

④ 구토충(歐吐虫)이며,

⑤ 십미류맥중행충(十味流脈中行虫)이요,

⑥ 첨취충(䑛醉虫)이며,

⑦ 기미충(嗜味虫)이요,

⑧ 서기충(抒氣虫)이며,

⑨ 증미충(憎味虫)이요,

⑩ 기수충(嗜睡虫)이다.

또 열 가지 벌레가 있어 피속과 살 속으로 다닌다.

① 식모충(食毛虫)이요,

② 공혈충(孔穴虫)이며,

③ 선도충(襌都虫)이요,

④ 적충(赤虫)이며,

⑤ 식즙충(食汁虫)이요,

⑥ 모등충(毛燈虫)이며,

⑦ 진혈충(瞋血虫)이요,

⑧ 식혈충(食血虫)이며,

⑨ 습습충(虫)이요,

⑩ 초충(酢虫)이다.

이런 열 가지 벌레는 피 속에서 생겨 그 형상은 짧기도 하고 둥글기도 하며 미세하고 눈이 없다.

또 열 가지 벌레가 있으니 그것은 고통하는 모습으로 살 속에서 생긴 것이다.

① 창미충(瘡味虫)이요,

② 철철충(惙惙虫)이며,

③ 폐근충(閉筋虫)이요,

④ 동맥충(動脈虫)이며,

⑤ 식피충(食皮虫)이요,

⑥ 동지충(動脂虫)이며,

⑦ 화취충(和聚虫)이요,

⑧ 취충(臭虫)이며,

⑨ 한행충(汗行虫)이요,

⑩ 열충(熱虫)이니 이런 벌레는 살 속에서 생긴 것이다.

또 열 가지 벌레가 있어 황중(黃中)으로 다닌다.

① 흑충(黑虫)이요,

② 묘화충(苗花虫)이며,

③ 대첨곡충(大曲虫)이요,

④ 소비라충(蘇琵羅虫)이며,

⑤ 오충(烏虫)이요,

⑥ 대식충(大食虫)이며,

⑦ 행렬충(行熱虫)이요,

⑧ 대열충(大熱虫)이며,

⑨ 식미충(食味虫)이요,

⑩ 대화충(大火虫)이니 이런 벌레는 음중(陰中)으로 다닌다.

또 몸의 모든 부분에 열 가지 벌레가 있다.

① 지골충(舐骨虫)이며,

② 요골충(嚙骨虫)이며,

③ 단절충(斷節虫)이요,

④ 취충(臭虫)이며,

⑤ 소골충(消骨虫)이요,

⑥ 적구충(赤口虫)이며,

⑦ 두두마충(頭頭摩虫)이요,

⑧ 식피충(食皮虫)이며,

⑨ 도풍충(刀風虫)이요,

⑩ 도구충(刀口虫)이다.

또 열 가지 벌레가 있어 또 속으로 다닌다.

① 생충(生虫)이요,

② 침구충(針口虫)이며,

③ 백절충(白節虫)이요,

④ 무족충(無足虫)이며,

⑤ 산분충(散糞虫)이요,

⑥ 삼초충(三焦虫)이며,

⑦ 파장충(破腸虫)이요,

⑧ 폐색충(閉塞虫)이며,

⑨ 선색충(善色虫)이요,

⑩ 예문창충(穢門瘡虫)이니 그 빛깔은 매우 나쁘다.

이것이 이른바 똥 속의 열 가지 벌레라는 것이다.

또 지방과 골수 속으로 다니는 열 가지 벌레가 있다.

그 열 가지란

① 모충(毛虫)이요,

② 흑구충(黑口虫)이며,

③ 실력충(失力虫)이요,

④ 대통충(大通虫)이며,

⑤ 번민충(煩悶虫)이요,

⑥ 화색충(火色虫)이며,

⑦ 하류충(下流虫)이요,

⑧ 기신근충(起身根虫)이며,

⑨ 억념충(億念虫)이요,

⑩ 환희충(歡喜虫)이니 이 벌레들은 온 몸의 여러 부분 속을 마음대로 두루 돌아다니고 일체의 경계를 다니는데 그것들이 다니는 곳을 따라 모두 악을 짓는다.

이 집충풍도 온 몸 속을 마음대로 두루 돌아다니므로 이 바람 때문에 모든 벌레들이 흘러다닌다.』

그는 이렇게 집충풍을 관찰하고 사람의 몸을 여실히 안다. 또 그 수행하는 사람은 안 몸을 차례로 관찰한다.

『어떤 바람이 나의 몸에 있으면서 어떤 업을 짓는가.』

그는 들은 지혜나 혹은 하늘눈으로 본다.

『상하(上下)라는 바람이 내 몸에 있다. 그것은 나를 편하게 하거나 혹은 불안하게 하면서 어떤 짓을 하는가.』

그는 들은 지혜나 혹은 하늘눈으로 본다.

『만일 이 상하풍이 고르지 못하면 다섯 곳을 다니면서 어떤 업을 짓는가. 즉 드나드는 숨길을 목숨이라고 사람들은 말하는데, 그것은 심장의 정수리로 다니고 온 몸을 두루 자유로이 다니면서 걸림이 없으니 이것이 이른바 이 바람의 첫째 힘이다.

또 만일 이 바람이 고르지 못하면 우리 몸을 부수되 입안에 침이 많게 하고 몸을 여위게 하며 음식은 위를 등지고 구토질로 거슬러 나온다. 이것이 이 바람의 둘째 힘이다.

또 그것은 심장에 있으면서 어떤 짓을 하는가. 만일 기운이 심장에 있으면 근심하거나 혹은 기뻐하고 만일 기운이 목구멍에서 정수리

로 올라갔다가 내려와 혓뿌리로 들어가면 그 생각을 따라 말도 하고 문자도 알며 모든 이치를 생각하는데 이것이 바람의 셋째 힘이다. 또 항상 몸이 불 때문에 괴로움을 받아 땀이 흐르게 하면 이것은 바람의 넷째 힘이다.

이 바람은 온 몸에 뻗쳐 있어 눈을 깜짝하는 사이에 온 몸을 움직이게 하고 온 몸을 생각하며 남녀의 생식에 의해 자식을 낳게 한다. 만일 남녀가 성교할 때에는 이 바람의 힘은 정혈을 모아 여자의 허리 뼈의 힘을 좋게 하고 남녀의 정혈을 한데 모아 갑라바신(鉀羅婆身)에 모은다. 정혈이 희박할 때에는 이 바람이 불어 짙게 하고 살덩이를 만들고 살덩이를 만든 다음에는 오포(五胞)를 만들고 오포를 만든 뒤에는 모나거나 혹은 둥글며 그 몸의 길고 짧음을 따르고 의식도 그것에 두루 가득해 온갖 모양을 따른다.

마치 어떤 사람이 타락을 짜서 소(酥)를 내는 것처럼 이 바람의 힘과 업의 번뇌가 모여서 몸을 이루는 것도 그와 같다. 이것이 이 바람의 다섯째 힘이다.

만일 음식을 먹을 때 맛난 것을 씹으면 혓 속과 목구멍의 맥 속에 음식이 가득하고 나아가서는 털뿌리와 손톱에까지 두루 두루 차면 기력이 왕성해 빛깔·냄새·맛을 만든다. 그러나 이 바람이 고르지 못하여 아랫바람이 위로 올라가면 네 가지 악이 되어 기운이 막혀 나가기 어려우므로 온 몸이 다 괴롭다.

만일 그것이 제 자리를 떠나면 모든 감관과 일체의 의식은 다 어지럽게 되어 명을 잃고 신명을 버리면 세 가지 법을 잃는다. 즉 첫째는 목숨이요 둘째는 따뜻한 기운이며 셋째는 의식이다. 그러므로 다음 게송을 읊는다.

이 몸을 버릴 때에는
목숨·따뜻함·의식 똥을 잃고

다시는 아무 감각 없기는
기왓장이나 나무나 돌과 같다

이것이 이른바 첫째 악이다.

또 만일 이 바람이 고르지 못하면 둘째의 업을 짓는다. 즉 숨길은 거칠고 무거워 순하지 않으므로 온 몸은 괴로움의 핍박을 받고 핍박을 받아 못내 괴로워하고 신명을 버린다. 이것이 둘째 악이다. 또 이 바람이 고르지 못하면 셋째 악을 만든다. 즉 모든 감관을 괴롭히므로 온몸이 고달퍼하다가 신명을 잃는데 이것이 셋째 악이다. 또 이 바람이 고르지 못하면 넷째 악을 짓는다. 즉 몹시 숨을 헐떡이거나 혹은 숨길이 쇠약해져 목숨을 마치거나 혹은 곱사등이가 되고 목숨은 잃지 않는다. 이것이 넷째 악으로서 마치 잠잘 때와 같아서 드나드는 숨길로써 목숨을 부지할 뿐이다.』

그는 이렇게 상하풍을 관찰하고는 사람의 몸을 여실히 안다.

또 그 수행하는 사람은 안 몸을 차례로 관찰한다.

『어떤 사람이 있어서 편하게 하거나 혹은 편하지 않게 하면서 어떤 업을 짓는가.』

그는 들은 지혜나 혹은 하늘눈으로 본다.

11. 명풍(命風)

『내 몸에는 명풍(命風)이라는 바람이 있어 몸을 살찌게 하거나 여위게 하며 마음을 자상하게 한다. 이 바람이 고르지 못하면 마음이 가볍게 움직여 알던 것도 다 잊어 버리고 들은 것도 다 잊어 버리며 경계를 보아도 분명하지 않고 소리도 들리지 않는다. 이와 같이 코는 냄새를 모르고 혀는 맛을 모르므로 자기와 남을 분별하지 못한다.』

그는 이렇게 명풍을 관찰하고는 사람의 몸을 여실히 안다.

또 그 수행하는 사람은 안 몸을 차례로 관찰한다.

『어떤 바람이 있어 어떤 업을 짓는가.』

그는 들은 지혜나 혹은 하늘눈으로 본다.

12. 난심풍(亂心風)

『내 몸에는 난심풍(亂心風)이 있다. 만일 그것이 고르거나 고르지 못하면 어떤 짓을 하는가.』

그는 들은 지혜나 혹은 하늘눈으로 그 바람을 본다.

즉『만일 내 마음에 허물이 있어 그 바람이 고르지 못하면 마음의 행하는 바는 모두 움직이거나 혹은 미흡하며 건조(乾)하고 사라지며 어리석고 어지러우며 혹은 먹는 음식 맛은 사뀌게 흘러 바르지 않다. 이렇게 그 마음을 어지럽혀 선법을 좋아하지 않게 하고 땀이 흐르고 침이 많으며 차거운 감촉을 견디지 못한다. 혹 어떤 빛깔이나 모양을 보더라도 이런 병이 있기 때문에 이전처럼 그것을 여실히 보지 못하고 몸은 무거워 가기 어려우며 몸의 털은 다 일어선다. 그러나 이 바람이 고르면 위에서 말한 병들은 다 없어진다.』

그는 이렇게 난심풍을 관찰하고는 사람의 몸을 여실히 안다.

또 그 수행하는 사람은 안 몸을 차례로 관찰한다.

『어떤 바람이 내 몸에 있어서 나를 편하게 하거나 혹은 편하지 않게 하면서 어떤 업을 짓는가.』

그는 들은 지혜나 혹은 하늘눈으로 본다.

13. 난풍

『내 몸에 난풍이 있는데 만일 그것이 고르지 못하면 나는 많은 나

뻔 꿈을 꾸므로 자다가 놀라 깨며 따뜻한데 있더라도 늘 찬 것을 느
낀다. 혹 도시·촌락 등의 사람들을 보아도 빈 마을로 보거나 혹은
누른 빛으로 보며 말이 적고 눕기를 좋아하지 않으며 본래 들었던
법도 다 잊어 버리고 사대(四大)는 어지럽고 먹는 음식 맛을 마음에
두더라도 아무 이유 없이 싫증이 나며 망념되어 무덤들을 본다. 그
러나 이 바람이 고르면 위에서 말한 병들은 다 없어진다.』

그는 이렇게 난풍을 관찰하고는 사람의 몸을 여실히 안다.

또 그 수행하는 사람은 안 몸을 차례로 본다.

『어떤 바람이 있어서 어떤 없을 짓는가.』

그는 들은 지혜나 혹은 하늘눈으로 본다.

14. 시현풍(視眴風)

『이 몸 속에는 시현풍(視眴風)이 있는데 만일 그것이 고르지 못하
면 눈을 깜빡일 수가 없다. 어떤 바람도 이보다 빠른 것은 없다. 이
바람은 어디나 다니므로 모든 감관에 두루 차 있다. 이 바람이 고르
지 못하면 이런 병이 생기지마는 이 바람이 고르면 위에서 말한 병
들은 없어진다.』

그는 이렇게 시현풍을 관찰하고는 사람의 몸을 여실히 안다.

또 그 수행하는 사람은 안 몸을 차례로 관찰한다.

『어떤 바람이 있어서 고르거나 혹은 고르지 않으면 어떤 업을 짓는
가.』

그는 들은 지혜나 혹은 하늘눈으로 본다.

15. 호상폐(互相閉)

『호상폐(互相閉)라는 한 바람이 있어서 목숨을 마치려 할 때에는

다섯 바람이 일어난다. 그것이 고르거나 혹은 고르지 않으면 어떤 업을 짓는가.』

그는 들은 지혜나 혹은 하늘눈으로 본다.

『눈·귀·코·혀·몸 등이 무너지지기 때문에 그 경계에서 빛깔·소리·냄새·맛·닿임 등 어느 법도 반연해 알 수 없다. 만일 그 바람이 일어나지 않으면 목숨은 끊어지지 않지마는 그것이 일어나면 목숨을 잃는다.』

그는 이렇게 오폐문풍(五閉門風－호상풍)을 관찰하고는 사람의 몸을 여실히 안다.

16. 괴태장풍(壞胎藏風)

그 수행하는 사람은 안 몸을 차례로 관찰한다.

『어떤 바람이 있어서 고르거나 혹은 고르지 않으면 어떤 업을 짓는가.』

그는 들은 지혜나 혹은 하늘눈으로 본다.

즉 『이 몸 속에 괴태장풍(壞胎藏風)이 있다. 만일 사람의 첫 의식이 어머니 태 안에 들어가면 과거 업의 인연으로 가라라(歌羅羅) 때에 곧 그 목숨을 파괴한다. 만일 가라라 때에 그 목숨을 파괴하지 않으면 살덩이 때에 이르러서야 비로소 그 목숨을 끊는데 찬 바람이 태에 들어가 그것을 파괴시키는 것이다.

만일 살덩이 때에 그 목숨을 끊지 않으면 몸의 각 부분이 갖추어진 뒤에라야 그 목숨을 끊고 만일 몸의 각 부분이 갖추어졌을 때 그 목숨을 끊지 않으면 모든 감관이 두루 갖추어져야 비로소 그 목숨을 끊되 과거 세상에 있었던 살생 업의 경중에 따라 태장 안에서 그 목숨을 끊는다. 만일 전생에 살생하지 않았으면 이 바람은 그것을 살해하지 못한다.』

그는 이렇게 괴태장풍을 관찰하고는 사람의 몸을 여실히 안다.

17. 전태장(轉胎藏)

그 수행하는 사람은 안 몸을 차례로 관찰한다.

『어떤 바람이 있어서 고르거나 혹은 고르지 못하면 어떤 업을 짓는가.』

그는 들은 지혜나 혹은 하늘눈으로 본다.

『이 몸 속에는 전태장(轉胎藏)이라는 바람이 있다. 그것은 어지럽거나 혹은 어지럽지 않음으로써 어떤 업을 짓는가.』

그는 들은 지혜나 혹은 하늘눈으로 본다.

『중생들의 전생의 사뙨 업으로 말미암아 이 바람은 남자를 여자로 변하게 하거나 혹 황문(黃門)으로 만들며 혹은 태 안에서 죽인다. 그것은 그 악업 때문이다. 만일 전생에 악업이 없으면 이 바람은 그를 해치지 못한다.』

그는 이렇게 전태장풍을 관찰하고는 사람의 몸을 여실히 안다.

18. 거래주척풍(去來走擲風)

그 수행하는 사람은 안 몸을 차례로 관찰한다.

『어떤 바람이 이 몸 속에 머물면서 어떤 업을 짓는가.』

그는 들은 지혜나 혹은 하늘눈으로 본다.

『이 몸에는 거래주척풍(去來走擲風)이 있다. 그것은 어지럽거나 혹은 어지럽지 않음으로써 어떤 짓을 하는가.』

『만일 이 거래주척풍이 고르지 못하면 손발은 찢어지고 곱사등이가 되어 걸어다닐 수 없으며 음식은 남에게 빌어 스스로 먹지 못하고 몸의 감관과 지혜가 다 깨끗하지 못하다. 그러나 이 바람이 고르면 몸으로 가고 오며 나아가고 그치며 달리고 던지며 오르내리고 말을 탈 수 있다.』

그는 이렇게 거래주척풍을 관찰하고는 사람의 몸을 여실히 안다.

19. 오근별풍(五根別風)

그 수행하는 사람은 안 몸을 차례로 관찰한다.

『어떤 바람이 있어서 고르거나 혹은 고르지 않음으로써 어떤 업을 짓는가.』

그는 들은 지혜나 혹은 하늘눈으로 본다.

『눈·귀·코·혀·몸 등 다섯 감관은 오근별풍(五根別風)의 업을 지은 것은 업의 바람에 불리어 한 바람은 눈과 반연한다. 사대(四大) 가운데 바람의 힘이 가장 세기 때문에 바람이라 한다. 이 바람은 눈의 사대를 청정하게 하여 온갖 현상을 보게 한다. 한 바람은 귀로 하여금 소리를 듣게 하고 코의 냄새·혀의 맛·몸의 닿임도 다 그와 같다. 이와 같이 다섯 바람을 여실히 본다. 만일 그 바람이 순조로우면 다섯 경계에 대해 아무 장애가 없고 만일 순조롭지 않으면 장애가 많으며 그 경계를 여실히 알지 못한다.』

그는 이렇게 눈·귀·코·혀·몸 등 다섯 바람을 다 관찰하고는 사람의 몸을 여실히 안다.

20. 도풍(刀風)

그 수행하는 사람은 안 몸을 차례로 관찰한다.

『어떤 바람이 있어서 고르거나 혹은 고르지 않음으로써 어떤 업을 짓는가.』

그는 들은 지혜나 혹은 하늘눈으로 본다.

『이 몸 안에 도풍(刀風)이 있는데 그것이 어지럽거나 혹은 어지럽지 않음으로써 어떤 업을 짓는가.』

그는 들은 지혜나 혹은 하늘눈으로 본다.

『사람이 목숨을 마칠 때 도풍이 다 움직이면 가죽 · 살 · 힘줄 · 뼈 · 골수 · 정혈 등이 모두 끊어지고 마르며 기운은 닫기어 흐르지 않는다. 몸이 이미 말라 고뇌하여 죽는 것은 천 개의 불꽃칼이 그 몸을 찌르는 것 따위는 그 十六분의 一에도 비치지 못한다. 만일 선업이 있으면 거의 죽을 때가 되었어도 도풍으 조금 움직여 고뇌는 그다지 많지 않다.』

그는 이렇게 도풍을 관찰하고는 사람의 몸을 여실히 안다.

21. 침자풍(針刺風)

또 그 수행하는 사람은 안 몸을 차례로 관찰한다.

『어떤 바람이 있어서 고르거나 혹은 고르지 않음으로써 어떤 업을 짓는가.』

그는 들은 지혜나 혹은 하늘눈으로 본다.

『이 몸 수에 침자풍(針刺風)이 있다. 그것은 고르거나 고르지 않음으로써 어떤 짓을 하는가.』

그는 들은 지혜나 혹은 하늘눈으로 본다.

온 몸의 마디와 모든 혈맥 · 모든 힘줄 · 모든 사지의 뼈 · 모든 털구멍 · 모든 살 · 모든 뼛 속 · 모든 골수는 마치 타는 불꽃 바늘이 사람의 온 몸을 찌르는 것과 같아서 백천의 불꽃 바늘이 그 몸을 찌르는 것 따위는 그 十六분의 一에도 미치지 못한다. 만일 전생에 선업이 있으면 그는 목숨을 마칠 때에도 이 침자풍은 그다지 괴로움이 되지 않는다.』

그는 이렇게 침자풍을 관찰하고는 사람의 몸을 여실히 안다.

22. 악황(惡黃)

또 그 수행하는 사람은 안 몸을 차례로 관찰한다.

『어떤 바람이 고르거나 혹은 고르지 않음으로써 어떤 업을 짓는가.』

그는 들은 지혜나 혹은 하늘눈으로 본다.

『악황(惡黃)이라는 바람이 이 몸 속에 있다. 그것이 고르거나 고르지 않음으로써 어떤 짓을 하는가.』

그는 들은 지혜나 혹은 하늘눈으로 본다.

즉『만일 이 악황풍이 고르지 못하면 사람에게 황병(黃炳)이 생겨 입 안은 마르고 온 몸을 모두 누르므로 얼굴과 손톱도 다 누렇다. 배는 붓고 거칠고 큰데 그 배에는 누른 혈맥이 나타나며 몸은 힘이 없고 음식은 소화 되지 않으며 입은 쓰고 오줌은 누렇고 몸은 여위고 눈으로 온갖 빛깔을 보면 다 청황색이 되며 기거를 할 수 없고 뱃 속은 항상 부르다. 황풍이 고르지 않으면 이런 병이 생기고 황풍이 고르면 이런 병이 없다.』

그는 이렇게 악황풍을 관찰하고는 사람의 몸을 여실히 안다.

23. 파장(破腸)

그 수행하는 사람은 안 몸을 차례로 관찰한다.

『어떤 바람이 있어서 고르거나 혹은 고르지 않음으로써 어떤 업을 짓는가.』

그는 들은 지혜나 혹은 하늘눈으로 본다.

『파장(破腸)이라는 바람이 있다. 그것이 고르거나 혹은 고르지 않으면 어떤 짓을 하는가.』

그는 들은 지혜나 혹은 하늘눈으로 본다.

『만일 그 파장풍이 고르지 않으면 혹 음식을 많이 먹고 굴신(屈申)하려 하면 그것은 창자를 부수고 혹은 뼈가 섞인 고기를 먹으면 그것이 그 창자 속에 들어가 그 창자를 부수므로 음식은 곧 흘러나오고 배는 자꾸 불려져 크게 고통한다. 음식을 먹지 못하여 음식의 힘이 적기 때문에 몸은 여위어지고 수족은 다 부우며 하문(下門)은 찌는 듯 뜨겁고 온 몸은 늘 더워 안정 되지 않는다. 입 안은 마르며 항상 나쁜 꿈을 꾸고 뱃속의 바람이 움직여 잠시도 안정되지 않는다. 그러나 파장풍이 고르고 알맞으면 이어서 말한 이런 병은 없다.』

그는 이렇게 파장풍을 관찰하고는 사람의 몸을 여실히 안다.

24. 냉타(冷唾)

그 수행하는 사람은 안 몸을 차례로 관찰한다.

『어떤 바람이 있어서 고르거나 혹은 고르지 않음으로써 어떤 업을 짓는가.』

그는 들은 지혜나 혹은 하늘눈으로 본다.

『냉타(冷唾)라는 한 바람이 있다. 만일 그것이 고르거나 혹은 고르지 않으면 어떤 짓을 하는가.』

그는 들은 지혜나 혹은 하늘눈으로 본다.

『만일 이 냉타풍이 고르지 않으면 입 안에 단 물이 생기고 그 마음은 안정 되지 않으며 음식에 생각이 없고 좌선 하면 곧 피로해지며 혀가 무거워 말하기 어려우며 혹은 목구멍이 아프고 트림에 나쁜 냄새가 나며 심장의 나쁜 냄새가 올라와 목구멍을 찌르고 기운은 막혀 나오기 어려우며 주림이나 목마름을 깨닫지 못하고 목구멍이 막힌다. 그러나 그 냉타풍이 고르면 위에서 말한 그런 병은 없다.』

그는 이렇게 냉타풍을 관찰하고는 사람의 몸을 여실히 안다.

25. 상수(傷髓)

그 수행하는 사람은 안 몸을 차례로 관찰한다.

『어떤 바람이 이 몸에 있어서 고르거나 혹은 고르지 않음으로써 어떤 업을 짓는가.』

그는 들은 지혜나 혹은 하늘눈으로 본다.

『이 몸 속에는 상수(傷髓)라는 바람이 있다. 만일 그것이 고르지 못하면 어떤 짓을 하는가.』

그는 들은 지혜나 혹은 하늘눈으로 본다.

『만일 이 상수풍이 고르지 못하면 사람의 몸을 흔들리게 하므로 몸은 매우 피곤하여 멀리 가지 못하고 항상 병이 많아 얼굴빛은 추악하며 몸은 아프고 말을 많이 하지 못하며 그 마음은 겁이 많고 약하다. 이 사람은 골수가 항상 아프고 몸의 털은 모두 일어서며 모든 혈맥이 쇠약하여 늘 머리가 아프다. 이 바람 때문에 항상 뇌수의 벌레가 움직이고 그 벌레가 움직이기 때문에 마치 바늘로 찌르는 것 같다. 만일 이 바람이 고르면 위에서 말한 병들은 없다.』

그는 이렇게 상수풍을 관찰하고는 사람의 몸을 여실히 안다.

26. 해피(害皮)

그 수행하는 사람은 안 몸을 차례로 관찰한다.

『어떤 바람이 이 몸 안에 있어서 고르거나 혹은 고르지 않음으로써 어떤 업을 짓는가.』

그는 들은 지혜나 혹은 하늘눈으로 본다.

『이 몸 속에는 해피(害皮)라는 바람이 있다. 그것이 만일 고르지 않으면 어떤 짓을 하는가.』

그는 들은 지혜나 혹은 하늘눈으로 본다.

『만일 이 해피풍이 고르지 못하면 내 피부의 빛깔은 추악하고 피부는 거칠어 갈라지고 찢어지므로 소유(蘇油)를 몸에 바르더라도 빨리 말라 버리고 몸과 손발 모두 단단하고 뻣뻣해져 굴신하기 어려우며 험한 벼랑에서 떨어지는 꿈을 자주 꾸고 따뜻한 음식맛도 입 안에서는 차게 느껴지며 혀는 부스럼으로 찢어져 음식을 먹지 못한다. 그러나 이 바람이 고르고 알맞으면 위에서 말한 병들은 다 없다.』

그는 이렇게 해피풍을 관찰하고는 사람의 몸을 여실히 안다.

27. 해혈(害血)

그 수행하는 사람은 안 몸을 차례로 관찰한다.

『어떤 바람이 이 몸 안에 있어서 고르거나 혹은 고르지 않음으로써 어떤 업을 짓는가.』

그는 들은 지혜나 혹은 하늘눈으로 본다.

『이 몸 속에는 해혈(害血)이라는 바람이 있다. 만일 그것이 고르거나 혹은 고르지 않으면 어떤 짓을 하는가.』

그는 들은 지혜나 혹은 하늘눈으로 본다.

『만일 이 몸 속에 있는 이 해혈풍이 고르지 못하면 그것은 허파 속을 다니면서 두 가지 허물을 지어 올라가거나 혹은 내려가며 만일 피 위를 다니면 눈·귀·코 등의 혈맥을 고르지 않게 하고 사대(四大)를 불안하게 하며 사대가 불안하기 때문에 몸은 힘은 없고 안색은 추악하며 행보하지 못한다. 코에서는 항상 나쁜 냄새가 나므로 같이 수행하는 사람들이 함께 다니거나 한 자리에 앉지 않는다. 만일 그 피가 밑으로 내려가 대소변에 이르면 흐르는 피로서 내려가 세 가지 과병을 만든다. 즉 첫째는 치질이요 둘째는 고민이며 세째는 밑으로 피를 쏟는다. 그러나 이 바람이 고르고 알맞으면 위에서 말한 병들은 없다.』

그는 이렇게 해혈풍을 관찰하고는 사람의 몸을 여실히 안다.

28. 해육(害肉)

그 수행하는 사람은 안 몸을 차례로 관찰한다.

『어떤 바람이 이 몸 속에 있어서 고르거나 혹은 고르지 않음으로써 어떤 업을 짓는가.』

그는 들은 지혜나 혹은 하늘눈으로 본다.

『이 몸에서는 해육(害肉)이라는 바람이 있다. 만일 그것이 고르지 못하면 어떤 짓을 하는가.』

그는 들은 지혜나 혹은 하늘눈으로 본다.

『만일 이 해육풍이 고르지 못하면 그것은 사람 몸에 온갖 부스럼을 나게 하여 나쁜 냄새가 온 몸에 차고 종기가 터지면 냄새가 사나운 고름이 흐르며 찬 것이나 나쁜 열은 견디나 시거나 쓴 것은 견디지 못하며 조금 달달한 것이나 차거운 것은 좋아한다. 온 몸은 가볍고 더러운 고름이 흘러나온다. 그러나 이 바람이 고르면 위에서 말한 병 따위는 없다.』

그는 이렇게 해육풍을 관찰하고는 사람의 몸을 여실히 안다.

29. 해정(害靜)

그 수행하는 사람은 안 몸을 차례로 관찰한다.

『어떤 바람이 이 몸 속에 있으면서 고르거나 혹은 고르지 않음으로써 어떤 업을 짓는가..』

그는 들은 지혜나 혹은 하늘눈으로 본다.

『이 몸 속에는 해정(害靜)이라는 바람이 있다. 만일 그것이 고르지 못하면 어떤 짓을 하는가.』

그는 들은 지혜나 혹은 하늘눈으로 본다.

『만일 이 해정풍이 고르지 못하면 그것은 사람을 희롱한다. 만일 사람이 자면 사람을 희롱하여 갖가지 나쁜 생각을 가르치고 망상으로 깨끗하지 못한 행을 행하게 한다. 이 바람이 고르지 못하기 때문에 밤에 다니는 귀녀(鬼女)가 있으며 거짓으로 진실을 깨뜨려 꿈에 그것을 범하게 하며 음식을 생각하지 않게 한다.』

그는 이렇게 해정풍을 관찰하고는 사람의 몸을 여실히 안다.

30. 추풍(皺風)

또 그 수행하는 사람은 안 몸을 차례로 관찰한다.

『어떤 바람이 이 몸 속에 있으면서 고르거나 혹은 고르지 않음으로써 어떤 업을 짓는가.』

그는 들은 지혜나 혹은 하늘눈으로 본다.

『이 몸 안에는 추풍(皺風)이라는 바람이 있다. 그것은 고르거나 혹은 고르지 않음으로써 어떤 짓을 하는가.』

그는 들은 지혜나 혹은 하늘눈으로 본다.

『만일 이 추풍이 고르지 못하면 발등 발바닥 혹은 장딴지 넓적다리 혹은 꽁무니 등덜미 혹은 옆구리 젖 혹은 목구멍 목 혹은 어깨 팔 혹은 귀 눈썹 등 온 몸의 각 부분이 모두 주름살지는데 그 몸에는 더욱 깊이 주름살져 펴지거나 혹은 움추리며 그 발은 뻗치고 찢어져 기름을 몸에 바르더라도 이내 말라 버려 마치 노인처럼 되게 한다.』

그는 이렇게 추풍을 관찰하고는 사람의 몸을 여실히 안다.

31. 백발(白髮)

또 그 수행하는 사람은 안 몸을 차례로 관찰한다.

『어떤 바람이 이 몸 속에 있으면서 고르거나 혹은 고르지 않음으로써 어떤 업을 짓는가.』

그는 들은 지혜나 혹은 하늘눈으로 본다.

『이 몸 속에는 백발(白髮)이라는 바람이 있다. 만일 그것이 고르지 못하면 어떤 짓을 하는가.』

그는 들은 지혜나 혹은 하늘눈으로 본다.

즉『만일 이 백발풍이 고르지 못하면 소년을 머리털이 희고 여위게 하여 마치 노인처럼 만든다. 혹은 속인이 낳은 아들이 아버지처럼 빨리 늙고 그 아들은 병이 있기 때문에 다시는 아들을 배지 못한다. 이 바람의 힘 때문에 소년을 노인과 다름 없이 만든다. 이 바람은 악겁(惡劫)에서 일어나 중생들이 법을 따라 행하지 않음으로 말미암아 이 바람은 더욱 왕성해진다. 만일 복덕이 있으면 바르고 복덕이 없으면 이 바람은 고르지 않다.』

그는 이렇게 백발풍을 관찰하고는 사람의 몸을 여실히 안다.

32. 손니(損膩)

그 수행하는 사람은 안 몸을 차례로 관찰한다.

『어떤 바람이 고르거나 혹은 고르지 않음으로써 어떤 업을 짓는가.』

그는 들은 지혜나 혹은 하늘눈으로 본다.

『이 몸속에는 손니(損膩)라는 바람이 있다. 만일 이것이 고르지 못하면 어떤 짓을 하는가.』

그는 들은 지혜나 혹은 하늘눈으로 본다.

『만일 이 손니풍이 고르지 못하면 사람은 음식 생각이 없으므로 쇠약해지고 기름진 음식을 좋아하지 않으며 병이 일어나는 원인은 낮잠에 있다. 이 바람이 고르지 않으므로 그는 단 음식을 좋아하지 않고 쓰고 신 맛을 즐거워한다. 만일 기름진 음식을 먹지 않으면 바람은 고르게 되어 사람은 몸이 피곤하지 않다.』

그는 이렇게 손니풍을 관찰하고는 사람의 몸을 여실히 안다.

33. 임풍(淋風)

그 수행하는 사람은 안 몸을 차례로 관찰한다.

『어떤 바람이 이 몸 속에 있으면서 고르거나 혹은 고르지 않음으로써 어떤 업을 짓는가.』

그는 들은 지혜나 혹은 하늘눈으로 본다.

『사람의 몸 속에는 임풍(淋風)이 있다. 만일 그것이 고르지 못하면 어떤 짓을 하는가.』

그는 들은 지혜나 혹은 하늘눈으로 본다.

『만일 이 임풍이 고르지 못하면 사람은 항상 임풍(淋風)이 많아 뜻대로 되지 않고 몸은 기운이 없으며 드나드는 숨길은 탁하고 골지 않으며 몸의 빛깔은 누르팅팅하고 몸은 여위고 초췌하다. 그러나 이 바람이 고르면 위에서 말한 그런 병 따위는 없다.』

그는 이렇게 임풍을 관찰하고는 사람의 마음을 여실히 안다.

34. 식상응(食相應)

그 수행하는 사람은 안 몸을 차례로 관찰한다.

『어떤 바람이 있어서 어떤 업을 짓는가.』

그는 들은 지혜나 혹은 하늘눈으로 본다.

『식상응(食相應)이라는 바람이 있다. 만일 이것이 고르거나 고르지 않으면 어떤 짓을 하는가.』

그는 들은 지혜나 혹은 하늘눈으로 본다.

『만일 이 식상응풍이 고르지 못하면 사람은 먹는 음식의 四분이나 五분 중에 三분은 토해 낸다. 마음은 어지럽고 음식의 힘을 잃어 눈도 깜빡일 수가 없으며 이 바람의 힘 때문에 뜻이 안정 되지 않는다. 그러나 이 바람이 고르면 위에서 말한 그런 병 따위는 없다.』

그는 이렇게 식상응풍을 관찰하고는 사람의 몸을 여실히 안다.

35. 괴아치(壞牙齒)

그 수행하는 사람은 안 몸을 차례로 관찰한다.

『어떤 바람이 이 몸 안에 있으면서 고르거나 혹은 고르지 않음으로써 어떤 업을 짓는가.』

그는 들은 지혜나 혹은 하늘눈으로 본다.

『이 몸 안에는 괴아치(壞牙齒)라는 바람이 있다. 그것은 어떤 짓을 하는가.』

그는 들은 지혜나 혹은 하늘눈으로 본다.

『만일 이 괴아치풍이 고르지 못하면 이빨이 아파 부숴지거나 빠지고 이빨 속에서 고름이 나며 입술과 윗턱에 부스럼이 생기고 코는 막히어 통하지 않는다. 그러나 이 바람이 고르면 위에서 말한 그런 병 따위는 없다.』

그는 이렇게 괴아치풍을 관찰하고는 사람의 몸을 여실히 안다.

36. 후맥(喉脈)

그 수행하는 사람은 안 몸을 차례로 관찰한다.

『어떤 바람이 이 몸 안에 있으면서 고르거나 혹은 고르지 않음으로써 어떤 업을 짓는가.』

그는 들은 지혜나 혹은 하늘눈으로 본다.

『이 몸 속에는 후맥(喉脈)이라는 바람이 있다. 만일 이것이 고르지 못하면 어떤 짓을 하는가.』

그는 들은 지혜나 혹은 하늘눈으로 본다.

『만일 이 후맥풍이 고르지 못하면 사람의 목구멍은 아프고 혹은 목구멍에 종기가 생기며 혹은 그 말소리가 깔깔하다. 그러나 이 바람이 고르면 위에서 말한 그런 병 따위는 없다.』

그는 이렇게 후맥풍을 관찰하고는 사람의 몸을 여실히 안다.

37. 하행(下行)

그 수행하는 사람은 안 몸을 차례로 관찰한다.

『어떤 바람이 이 몸 속에 있으면서 고르거나 혹은 고르지 않음으로써 어떤 업을 짓는가.』

그는 들은 지혜나 혹은 하늘눈으로 본다.

『이 몸 안에는 하행(下行)이라는 바람있다. 그것은 고르거나 고르지 않음으로써 어떤 짓을 하는가.』

그는 들은 지혜나 혹은 하늘눈으로 본다.

『만일 이 하행풍이 고르지 못하면 사람의 먹는 음식에 어떤 잘못이 있게 하여 위장의 힘이 적어 음식이 소화되지 않게 한다. 음식이 소화 되기 때문에 가죽·살·골수·정혈 등이 더욱 자라나는 것인데 만일 음식이 소화 되지 않으면 풍냉(風冷)과 황병(黃炳)으로 그것들 다 순조로이 활동하지 못한다. 이 바람이 고르지 못하면 음식의 힘을 잃고 음식의 힘이 적기 때문에 안색이 초췌한다.

그러나 이 바람이 고르면 위에서 말한 그런 병 따위는 없다.』

그는 이렇게 하행풍을 관찰하고는 사람의 몸을 여실히 안다.

38. 상행풍(上行風)

그 수행하는 사람은 안 몸을 차례로 관찰한다.

『어떤 바람이 이 몸 안에 있으면서 고르거나 혹은 고르지 않음으로써 어떤 업을 짓는가.』

그는 들은 지혜나 혹은 하늘눈으로 본다.

『이 몸 안에는 상행이라는 바람이 있다. 그것은 무슨 짓을 하는가.』

그는 들은 지혜나 혹은 하늘눈으로 본다.

『이 상행풍은 정수리에 있다. 만일 이 바람이 고르면 정수리에서 나온다. 그것은 마치 연기처럼 위에서 나와 햇빛에도 있고 그늘에도 있으며 밤이나 낮이나 끊이지 않고 항상 나와 사람들은 그것을 다 본다. 만일 그것이 고르지 못하면 기운이 나오지 않는다. 만일 정수리의 기운이 끊어지면 사흘도 못 되어 그 사람은 반드시 목숨을 마친다.』

그는 이렇게 상행풍을 관찰하고는 사람의 몸을 여실히 안다.

39. 방풍(傍風)

그 수행하는 사람은 안 몸을 차례로 관찰한다.

『어떤 바람이 이 몸 안에 있으면서 고르거나 혹은 고르지 않음으로써 어떤 업을 짓는가.』

그는 들은 지혜나 혹은 하늘눈으로 본다.

『이 몸 안에는 방풍(傍風)이 있다. 그것은 고르거나 혹은 고르지 못함으로써 어떤 짓을 하는가.』

그는 들은 지혜나 혹은 하늘눈으로 본다.

『만일 그 방풍이 고르지 못하면 사람의 드나드는 숨길을 막고 일제히 힘줄과 혈맥을 모두 옴추려들게 하되 모으거나 흩으기도 하며 끝기도 하고 당기기도 하며 혹은 코를 움직이면서 훌쩍거리는 소리를 내게 한 뒤 크게 괴로워하게 한다. 그러나 이 방풍이 고르면 위에서 말한 그런 병 따위는 모두 없다.』

그는 이렇게 방풍을 관찰하고는 사람의 몸을 여실히 안다.

40. 전근(轉筋)

그 수행하는 사람은 안 몸을 차례로 관찰한다.

『어떤 바람이 이 몸 안에 있으면서 고르거나 혹은 고르지 않음으로써 어떤 업을 짓는가.』

그는 들은 지혜나 혹은 하늘눈으로 본다.

『이 몸 안에는 전근(轉筋)이라는 바람이 있다. 만일 그것이 고르지 못하면 어떤 짓을 하는가.』

그는 들은 지혜나 혹은 하늘눈으로 본다.

『만일 이 전근풍이 고르지 못하면 사람의 손의 힘줄·발의 힘줄·대소변의 힘줄 등 온 몸의 힘줄이 모두 한데 말려 한 곳에 모이어 단단하고 둔해 아무 감각이 없다. 그러나 이 바람이 고르면 위에서 말한 그런 병 따위는 없다.』

그는 이렇게 전근풍을 관찰하고 사람의 몸을 여실히 안다.

41. 괴모(壞毛)

그 수행하는 사람은 안 몸을 차례로 관찰한다.

『어떤 바람이 이 몸 안에 있으면서 고르거나 혹은 고르지 않음으로써 어떤 업을 짓는가.』

그는 들은 지혜나 혹은 하늘눈으로 본다.

『이 몸 안에는 괴모(壞毛)라는 바람이 있다. 만일 그것이 고르지 못

하면 어떤 짓을 하는가.』

그는 들은 지혜나 혹은 하늘눈으로 본다.

『만일 이 괴모풍이 고르지 못하면 온 몸의 털이 모두 빠지고 몸은 누르팅팅해지며 혹 털이 다시 나더라도 나자 이내 빠진다. 그러나 이 바람이 고르면 위에서 말한 그런 병 따위는 없다.』

그는 이렇게 괴모풍을 관찰하고는 사람의 몸을 여실히 안다.

42. 사소풍(似少風)

그 수행하는 사람은 안 몸을 차례로 관찰한다.

『어떤 바람이 이 몸 안에 있으면서 고르거나 혹은 고르지 않음으로써 어떤 업을 짓는가.』

그는 들은 지혜나 혹은 하늘눈으로 본다.

『만일 사소풍(似少風)이라는 바람이 고르지 못하면 어떤 짓을 하는가.』

그는 들은 지혜나 혹은 하늘눈으로 본다.

『만일 이 사소풍이 고르면 열 때의 바람의 힘으로 사람의 얼굴빛과 힘과 구부리거나 펴기와 굽어 보거나 우러러 보기 등 모든 활동이 다 같고 만일 이 바람이 고르지 않으면 그 몸 안의 마음의 유맥(流脈)이 소란스리 움직이고 바르지 않고 어지럽다. 그러나 만일 그 마음의 유맥이 고르면 그는 미쳐 날뛰지 않는다.』

그는 이렇게 사소풍을 관찰하고는 사람의 몸을 여실히 안다.

43. 기수면풍(嗜睡眠風)

그 수행하는 사람은 안 몸을 차례로 관찰한다.

『어떤 바람이 이 몸 안에 있으면서 고르거나 혹은 고르지 않음으로써 어떤 업을 짓는가.』

그는 들은 지혜나 혹은 하늘눈으로 본다.

『기수면풍(嗜睡眠風)이라는 바람이 있다. 만일 이 바람이 고르지 못하면 어떤 짓을 하는가.』

그는 들은 지혜나 혹은 하늘눈으로 본다.

『만일 이 기수면풍이 고르지 못하면 사람은 법을 들을 때 혼몽히 자고 자고 나쁜 법을 듣고는 마음으로 즐거워하며 밤이나 낮이나 바로 관찰하려 해도 곧 마음이 어지러워지고 즐기려 술집에 간다. 그러나 이 바람이 고르면 위에서 말한 그런 병 따위는 없다.』

그는 이렇게 기수면풍을 관찰하고는 사람의 마음을 여실히 안다.

44. 진풍(瞋風)

그 수행하는 사람은 안 몸을 차례로 관찰한다.

『어떤 바람이 이 몸 안에 있으면서 어떤 업을 짓는가.』

그는 들은 지혜나 혹은 하늘눈으로 본다.

『이 몸 안에는 진풍(瞋風)이라는 바람이 있다. 만일 그것이 고르지 못하면 어떤 짓을 하는가.』

그는 들은 지혜나 혹은 하늘눈으로 본다.

『만일 이 진풍이 고르지 못하면 조그만 일만 있어도 크게 성을 내고 그 성에 지배 되어 세상 사람들에게 크게 성을 내어 몸의 털이 모두 일어서고 마음은 어지러이 움직이며 보는 것은 분명하지 않아 가까운 것을 멀다하고 해나 달을 보아도 잘못 보아 해를 달이라 한다. 그러나 이 바람이 고르면 이런 병은 없다.』

그는 이렇게 진풍을 관찰하고는 사람의 몸을 여실히 안다.

45. 명자(名字)

그 수행하는 사람은 안 몸을 차례로 관찰한다.

『어떤 바람이 이 몸 안에 있으면서 어떤 업을 짓는가.』

그는 들은 지혜나 혹은 하늘눈으로 본다.

『이 몸 안에는 명자(名字)라는 바람이 있다. 만일 그것이 고르지 못하면 어떤 짓을 하는가.』

그는 들은 지혜나 혹은 하늘눈으로 본다.

『만일 이 명자풍이 고르면 어떤 할 말이 있을 때 심수법(心數法)으로 말미암아 이 바람 때문에 혀가 마음대로 움직여 온갖 말을 하며 한량없는 이름과 글뜻을 말한다. 이렇게 명자풍으로 혀는 말하는데 만일 그것이 고르지 못하면 말이 적거나 혹은 잘못 말하며 혹은 벙어리로서 말하지 못한다.』

그는 이렇게 명자풍을 관찰하고는 사람의 몸을 여실히 안다.

1. 부처님이 말씀하신 괴미(壞味)

그 수행하는 사람은 안 몸을 차례로 관찰한다.

『어떤 바람이 이 몸 안에 있으면서 고르거나 혹은 고르지 않음으로써 어떤 업을 짓는가.』

그는 들은 지혜나 혹은 하늘눈으로 본다.

『이 몸 안에 괴미(壞味)라는 바람이 있다. 만일 그것이 고르지 못하면 무슨 짓을 하는가.』

그는 들은 지혜나 혹은 하늘눈으로 본다.

『만일 이 괴미풍이 고르지 못하면 사람의 기첨충(嗜甛虫)이 움직이고 그 벌레가 움직이기 때문에 좋고 맛난 음식을 모두 먹지 못하며 그것을 먹지 못하기 때문에 몸은 쇠약해져 경전 읽는 공부나 참선이나 또 선법을 닦을 수 없는 몸이 고르지 못하기 때문에 마음은 법을 즐기지 않으며 정신과 몸이 서로 인연해 머무르는 것은 마치 묶어 놓은 대가 서로 의지하는 것 같고, 이 서로 의지하는 힘 때문에 이 정신과 몸은 서로 의지한다. 이런 행의 무기가 음식의 인연으로 머무르는 것은 마치 물과 밀가루가 화합한 것을 초장(麨漿)이라 하는 것처럼 정신과 몸도 각각 힘이 있기 때문에 잘된다. 그러나 이 바람이 고르면 위에서 말한 병 따위는 없다.』

그는 이렇게 괴미풍을 관찰하고는 사람의 몸을 여실히 안다.

2. 폐과(肺過)

그 수행하는 사람은 안 몸을 차례로 관찰한다.

『어떤 바람이 이 몸 안에 있으면서 고르거나 혹은 고르지 않음으로써 어떤 업을 짓는가.』

그는 들은 지혜나 혹은 하늘눈으로 본다.

『폐과(肺過)라는 바람이 이 몸 안에 있다. 만일 그것이 고르지 못하면 어떤 짓을 하는가.』

그는 들은 지혜나 혹은 하늘눈으로 본다.

즉『만일 이 폐과풍이 고르지 못하면 음식이 소화 될 때에는 밤이면 폐가 아파 음식을 초처럼 시게하고 나아가서는 소화가 되더라도 온 몸에 기운이 없으며 혈맥은 그 물로 얽맨 것 같다. 그러나 이 바람이 고르면 위에서 말한 병 따위는 없다.』

그는 이렇게 폐과풍을 관찰하고는 사람의 몸을 여실히 안다.

3. 취상행(臭上行)

그 수행하는 사람은 안 몸을 차례로 관찰한다.

『어떤 바람이 이 몸 안에 있으면서 고르거나 혹은 고르지 않음으로써 어떤 업을 짓는가.』

그는 들은 지혜나 혹은 하늘눈으로 본다.

『취상행(臭上行)이라는 바람이 있다. 만일 그것이 고르지 못하면 어떤 짓을 하는가.』

그는 들은 지혜나 혹은 하늘눈으로 본다.

즉『이 취사행풍은 사람의 몸·코·입 등 모두 다 냄새나게 하되 그 냄새가 모두 털 구멍으로 나오게 하며 숙장에서 위로 생장을 찔러 온 몸을 뻣뻣하게 하며 매우 괴롭힌다. 그리고 음식이 소화 되지 않아 좌선하지 못하고 밤낮으로 선법을 수행하지 못한다. 그러나 이 취상행풍이 고르고 맞으면 위에서 말한 병 따위는 없다.』

그는 이렇게 취상행풍을 관찰하고는 사람의 몸을 여실히 안다.

4. 대변처(大便處)

그 수행하는 사람은 안 몸을 차례로 관찰한다.

『어떤 바람이 이 몸 안에 있으면서 고르거나 혹은 고르지 않음으로써 어떤 업을 짓는가.』

그는 들은 지혜나 혹은 하늘눈으로 본다.

『대변처(大便處)라는 바람이 있다. 만일 이것이 고르지 못하면 어떤 짓을 하는가.』

그는 들은 지혜나 혹은 하늘눈으로 본다.

『만일 이 대변풍이 고르지 못하면 몸속의 항문에 치질이 생겨 내리는 피는 마치 빨간 콩 즙과 같고 몸은 타는 듯 뜨거우며 혼몽히 자기를 좋아하고 힘줄과 혈맥은 뻣뻣하며 음식은 소화 되지 않아 혀는 맛을 느끼지 못한다. 그러나 이 바람이 고르면 이런 병은 없다.』

그는 이렇게 대변처풍을 관찰하고는 사람의 몸을 여실히 안다.

5. 망념(妄念)

그 수행하는 사람은 안 몸을 차례로 관찰한다.

『어떤 바람이 이 몸 안에 있으면서 고르거나 혹은 고르지 않음으로써 어떤 업을 짓는가.』

그는 들은 지혜나 혹은 하늘눈으로 본다.

『망념(妄念)이라는 바람이 몸 안에 있다. 그것이 고르거나 혹은 고르지 못하면 어떤 짓을 하는가.』

그는 들은 지혜나 혹은 하늘눈으로 본다.

『만일 이 망념풍이 고르지 못하면 생각한 것을 다 잊어버리니 외우고 익힌 것을 잊어서 기억하지 못하고 사방에서 보는 것은 모두 잘못 보며 지난 일은 다 잊고 기억하지 못하며 먹은 음식을 먹어도 금시 배고프나 음식을 먹지 못하고 몸의 털은 껄끄러우며 손톱도 또 그렇다. 추위와 더위를 견디지 못하고 생각한 것은 곧 잊어버린다. 그러나 이 바람이 고르면 위에서 말한 병 따위는 없다.』

그는 이렇게 망념풍을 관찰하고는 사람의 몸을 여실히 안다.

6. 생력(生力)

그 수행하는 사람은 안 몸을 차례로 관찰한다.

『어떤 바람이 이 몸 안에 있으면서 고르거나 혹은 고르지 않음으로써 어떤 업을 짓는가.』

그는 들은 지혜나 혹은 하늘눈으로 본다.

『이 몸 안에는 생력(生力)이라는 바람이 있다. 만일 그것이 고르지 못하면어떤 짓을 하는가.』

그는 들은 지혜나 혹은 하늘눈으로 본다.

『만일 이 생력풍이 고르거나 고르지 못하면 사람이 아무리 맛있는 음식을 먹더라도 몸은 늘 기력이 없어 마치 독기로 몸을 부순 것 같다. 이 바람이 고르지 못하기 때문에 이런 병이 있고 만일 그 바람이 고르면 이런 병이 없다.』

그는 이렇게 생력풍을 관찰하고는 사람의 몸을 여실히 안다.

현담스님이 건강에 대하여 강조하는 사상이 있습니다. 첫째 따뜻한 밥과 국과 반찬을 입에 맞는 것으로 끼니마다 맛있게 잘 먹으면 그것이 보약입니다. 음식으로 못고치는 병은 약으로도 못고치는 것입니다. 그리고 잠을 푹 자야합니다. 잠을 설치면 건강에 이상이 오기 시작합니다. 똥을 잘 배설해야 나쁜 균들을 배출시킵니다. 네번째로 기분이 좋아야합니다. 기분 나쁨이 쌓이고 쌓여 병이 되는 시초가 되는 것입니다.

1. 생신심력(生身心力)

그 수행하는 사람은 안 몸을 차례로 관찰한다.

『어떤 바람이 이 몸 안에 있으면서 고르거나 혹은 고르지 않음으로써 어떤 업을 짓는가.』

그는 들은 지혜나 혹은 하늘눈으로 본다.

『이 몸 안에는 생신심력(生身心力)이라는 바람이 있다. 만일 이것이 고르지 못하면 어떤 짓을 하는가.』

그는 들은 지혜나 혹은 하늘눈으로 본다.

『만일 이 생신심력풍이 고르면 사람이 처음 태 안에 있을 때부터 몸과 마음이 점점 불어나 마음이 굳세어 진다. 이 바람이 고르기 때문에 할 일과 안할 일을 알고 한 일은 오래도록 기억하며 가거나 오거나 모든 행도 씩씩해 겁이 없고 주림이나 목마름이나 추위·더위 등 의 온갖 고통을 잘 견디며 몸은 풍만하고 머리털은 때가 아닌 때에 희지 않는다. 그러나 이 바람이 고르지 못하면 이런 일을 다 잃고 만다.』

그는 이렇게 생신심력풍을 관찰하고는 사람의 몸을 여실히 안다.

2. 방인후어(妨咽喉語)

그 수행하는 사람은 안 몸을 차례로 관찰한다.

『어떤 바람이 이 몸 안에 있으면서 고르거나 혹은 고르지 않음으로 어떤 업을 짓는가.』

그는 들은 지혜나 혹은 하늘눈으로 본다.

『이 몸 안에는 방인후어(妨咽喉語)라는 바람이 있다.

만일 이것이 고르지 못하면 어떤 짓을 하는가.』

그는 들은 지혜나 혹은 하늘눈으로 본다.

『만일 이 방인후어풍이 고르지 못하면 사람의 몸에 병이 생기는데 다른 것이 고르지 못함으로써 음성이 나지 않고 때로는 귀가 먹으며 혹은 손발이 찢어지고 혹은 곱사등이가 되며 두 눈이 다 먼다. 이 바람이 고르지 못하기 때문에 이런 병이 생긴다.』

그는 이렇게 방인후어풍을 관찰하고는 사람의 몸을 여실히 안다.

3. 수풍(睡風)

그 수행하는 사람은 안 몸을 차례로 관찰한다.

『어떤 바람이 이 몸 안에 있으면서 고르거나 혹은 고르지 않음으로써 어떤 업을 짓는가.』

그는 들은

『수풍(睡風)이라는 바람이 있는데 만일 이것이 고르지 못하면 어떤 짓을 하는가.』

그는 들은 지혜나 혹은 하늘눈으로 본다.

『만일 이 수풍이 고르지 못하면 무엇이나 그릇 보고 흐르는 혈맥은 어지러워 모두 변동하며 뼈 마디가 다 아프다.』

그는 이렇게 수풍을 관찰하고는 사람의 몸을 여실히 안다.

4. 지명(持命)

그 수행하는 사람은 안 몸을 차례로 관찰한다.

『어떤 바람이 이 몸 안에 있으면서 고르거나 혹은 고르지 않음으로써 어떤 업을 짓는가.』

그는 들은 지혜나 혹은 하늘눈으로 본다.

『지명(持命)이라는 바람이 이 몸 안에 있다. 만일 그것이 고르지 못하면 어떤 짓을 하는가.』

그는 들은 지혜나 혹은 하늘눈으로 본다.

『만일 이 지명풍이 고르지 못하면 사람은 목숨을 잃고 감각을 버린다. 그것은 일체 중생의 목숨으로 몸을 유지하고 의식이 의지해 있는 것인데 그것이 고르지 못하기 때문에 사람의 목숨을 끊는다. 그것은 일체 중생들의 목숨이 의지해 있는 것으로서 만일 그것이 고르면 중생은 목숨을 잃지 않는다.』

그는 이렇게 지명풍을 관찰하고는 사람의 몸을 여실히 안다.

5. 손괴일체신분(損壞一切身分)

그 수행하는 사람은 안 몸을 차례로 관찰한다.

『어떤 바람이 이 몸 안에 있으면서 고르거나 혹은 고르지 않음으로써 어떤 업을 짓는가.』

그는 들은 지혜나 혹은 하늘눈으로 본다.

『손괴일체신분(損壞一切身分)이라는 바람이 이 몸안에 있다. 만일 그것이 고르지 못하면 어떤 짓을 하는가.』

그는 들은 지혜나 혹은 하늘눈으로 본다.

『사람은 처음 태 안에 있을 때부터 이 바람의 힘으로 말미암아 몸이 파괴되고 손상되고 곱사등이가 되어 가슴은 높고 허리뼈는 굽어진다. 그러나 이 바람이 고르면 이런 병은 없다.』

그는 이렇게 괴손풍을 관찰하고는 사람의 몸을 여실히 안다.

6. 섭피(攝皮)

그 수행하는 사람은 안 몸을 차례로 관찰한다.

『어떤 바람이 이 몸 안에 있으면서 고르거나 혹은 고르지 않음으로써 어떤 업을 짓는가.』

그는 들은 지혜나 혹은 하늘눈으로 본다.

『섭피(攝皮)라는 바람이 몸 안에 있다. 그것은 어떤 짓을 하는가.』

그는 들은 지혜나 혹은 하늘눈으로 본다.

즉『이 섭피풍은 차거나 뜨겁거나 혹은 향기롭거나 냄새나거나 혹은 내려가거나 올라가거나 혹은 힘이 세거나 약하거나 하고 바깥바람이 때때로 와서 부딪치면 그것을 다 깨닫는다.』

그는 이렇게 섭피풍을 관찰하고는 사람의 몸을 여실히 안다.

단 그 수행하는 사람은 안 몸을 차례로 관찰한다.

『어떤 바람이 이 몸 안에 있는가.』

그는 들은 지혜나 혹은 하늘눈으로 본다. 그리하여 더러움을 떠나고 청정한 곳을 반연하여 의심을 떠나고 의심을 지나며 광야를 건너 여실히 알고 의심하지 않는다.

즉『이 몸 안에는 이상의 바람 이외에는 다른 바람이 없다. 이런 바람이 보이고 잘 어울리며 이런 바람이 흘러 감관과 경계를 반연하고 업의 번뇌와 화합하여 머무르면서 몸을 유지하거나 혹은 방해한다.』

그 수행하는 사람은 온 몸 안의 모든 바람을 두루 관찰하고 자세히 보고는 욕심을 버리므로 애욕에 파괴 되지 않고 악마의 경계에 들어가지 않다가 열반에 가까워진다. 그리하여 지혜의 햇빛으로 본래부터 흘러다니는 탐욕·분노·우치 등의 어두움을 깨뜨리고 의심의 광야를 떠나 빛깔·소리·냄새·맛·닿임 등에 물들지 않고 모든 경계를 여실히 본다.

그리고 삼계는 다 무상하고 괴로우며 공이요, 〈나〉가 없음을 여실히 본다.

이렇게 나라제 바라문장자의 촌락에서 수행하는 비구는 여실히 몸을 알고 즐겨 신념처를 수행하여 생멸의 법을 알고 다른 관찰은 생각하지 않는다. 그리하여 온 몸을 관찰하여 일체의 결박과 해탈을 안다.

부처님이 경전에서 말씀하신
들숨과 날숨, 호흡법

만약 몸에 의해서만이 숨을 쉰다고 하면 생각없는 선정[無想定]에 들고 생각 끊고 선정[滅盡定]에 들며 생각 없는 하늘[無想天]에 나는 여러 유정들이 숨을 쉬어야 할 것이요, 만약 마음에 의해서만 숨을 쉰다고 하면 무형 세계의 선정[無色定]에 들고 무형세계에 나는 그들은 숨을 쉬어야 할 것이며, 만약 몸과 마음에 의해서만 쉬고 그에 알맞게 하지 않는다고 하면 제四 정려[靜慮]에 들거나 거기에 나는 유정들과 카라라[羯邏藍]와 알부담[頞部曇]과 폐시[閉尸] 등의 위치에 있는 여러 유정들이 숨을 쉬어야 할 것이다. 그러나, 그들은 쉬지 아니하나. 그러므로 반드시 몸과 마음에 의하여 들이 쉬고 내 쉬는 숨을 쉬고 그에 알맞게 하는 줄 알아야 한다.

(1) 이 안에서 들숨에는 두 가지가 있는 줄 알 것이니, 무엇이 두 가지냐 하면, 첫째는 들숨[入息] 이요, 둘째는 중간의 들숨[中間入息]이다.
날숨에서도 두 가지가 있나니, 무엇이 두 가지냐 하면, 첫째는 날숨[出息]이요, 둘째는 중간의 날숨[中間出息]이다.

들숨이라고 함은, 내 쉬었던 숨을 바로 안의 문으로 바람을 굴리면서 배꼽까지 이르게 하는 것을 말하고, 중간의 들숨이라고 함은 들이 쉰 숨이 사라진 뒤에 내 쉬는 숨은 아직 생기지 않은 그 중간에서 숨이 정지되어 있으면서 잠깐 동안 아주 작은 바람이 일어나는 것과 비슷한 것이니, 이것을 중간의 들숨이라고 한다. 들숨에서 중간의 들숨과 같아서 날숨에서 중간의 날숨도 같음을 알아야 하나니 이 안의 차별은 들이쉬는 숨이 바로 바깥문으로 바람이 구르면서 처음 배꼽에서부터 입에 이르기도 하고 혹은 코 끝에 이르기도 하고 혹은 배 밖으로 나아가기도 하는 그것이다.

들숨과 날숨에는 두 가지의 인연이 있다. 무엇이 두 가지냐 하면, 첫째는 끌어 당기는 일[牽引業]이요, 둘째는 배꼽의 구멍이며, 혹은 윗 몸 부분의 모든 구멍이다.

들숨과 날숨에는 두 가지 의지할 바[所依]가 있다. 무엇이 두 가지 냐 하면 첫째는 몸[身]이요 둘째는 마음[心]이다. 무슨 까닭이냐 하면 반드시 몸과 마음에 의하여 들이쉬고 내쉬는 숨을 쉬는 것은 그의 알맞게 숨을 쉬기 때문이다.

들숨과 날숨에는 두 가지 감[行]

무엇이 두 가지냐 하면 첫째 들숨은 아래로 향하여 감이요, 둘째 날숨은 위로 향하여 간다.

들숨과 날숨에는 두 가지의 자리[地]가 있다. 첫째는 큰 구멍이요 둘째는 작은 구멍이다. 어떤 것이 큰 구멍 이냐하면 배꼽의 구멍으로부터 입과 콧구멍이며 다시 입과 콧구멍으로부터 배꼽까지의 구멍이다. 어떤 것이 작은 구멍이라고 하느냐 하면 몸 안에 있어서의 온갖 털의 구멍이다.

들숨과 날숨에는 네 가지의 다른 이름[異名]이 있다. 무엇이 네 가지냐 하면 첫째는 바람[風]이라고 함이요, 둘째는 아아나아파아나[阿那波那]라고 함이요, 셋째는 들숨과 날숨이라고 함이요, 넷째는 몸의 다님[身行]이라고 하나니, 바람이라는 이름의 한 가지는 바로 바람과 공통하는 이름이며, 나머지 세 가지는 바로 공통하는 이름들이 아니다.

들숨과 날숨을 닦는 이에게 두 가지의 허물

무엇이 두 가지냐 하면, 첫째는 너무 느린 방편[太緩方便]이요, 둘째는 너무 서두르는 방편[太急方便]이다. 너무 느린 방편으로 말미암아 게으름이 생기고, 혹은 흐릿한 잠에 그 마음이 얽매이기도 하며 혹은 그 마음으로 하여금 바깥에서 산란하게 한다. 너무 서두르는 방편으로 말미암아 혹은 그 몸으로 하여금 고르지 못함[不平等]을 생기게 하기도 하고 혹은 그 마음으로 하여금 고르지 못함을 생기게 한다.

어떻게 몸으로 하여금 고르지 못함을 생기게 하느냐 하면, 억지로 힘을 써서 들숨과 날숨을 지니고 들숨과 날숨을 붙잡고 지님으로 말미암아 곧 몸 안의 바람을 고르게 굴리지 못하게 한다. 이로 말미암아 맨 처음에 여러 뼈 마디에서 덜덜 떨리는 것이니 덜덜 떨린다[戰掉]고 한다. 이 덜덜 떨리는 바람이 만약 더욱 자라게 되는 때에는 질병이 일어나고, 이 인연으로 말미암아 여러 뼈마디에서 여러 가지 질병이 생기게 되나니 이것을 몸으로 하여금 고르지 못함을 생기게 한다고 한다.

어떻게 마음으로 하여금 고르지 못함을 생기게 하느냐 하면 혹은 마음으로 하여금 여러 가지 산란함을 생기게 하고 혹은 극히 중한 근심과 괴로움이 핍박하게 하기도 하나니 이것을 마음으로 하여금 고르지 못함을 생기게 한다.

(2) 이 아아나아파아나 생각을 요약하여 다섯 가지의 닦아 익힘이 있는 줄 알아야 한다. 무엇이 다섯 가지냐 하면, 첫째는 수효를 세며 닦아 익힘[算數修習]이요, 둘째는 모든 쌓임에 깨달아 들며 닦아 익힘[悟入諸蘊修習]이요, 셋째는 인연으로 생김에 깨달아 들며 닦아 익힘[悟入緣起修習]이요, 넷째는 거룩한 진리에 깨달아 들며 닦아

익힘[悟入聖諦修習]이요, 다섯째는 열 여섯 가지 훌륭한 행으로 닦아 익힘[十六勝行修習]이다.

수식관 하는 법.

무엇을 수효를 세며 닦아 익힘이라고 하느냐 하면 요약하여 네 가지로 수효를 세면서 닦아 익히는 것이 있다. 무엇이 네 가지냐 하면, 첫째는 하나를 하나로 하여 수를 셈이요, 둘째는 둘을 하나로 하여 수를 셈이요, 셋째는 차례대로 수를 셈이요, 넷째는 수효를 세는 것이다.

어떻게 하나를 하나로 하여 수를 세느냐 하면 들숨을 들이 쉴 때에 들이 쉬는 일로 말미암아 날숨의 생각에 머무르면서 세되 「하나」라고 하며 또 들숨이 없어지고 날숨이 생기어 나오면서 밖을 향할 때를 세되 「둘」이라고 하나니 이와 같이 차츰차츰 세면서 「열」까지에 이른다. 이 세는 수효는 생략하는 것도 아니고 더하는 것도 아니기 때문에 「열」까지만 세나니, 이것을 하나를 하나로 하여 수효를 센다고 한다.

어떻게 둘을 하나로 하여 수를 세느냐 하면, 들숨을 들이 쉬어 이미 없어지고 날숨이 생겨서 이미 내 쉰 그 때를 한데 합하여 세면서 하나로 삼는다. 이와 같이 수효를 세는 도리로 말미암아 세면서 「열」까지에 이르나니, 이것을 둘을 하나로 하여 수효를 센다고 한다. 들숨과 날숨을 둘이라고 말하면서 통틀어 여러 가지를 합하여 세며 하나로 삼기 때문에 둘을 하나로 하여 수효를 센다고 한다.

어떻게 차례대로 수를 세느냐 하면 하나를 하나로 하여 세거나 둘을 하나로 하여 세거나 간에 순서대로 차츰차츰 세면서 「열」까지에 이르는 것을 차례대로 수효를 센다고 한다.

어떻게 거꾸로 수를 세느냐 하면 곧 앞의 두 가지의 수를 세는 것으로 하되 거꾸로 차츰차츰 세는 것이니 열부터 세고 다음에는 「아홉」, 「여덟」, 「일곱」, 「여섯」, 「다섯」, 「넷」, 「셋」, 「둘」, 「하나」라고 세는 것을 거꾸로 수효를 센다고 한다.

어떤 때에는 수행하는 이가 하나를 하나로 하여 수효를 세는 것이 의하기도 하고, 혹은 둘을 하나로 하여 수효를 세는 것에 의하기도 하면서 순서대로 수효를 세고 거꾸로 수효를 세되, 이미 익숙하게 닦고 익혔으면 그 중간에서는 마음에 산란함이 없을 것이며 산란함이 없는 마음으로 수를 센 뒤에는 다시 그들을 위하여 더 훌륭하게 나아가며 수효를 셈함[勝進算數]을 설명하여야 한다.

무엇을 더 훌륭하게 나아가며 수효를 센다고 하느냐 하면, 혹은 하나를 하나로 하여 세는 수에 의하거나 둘을 하나로 하여 세는 수에 의하거나 간에 둘을 합하여 하나의 수로 센다. 만약 하나를 하나로 삼는 것에 의한 수를 세는 이면 곧 들숨과 날숨의 둘을 합하여 하나로 삼으며, 만약 둘을 하나로 삼는 것에 의한 수를 세는 이면 들숨과 날숨의 넷을 합하여 하나로 삼나니, 이와 같이 차츰차츰 세며 「열」까지에 이른다.

이와 같은 요령으로 뒤로 갈수록 점점 더하여 백을 하나로 삼아서 수를 세게 되나니 이 백을 하나로 세는 수로 말미암아 점차로 세되 그의 「열」까지에 이른다.

이와 같이 숨을 세는 생각[數息念]을 부지런히 닦는 이는 열에 이르기까지 「열」을 하나로 삼아서 점차로 세되 이에 「열」까지 이르나니 이 열을 하나로 하여 세는 수로 말미암아 그 중간에서 마음에 산란함이 없다. 이것을 익숙하게 닦아 익혔다고 한다.

또 이 숨을 세는 생각을 부지런히 닦는 이가 만약 중간에 그 마음이 산란하면 다시 되돌아가서 처음부터 세고 혹은 순서대로 혹은 거꾸로 세어야 한다.

어떤 때에 수를 세면 극히 익숙하여졌기 때문에 그 마음이 저절로 도(道)에 오르고 들숨과 날숨의 반연해 편안히 머물러서 끊어짐이 없고 사이가 없이 계속 구른다.

먼저 들숨에 있어서 잘 잡아 굴림[取轉]이 있고, 들숨이 사라진 뒤에 숨이 없는 자리[息空位]에 있어서 잘 잡아 굴림이 있고, 다음에는 날숨에 있어서 잘 잡아 굴림이 있고 날숨이 사라진 뒤에 숨이 없는 자리에 있어서도 잘 잡아 굴림이 있어서 이와 같이 차츰차츰 계속하여 이어 오되 움직임도 없고 흔들림도 없고 산란한 행이 없이 좋아하고 즐기면서 굴림이 있으면 여기에서부터 수를 세는 자리를 지났으니 다시는 세지 않아야 한다. [過算數地不應復數]고 하며 들숨과 날숨의 반연할 바에 대하여 마음을 편안히 머무르게 하고서 들숨과 날숨을 바르게 따르며 행하여야 하고 자세하게 환히 통달하여야 하며, 들숨·날숨 및 그의 중간에 굴림[轉]과 돌아옴[還]의 나누어진 자리[分位]의 차별에 대하여 모두 잘 깨달아 아는 것이니 이와 같은 것을 수효를 세며 닦아 익힘[算數修習]이라고 한다.

또, 근기가 무딘 이에게는 그를 위하여 이와 같은 숨을 생각하면서 수효를 세며 닦아 익히는 것을 널리 말하여야 하며 그는 이로 말미암아 산란한 데에서 마음을 편안히 머무르게 하고 마음으로 하여금 좋아하게 한다.

만약 다르게 수를 세면 들숨과 날숨이 생각되어 그 마음은 느릿한 잠에 얽매이게 될 것이며 혹은 그의 마음은 바깥에 대하여 내달으면서 흩어지리니, 바르게 숨을 세는 생각을 부지런히 닦는 것으로 말미암아서야 그는 모두가 없어지게 된다.

만약 근기가 영리하여 깨닫는 슬기[覺慧]가 총명한 이면 좋아하면서 이 수를 세는 더한 행[算數加行]에 나갈 것이며 만약 그에게 수를 세는 더한 행을 펴서 말하면 역시 빠르게 뒤바뀜이 없이 분명히 통달하면서도 좋아하지 않으리라. 그는 또 이 들숨·날숨의 반연에 대하여 생각을 편안히 머무른 뒤에 이것으로 굴리고[是處轉] 이에 굴리기에 이르고 [乃至轉] 굴릴 바대로 하고[如所轉] 때로 굴리기도[時而轉] 하는 이 모두에 대하여 생각을 편안히 머무름으로 말미암아 바르게 따라 행하며, 바르게 이 같은 행[加行]과 이러한 모양[相]이 있음을 분명하게 통달한다. 이 행을 닦고 익히고 많이 닦아 익히는 인연 때문에 몸의 개운함[輕安]과 마음의 개운함이 일어나서 한 경계인 성품[一境性]을 증득하고 그 반연할 바[所緣]에 대하여 좋아하며 나아가 든[趣入]다.

이와 같이 그는 숨을 세는[算數息念] 것을 잘 닦아 익히고 나면 다시 취할 바[所取]와 능히 취하는[能取] 두가지 일에 대하여 뜻을 짓고 생각하여 모든 쌓임[諸蘊]에 깨달아 드느냐[悟入]하면 들숨·날숨 및 숨의 의지하는 바 몸에 대하여 뜻을 짓고 생각하여 빛깔[色蘊]에 깨달아 들며, 저 들숨·날숨의 능히 취하는 생각[能取念]과 서로 응하게 받아들이는데 대하여 뜻을 짓고 생각하여 느낌[受蘊]에 깨달아 들며 곧 그 생각과 서로 응하여 똑같이 아는데 데하여 뜻을 짓고 생각하여 생각[想蘊]에 깨달아 들며 곧 저 생각과 생각이 서로 응하는 헤아림[思] 및 지혜[慧] 등에 대하여 뜻을 짓고 생각하여 지어감[行蘊]에 깨달아 들며 또 저 생각과 서로 응하는 모든 마음·뜻·의식[心意識]에 대하여 뜻을 짓고 생각하여 의식[識蘊]에 깨달아 든다.

이와 같이 수행하는 이를 모든 쌓임의 안에 많이 머무름을 이미 깨달아 들었다고 하나니, 이것을 모든 쌓임에 매달아 들어서 닦고 익힘[五入諸蘊修習]이라고 한다.

부처님 경전의 말씀

그 때에 무외수 등 五백 강자는 함께 부처님께 아뢰어 말하였다.
『세존이시여, 저희들은 옛적부터 자신의 몸과 목숨에 모두 애착을 두었으며 있는바 가택과 처자와 권속과 음식과 의복과 수레와 경상과 자리와 보물과 재물과 곡식과 향화와 등촉과 내지 일체 수승하는 낙구에도 모두 애착을 두었나이다.

세존이시여 보살마하살이 어떤 관찰을 지어야만 몸과 목숨과 일체 수승하는 낙구에 애착을 내지 않겠나이까 원컨대 부처님께서는 설명하여 주시옵소서.』

그 때에 부처님은 무외수 등 五백 장자들에게 말씀하셨다.

『보살마하살이 무수한 모양으로 몸을 관찰하나니 어떤 것이 무수한 모양이냐 이른바 이 몸이란 실(實)이 아닌 인연법으로 합하여 모인 것이 아주 작은 티끌의 모임과 같나니 이마로부터 발에 이르기까지 차례로 파괴되는 것이요 저 아홉 구멍과 모든 털 구멍에는 깨끗하지 못한 것들의 흘러 넘치는 것이 개미 무더기와 같은 것이요 독사가 그속에 있어서 해치는 것이요 원수와 같고 원숭이와 같은 것이요 손해와 괴롭힘이 많은 것이요, 극히 나쁜 벗과 같아서 항상 투쟁을 일으키는 것이요 몸이 물거품 모인 것과 같아서 잡고 만질 수 없는 것이요 또한 물거품과 같아서 있다가 곧 무너지는 것이요 또한 아지랑이와 같아서 갈애(渴愛)로 생긴 것이요.

또한 파초와 같아서 속이 굳고 단단함이 없는 것이요.

또한 환화(幻化)와 같아서 허망으로부터 일어난 것이요.

또한 왕자(王者)와 같아서 여러 가지로 명령하는 것이요.

또한 원적(怨敵)과 같아서 항상 와서 기회를 노리는 것이요.

또한 도적과 같아서 신의가 없는 것이요.

또한 죽이는 자와 같아서 극히 조복하고 제어하기 어려운 것이요. 악지식(惡知識)과 같아서 혜명(慧命)을 매몰시키는 것이요, 또한 삿된 벗과 같아서 착한 법을 감하는 것이요, 또한 허공이 모인 것과 같아서 주재(主宰)를 떠난 것이요,

또한 기와 그릇과 같아서 마침대 파괴로 돌아가는 것이요, 소변통과 같아서 부정이 충만한 것이요, 대변하는 곳과 같아서 항상 어려움이 많은 것이요, 또한 모든 부정한 것을 먹는 귀신과 파리와 벌레와 개들이 냄새나고 어려운 속을 좋아하는 것과 같은 것이요,

또한 더러운 물건을 많이 쌓아두어 그 냄새가 멀리 들리는 것과 같은 것이요, 나쁜 종기와 부스럼의 그 구멍이 아물지 않아 그 구멍의 통증이 말할 수 없는 것과 같은 것이요.

또한 독한 화살촉이 몸속에 들어가서 고통스러운 것과 같은 것이요, 나쁜 종기와 부스럼의 그 구멍이 아물지 않아 구멍의 통증이 말할 수 없는 것과 같은 것이요.

또한 독한 화살촉이 몸속에 들어가서 고통스러운 것과 같은 것이요, 나쁜 집주인을 받들기 어려운 것과 같은 것이요, 또한 썩은 집과 새는 배[船]와 같아서 비록 수치를 가하여도 도로 무너지는 것이요.

또한 술잔 그릇과 같아서 굳게 아낄 수 없는 것이요, 또한 나쁜 벗과 같아서 항시 감시해야 하는 것이요, 강 언덕의 나무를 바람이 동요하는 바와 같은 것이요, 큰 강물의 흐름과 같아서 마침내 죽음의 바다에 돌아가는 것이요,

또한 나그네의 집과 같아서 여러 가지로 수심이 있는 것이요, 주인 없는 집과 같아서 소속된 바가 없는 것과 같은 것이요, 순경(巡警)하는 사람이 항시 시찰함과 같은 것이요, 변방과 같아서 침해(외적의

침입)하는 바가 많은 것이요. 모래를 쌓은 곳이 차츰 줄어 내려가는 것과 같은 것이요, 불이 타서 번지는 것과 같은 것이요. 바다를 그냥 건너기 어려운 것과 같은 것이요. 땅을 평탄하기 어려운 것과 같은 것이요. 뱀을 광주리에 둔 것과 같아서 손해가 생기는 것이요,

또한 어린 아이와 같아서 항상 보호와 아낌을 필요로 하는 것이요,

또한 깨진 그릇과 같아서 쓸모가 없는 것이요. 나쁜 곳과 같아서 항상 파괴할까 염려하는 것이요. 독이 섞인 음식과 같아서 항상 멀리해야 하는 것이요. 구걸하는 사람이 가지가지 물건을 얻고 얻었다가 도로 버리는 것과 같은 것이요,

또한 큰 수레에 극히 무거운 것을 실은 것과 같은 것이니, 오직 지자(智者)는 법을 깨달아서 응당 이와 같이 아느니라.』

『또 장자들이여, 보살마하살이 이 몸이 최초 무슨 인연으로 성립한 것임을 관찰하나니. 말하자면 부모의 정수와 피가 합하여 모임에 의하여 저 인연이 생긴다.

또한 그 음식을 먹음으로 말미암은 것이니 먹고나면 변괴하여 문득 모였다가 곧 흩어져서 담음장(痰廕藏)에 들어가고 담음에서 흘러 내리어 마침대 부정(不淨)에 들어가며 그런 후에 화대(火大)가 증강하여 뜨겁게 변화시키고 성숙하게 하면 그후 바람의 힘에 돌아간다. 그 바람의 힘으로 말미암아 각각 찌끼의 무거운 것과 및 흘러 윤택한 것들을 분리시키나니 찌끼의 무거운 것이 이른바 대 소변 등이요 흘러 윤택한 것이란 피를 말함이니 피가 변하여 살을 이루고 살이 변하여 기름(지방질)을 이루며 기름이 뼈를 이루고 뼈가 골수를 이루며 골수가 그 정수를 이루고 정수 등이 이 부정한 몸을 이루나니 보살이 이의 부정한 몸을 관찰하므로 이에 사유(思惟)를 일으키되

「이 몸은 여러 가지로 합하여 모였기에 명상(名相)이 각기 다르다

말하자면 三백 뼈와, 六十방(肪)과 고(膏)가 서로 합함과, 四백 막(膜)과, 五백 육단(肉袒)과, 六백 뇌(腦), 七백 맥(脈)과, 九백 근(筋)과, 十六 늑골(肋骨)이며

또한 세 가지 일이 있어 안으로 창자를 얽어 생숙장(生熟藏)의 창자를 분리하되 十六으로 얽혀서 머무르게 함이 있고 二천五백의 맥도(脈道)가 투영(投影)되고 백七 절(節)과, 八十만 구지(俱胝)의 털구멍이 있고

다섯 감관이 갖추어 있으며 九규(竅)와 七장(臟)에 부장한 것이 충만하고 골수는 일곱줌[掬]의 뇌가 있고 一국인 지(脂)가 있고 三국인 담음이 있고 六국의 바람 힘이 따라서 두루하였으며 피는 一두(斗)가 있어 이와 같이 모두 각각 충만하며 일곱 수맥(水脈)이 있어 또한 에워싸고 모든 맛을 흡수하여 안의 화대(火大)가 증강하여 소화시키고 뜨겁게 하면 피곤하여 몸과 맥에서 땀이 흐르나니 이들 여러 모양은 참으로 보기 흉하고 이의 냄새와 더러움은 부정한 체상(體相)이라 이 가운데에 어찌 증상(增上)의 애착을 일으키리요, 구걸 하는 사람이 쓸 물건을 얻다가 얻고서는 도로 버리는 것과 같으며, 또한 큰 수레가 극히 무거운 것을 실은 것과 같나니 오직 지자(智者)만이 법을 깨달아 응당 이와 같이 아느니라.』

곧 게송을 말씀하셨다.

이 몸 여러 가지 부정으로 모였거늘
어리석은 자 깨닫지 못하고
더욱 애착하는 마음 일으키나니
더러운 병(瓶)에서 나쁜 냄새 남 같네

귀와 눈 입과 코 모두 더럽나니

저들을 어이 향기롭고 깨끗하다 하리
침과 눈꼽 귀지와 콧물이며
충이 얽혀 추잡한 것 어이 애착하랴

비유컨대 어리석은 자 숯을 가지고
힘써 갈고 다듬어 희게 하려 한들
숯이 다하고 힘 지쳐도 희여질 수 없나니
지혜 없이 탐착함 또한 그와 같다네

어떤 사람 깨끗하게 만들려고
이 몸 여러 가지로 수치하며
백번 목욕하고 향수를 바른들
목숨 다하면 부정으로 돌아가네

그 때에 부처님은 무외수 등 五백 장자들에게 또 말씀하셨다.

『장자여 마땅히 알라 보살마하살이 아뇩다라삼먁삼보리를 증득하고자 할진대 이 몸이 四십四 모양이 있음을 관할 것이니 무엇이 四십四이냐 말하자면 보살마하살이 「이 몸은 진실로 싫어하고 버릴 바임」을 관찰함이요 보살이 「몸은 가히 좋아할 것이 아님으로」 관찰 하나니 이롭지 못한 까닭이요 보살이 「몸은 극히 냄새나고 더러운 것으로」 관찰하나니 피 고름이 충만한 까닭이요.

보살이 「몸은 심히 견고하지 못한 것으로」 관찰하나니 근골(筋骨)이 서로 연한 까닭이요 보살이 「몸은 부정한 것으로」 관찰하나니 더럽고 나쁜 것이 항상 흐르는 까닭이요.
보살이 「몸은 환(幻)과 같은 것으로」 관찰하나니 어리석은 사람과 이생(異生)이 굳이 허망 동란(動亂)의 형상을 일으키는 까닭이요.

보살이 「몸은 새어 나오는 것이 많은 것으로」 관찰하나니 아홉 구멍에서 항시 흐르는 까닭이요.

보살이 「몸은 치성하게 불타는 것으로」 관찰하나니 말하자면 탐욕의 불이 태우는 바와 진애의 불이 맹렬히 모임과 어리석은 불이 어둡게 하는 까닭이요.

보살이 「몸은 탐욕·성냄·어리석음의 그물인 것으로」 관찰하나니 항상 덮인 애정의 그물이 계속되는 까닭이요.

보살이 「몸은 구멍의 의지한 바인 것으로」 관찰하나니 아홉 구멍과 및 모든 털 구멍에 두루 흘러 내리는 더러운 것이 충만한 까닭이요.

보살이 「몸은 여러 가지로 핍박하고 괴롭힌 것으로」 관찰하나니 四백四병(病)이 항상 해롭게 하는 까닭이요.

보살이 「몸은 이 굴택인 것으로」 관찰하나니 八만四천 호충(戶虫)의 모인바인 까닭이요, 보살이 「몸은 무상(無常)한 것으로」관찰 하나니 마침내 죽음에 돌아가는 법인 까닭이요.

보살이 「몸은 무지(無知)인 것으로」 관찰하나니 법에 알지 않는 까닭이요.

보살이 「몸은 쓰는 그릇과 같은 것으로」 관찰하나니 뭇 인연으로 합하여 이루어졌다가 마침내 파괴되는 까닭이요.

보살이 「몸은 핍박이 심한 것으로」 관찰하나니 근심과 괴로움이 많은 까닭이요.

보살이 「몸은 귀취(歸趣)가 없는 것으로」 관찰하나니 필경 늙고 죽는 까닭이요.

보살이 「몸은 엉큼한 것으로」 관찰하나니 아첨과 속임이 행하는 까닭이요.

보살이 「몸은 땅과 같은 것으로」 관찰하나니 평탄하기 어려운 까닭
이요.

보살이 「몸은 불과 같은 것으로」 관찰하나니 사랑하는바 색(色)에
따라 얽매이는 까닭이요.

보살이 「몸은 염족(饜足)이 없는 것으로」 관찰하나니 五욕(五慾)을
따르는 까닭이요.

보살이 「몸은 파괴인 것으로」 관찰하나니 번뇌가 장애하는 까닭이
요.

보살이 「몸은 일정한 분위(分位)가 없는 것으로」 관찰하나니 그 이
쇠(利衰)가 수용하는 바에 나타나는 까닭이요.

보살이 「몸은 자타(自他)의 인연이 없는 것으로」 관찰하나니 근원
과 지류를 얻을 수 없는 까닭이요.

보살이 「몸은 마음과 뜻이 달리고 흐르는 것으로」 관찰하나니 가지
가지 인연으로 뜻을 지어 사찰(伺察)하는 까닭이요.

보살이 「몸은 버리고 등지는 것으로」 관찰하나니 필경 시림(尸林)
에 버리는 까닭이요.

보살이 「몸은 타의 먹이가 되는 것으로」 관찰하나니 독수리와 새와
사람들이 먹는 까닭이요.

보살이 「몸은 윤반(輪盤)에 그림자가 나타나는 것으로」 관찰하나니
근골이 연접한 까닭이요.

보살이 「몸은 돌과 아낄 바가 없고 쇠하면 버리고 누락되는 것으
로」 관찰하나니 피 고름이 충만한 까닭이요.

보살이 「몸은 맛에 탐착한 것으로」 관찰하나니 음식으로 이루는 까
닭이요.

보살이 「몸은 근고(勤苦)하여도 이익이 없는 것으로」 관찰하나니
이 무상생멸(無常生滅)법인 까닭이요.

보살이 「몸은 나쁜 벗과 같은 것으로」 관찰하나니 모든 삿됨과 허

망을 일으키는 까닭이요.

보살이 「몸은 죽이는 자와 같은 것으로」 관찰하나니 거듭거듭 고통이 증가되는 까닭이요.

보살이 「몸은 고통의 기구인 것으로」 관찰하나니 삼고(三苦)가 핍박하여 괴롭게 하는 까닭이요. (이른바 행고(行苦)와 괴고(壞苦)와 고고(苦苦)이다)

보살이 「몸은 고의 무더기인 것으로」 관찰하나니 오적(五寂)에 따라 유전하며 주재가 없는 까닭이요.

보살이 「몸은 극히 자유롭지 못한 것으로」 관찰하나니 가지가지 인연으로 이룬 까닭이요.

보살이 「몸은 수자(壽者)가 없는 것으로」 관찰하나니 남녀상을 떠난 까닭이요.

보살이 「몸은 공적(空寂)한 것으로」 관찰하나니 모든 온(溫)과 처(處)와 계(界)의 합성한 까닭이요.

보살이 「몸은 허가(虛假)인 것으로」 관찰하나니 꿈과 같은 까닭이요.

보살이 「몸은 진절치 못한 것으로」 관찰하나니 환(幻)과 같은 까닭이요.

보살이 「몸은 움직이고 산란한 것으로」 관찰하나니 아지랑이와 같은 까닭이요.

보살이 「몸은 달리며 흐르는 것으로」 관찰하나니 메아리의 응하는 것과 같은 까닭이요.

보살이 「몸은 허망에서 생긴 것으로」 관찰하나니 그림자 나타남과 같은 까닭이니라.

장자여, 보살마하살이 이 四十四의 관찰을 지을 때 있는바 몸의 낙욕(樂欲)과 몸을 돌보고 아끼는 것과 몸에서 〈나〉라고 집착한 것과 몸에 애염(愛染)함과 몸의 적집(積集)과 몸의 계착(繫着)인 일체를 모두 끊나니 그러므로 목숨의 낙욕과 목숨을 돌보고 아끼는 것과 목숨에서 〈나〉라고 집착한 것과 목숨에 애염함과 목숨의 적집과 목숨의 계착과 내지 사택과 처자와 권속과 음식과 의복과 수레와 평상과 자리와 보물과 재물과 곡식과 향화와 등촉과 일체 수용하는 낙구(樂具)와 낙욕과 돌보고 아낌과 아소(我所)에 집착함과 애염함과 적집과 계착인 일체를 또한 끊는다. 몸과 목숨을 능히 버리므로 말미암아 내지 일체 수용하는 낙구도 또한 모두 버리며 이와 같이하여 능히 육바라밀다(波羅密)를 원만 구족하느니라.

　장자여, 보살마하살이 능히 파라밀다를 원만 구족하므로 곧 능히 아뇩다라삼먁삼보리를 빨리 증득하느니라.』

　그 때에 부처님은 이 뜻을 거듭 펴시려고 곧 게송을 말씀하였다.

　응당 알라 사람 몸 얻기 어렵나니
　이몸 가지고 여러 죄업 짓지 않으리
　시림(尸林)에 버리면 짐승들이 먹나니
　괜히 이몸을 버리는 물건 만들었네

　어리석은 자 항상 산란하여
　헛된 몸에서 탐애 일으키네
　이몸 다루기 어려워 등지기만 하여
　밤 낮으로 받는 고통 쉴새 없네

　이몸은 고통 바퀴, 병이 생기고
　이몸의 부정물 많이 충만하였네

주리고 목마른 고통 심하나니
지자(智者)는 어이 애착 내랴

이몸 땅처럼 넓어 주인 없고
나쁜 벗과 같아 어리석게 애착 내어
이몸 때문에 갖은 죄악 짓고서
필경 그 고통 스스로 받네

이몸 금강 같이 굳지 않나니
이몸 인해 많은 죄 짓지 않으리
지자는 응당 수승한 복인(福人) 닦아
불교에서 청정한 신심 발하리

의복 음식 모든 물건으로
오래지 않는 이몸 양육한들
잠깐 있다 마침내 무너지나니
괜히 애써 가꾸고 어이 허송하랴

부처님이 세상에 출현함이여
백겁을 지나도록 만나기 어렵나니
불교에 청정한 믿음 빨리 두고서
악취의 두려움 받지 않도록 하리

가사 수명이 천구지(俱胝) 산다 해도
저엔 응당 탐애두지 아니 하려든
하물며 백년도 못된 수명인데
어찌 실컷 탐애만 낼 것이랴

어떤 사치를 즐기는 자는
얻기 어려운 이 몸 생각지 않고
노래 부르고 춤추는 사람 모아놓고
그 앞에서 구경하며 쾌락 구하네

재보(財寶) 많이 모은들 무슨 낙 있으랴
보호하고 아끼느라 고통만 더하네
어리석은 자는 그를 기뻐하거니와
지자는 그의 탐착 떠나 버리네

부귀의 허망함 꿈과 같은데
어리석은 이는 마음에 흘러가네
찰나에 성립했다 찰나에 파괴되나니
어이 지자는 그를 탐애하랴

※ 현담스님이 권하는 건강비법 ※

  누구나가 음식을 먹은 후에 양치질을 합니다. 그것으로 끝나지 말고 보리차를 진하게 끓은 것을 양치 후 가글하는 것 처럼 입 속에서 헹구면 치약성분이 빠져나옵니다. 보리차가 없을 때는 녹차나 다른 차로 헹구시면 잇몸 보호도 되고 입 안의 세균을 없애기 때문에 평생 치과갈 일이 없습니다. 스케일링 할 일도 없습니다. 한번 당장 해보십시오. 그리고 그 거품을 그릇에 담아 확인해보십시오. 얼마나 많이 나오나. 현담은 이렇게 실천합니다. 이 건강에는 최고입니다!! 자기 전 양치질 할땐 반드시 하십시오. 그리고 아침에 깨서는 아침 양치 할 필요가 없습니다. 음식 먹은 게 없는데 왜 해요? 보리차 물로 입가심을 하면 됩니다. 엄청난 거품이 나올 것 입니다.

복력경, 복 있는 이는 병이 없는 것이다

또한 다시 복력태자는 내지 뒷 때에 저 네 형(兄)으로 더불어 동산에 놀러 왔는데 중로(中路)에서 수 없는 천 입이 바늘만한 아귀(餓鬼)의 배가 산만하며 얼굴이 파리하고 여위어 뼈를 모아 놓은 것 같으며 온 몸에 불꽃이 치성하여 귀신의 무리가 둘러 사람은 보이지 아니하는데 오직 복력태자가 먼저 보았다.

저 아귀는 합장하고 앞에서 태자에게 여쭈었다.
『그대는 큰 복덕이며 큰 명칭이 있으며 어여삐 여기는 분이신데 우리들이 굶주리고 목마르며 고통스럽고 핍박하오니 원하건대 이제 우리에게 적은 음식을 먹여 주시요.
우리들은 숙세에 인색한 인을 지은 까닭에 이 생 가운데 아귀의 경계에 떨어져서 수 없는 천세에 물 마심도 얻지 못하는데 하물며 다시 음식을 보겠습니까.』

이 때 복력태자는 허공을 우러러 쳐다보며 곧 자비한 생각을 일으켰다.
「쾌하다. 내가 이제 만일 하늘에서 적은 음식을 내림을 얻으면 마땅히 이 모든 아귀의 무리를 먹이겠노라.」

이 때 갑자기 많은 음식이 하늘로 부터 내려왔다.
복력태자는 곧 이 음식을 모든 아귀에게 주었지만 아귀의 무리는 숙세의 업력 때문에 모두 능히 보지 못하고 이런 말을 하였다.
『태자시여 저희가 옛적에 그대가 어여삐 여기시는 분이라고 들었는데 무슨 까닭으로 이제 음식을 저희들에게 먹이지 아니하시나이까.』

태자는 말하였다.

『내가 하늘에서 내린 음식을 먼저 너희들에게 주었는데 어찌 이제 취하여 먹지 아니하느냐.』

아귀는 여쭈었다.

『태자시여 저희들이 숙세 업력으로 모두 보이지 아니하나이다.』

이 때 복력태자는 또한 이 생각을 일으켰다.

「불쌍하다 인색한이여 가히 사랑할 것이 아니다」하고 이 말을 하였다.

「만일 모든 복의 보가 큰 역능이 있다면 나의 이와 같은 진실한 말의 까닭으로 이 아귀로 하여금 음식의 봄을 얻어 일체 응함을 따라 모두 능히 치하여 먹게 하소서」

이 말을 발한 뒤에 모든 아귀는 능히 보여서 먹으니 즉시에 각각 변하여 얼굴과 모양이 사람과 같았다 복력태자는 마음으로 기뻐하여 드디어 음식을 멋대로 취하게 하였다.

저 아귀의 무리는 이미 먹은 뒤에 한 몫에 주리고 목마름이 그쳐서 몸과 힘이 완전히 갖추어 씩씩하고 실하며 충성(充盛)하여 추하고 악한 모양이 없었다.

이에 복력태자에게 각각 청정한 기쁜 뜻을 일으켜 즉시에 목숨을 마치고 모두 도솔(兜率)천 위에 태어나 공중에서 돌면서 태자에게 사뢰었다.

『태자시여 저희 무리가 도솔천 위에 태어남을 얻은 것은 모두 당신이 위신을 세웠으므로 말미암았나이다.』

복력태자는 이 묘하고 선한 말을 들은 뒤에 크게 경사스럽고 기뻐서 즉시 앞으로 나아가 동산가운데 이르러 저 모든 형과 함께 모여 의논하였다.

『세간 사람의 무리가 무엇을 닦아야 많은 의리(義利)를 얻을 것인가.』

저 색상이 구족한 이는 말하였다.

『이제 세간에 색상(色相)의 행업을 만일 사람이 닦으면 많은 의리를 얻을 것이다.

어떻게 아느냐 만일 사람이 있다면 남이 옛적에 보지 못하였을지라도 보면 곧 기뻐하고 옛적에 믿음이 중하지 못하였을지라도 본 뒤에는 믿음이 중하나니 내가 지낸 옛적에 선인을 스승으로 높였는데 또한 이 말을 하였다.

『만일 묘한 세상을 구족한 이가 있으면 사람이 기뻐하며 묘한 빛이 가히 볼만하면 뵈옵고 받들며 애락함이 마치 지혜 있는 사람이 가장 위의 법을 즐기어 모든 공양을 베풀 듯 할 것이다.』

또한 다시 정진을 구족한 이는 말하였다.

『색상을 닦아서는 많은 의리를 얻는 것이 아니다 이제 응당 알라 정진의 행업을 만일 사람이 닦으면 많은 의리를 얻는 것이다.

무슨 까닭이냐 비록 색상을 닦을지라도 정진이 없으면 어떻게 능히 현세나 다른 세 가운데 능히 가히 뜻한 과를 이룰 것이냐 농부가 종자를 심는 것이며 상인이 이익을 얻는 것이며 벼슬한 이가 녹(祿)을 받는 것이며 배우는 사람이 교(敎)를 통하는 것이며 선정(禪定)을 닦는 이가 경안과(輕安果)를 얻듯이 모두 현세에 정진하면 능히 가히 뜻한 과를 이루는 것이다.

또한 정진하여 다른 세 가운데 능히 뜻한 과를 얻은 이는 좋은 취(趣)에 태어나고 하늘의 경계에 태어나며 큰 부자로 자재하는 것이며 현세에 해탈을 증득한 이는 모두 다른 세에 정진하여 모든 가히 과를 이루는 것이다.

이로 말미암아 일체 공덕이 모두 정진에 의지하며 또한 정진이 능히 가볍고 약한 것을 다스리나니 만일 정진을 운전하면 조금도 법에 이루기 어려움이 없느니라.』

또한 다시 공교가 구족한 이는 말하였다.

『그대 모든 어진이여 비록 여러 가지로 말하지만 진실로 가히 내 마음에 맞지 아니 합니다.

무슨 까닭이냐 정진이 있을지라도 만일 공교가 없으면 마침내 능히 현세에 이루는 바가 없을 것이요. 만일 정진을 공교와 함께 지으면 이에 능히 진실과 같이 하는 일을 이룰 것입니다.

이런 까닭에 응당 아십시오 공교로 행하는 업을 만일 사람이 닦으면 많은 의리를 얻는 것입니다.

또한 다시 공교를 갖춘 이는 왕이든지 신하든지 사문이든지 바라문이든지 모든 장자 등과 내지 하급 종족과 보통 사람과 모든 공교(公敎)한 이가 모두 와서 공양하는 것입니다.』

또한 다시 지혜가 구족한 이는 말하였다.

『그대들은 마땅히 아십시요. 사람이 닦아서 많은 의리를 얻는 것은 이 색상도 아니요 또한 정진도 아니요 또한 공교도 아닙니다.

무슨 까닭이냐 하면 색상을 보는데 만일 지혜가 없으면 비록 또한 서로 같지만 정묘(淨妙)하지 못하며 정진을 일으키는데 만일 지혜가 없으면 비록 의리를 얻기는 하지만 이룸이 없는 것이요. 공교를 짓는데 만일 지혜가 없으면 비록 또한 경영하여 닦기는 하지만 능히

끌어 잡아 갖지 못하는 것입니다.

이런 까닭에 응당 아십시요.

지혜가 능히 일체 사업(事業)을 이루나니 만일 사람이 닦으면 많은 의리를 얻는 것이며 또한 이 지혜가 능히 색상을 얻으며 공교를 이루며 정진을 발하며 능히 사람 가운데 일체 묘한 즐거움을 얻는 것입니다.』

이 때 복력태자는 기뻐하며 지혜가 구족한 이를 쳐다보면서 말하였다.

『그렇고 그렇습니다 그대의 말이 진실합니다. 색상과 공교와 전진이 있을지라도 만일 지혜가 없으면 능히 많은 의리는 얻지 못할 것이니 그러므로 지혜가 널리 능히 모든 실상과 같은 과를 끌어잡아 가짐을 아는 일이다.

어진이시여 그러나 이 지혜가 만일 복력이 없으면 하는 일이 있을지라도 또한 이루지 못할 것입니다.

이런 까닭에 진실로 아십시요 만일 사람이 복을 닦으면 많은 의리는 얻는 것입니다.

무슨 까닭이냐. 복은 이 순일과(純一果)며 복은 광택과(光澤果)가 되며 복은 가의과(可意果)가 되며 복은 이 적열과(適悅果)이니 이와 같은 복의 과는 내가 능히 그 공덕을 다 말하지 못하겠는데 이제 그대들은 깨닫게 하기 위하여 복문(福門) 가운데 한 소분(少分)을 말하겠으니 그대들은 잘 들으십시요.

복이 있으므로 말미암아 능히 색상을 얻는것이며 복은 정진을 갖추는 것이며 복은 길상(吉祥)이 되며 또한 큰 부자를 얻으며 복은 지혜를 갖는 것이며 복은 능히 바른 법의 공덕을 노래하고 읊는 것이며 복은 온 의리를 갖춘 것이며 복은 바른 법에 노는 것이며 복은 상족(上族)에 태어나는 것이며, 복은 숙세 염원을 얻는 것이며 복은 명칭을 갖춘 것이며 복은 능히 보시하는 것이며 복력은 항상 모든 번뇌가 무너뜨리지 못하는 것이며 복은 항상 쾌락하며 복이 있으며 항상 지혜 있는 이의 공양한 바를 받으며 복은 모든 힘을 갖춘 것이며 복은 항상 선지식(善知識)을 만나는 것이며 복력은 능히 일체 사업을 짓는 것이니 밭을 갈고 심는 것을 이른 것이며 혹은 장사하여 이익을 구하는데 그 공을 적게 베풀어도 크게 쌓고 모음을 얻는 것이며 부하고 성함이 자재하며 복이 있으면 곧 능히 생각하는 사이에 허공에서 저절로 그 의복과 음식과 보배를 비추어 일체가 구족하여 받은대로 쾌락한 것이며 복은 뜻에 가한 묘하고 좋은 집을 얻는 것이며 복은 현세나 다른 생에 항상 예쁘고 아름다운 처녀(妻女) 권속과 재물과 곡식 등을 얻는 것이며 복 있는 이는 다니는 바의 땅이 저절로 그 가시덤불과 모래와 조약돌이 없어서 평온한 데 머물러서는 것이며 복 있는 이는 또한 넓고 큰 몸이 모양을 얻는 것이며 만일 아픈 사람이 있거든 복 있는 이가 손을 대면 즉시에 병이 따라 가볍게 나으며, 또한 다시 복 있는 이는 사람에게 닿음을 따라 곧 능히 저 음식과 의복과 보배와 재물과 곡식이 나와서 급용(給用)함이 다함이 없으며 복 있는 이는 항상 하늘과 용과 야차(夜叉)와 나찰(羅刹)과 귀신 등이 곳에 따라 호위하는 것이 마치 비 올 때에 모종과 벼 이삭을 호위하는 신과 같이 수호하기를 또한 그렇게 하는 것이며 복 있는 이는 항상 많은 사람의 존중하고 애락함을 얻는 것이며 복은 좋은 명예가 있는 것이며 복은 사람의 칭찬함이 되는 것이며 복은 항상 모든 선한 법의 분(分)을 갖춘 것이며 복 있는 이의 말은 사람이 믿고 순종하는 것이며 복 있는 이는 항상 광택(光澤)의 사랑스러움을 얻는 것이며 복 있는 이는 항상 미묘한 법의 소리를 내는 것이며 복 있는 이는 몸과 지체가 저절로 부드럽고 연한 것이며 복 있는 이는 항상 묘하고 선한 말 따위를 내는 것이며 복 있는 이는 항상 어진 벗과 지혜 있는 사람을 만나 권속을 무너뜨리지 아니하는 것이며 복 있는 이는 병이 없는 것이며 복 있는 이는 사람의 사랑하는 바가 되는 것이며 복은 재물과 이익을 얻는 것이며 복 있는 이는 용맹(勇猛)한 것이며 또한 큰 복이 있는 이는 사람의 왕이 됨을 얻어서 구족치 아니한 것이 없는 것이며 모든 질병(疾病)을 여의는 것이며 복 있는 이는 항상 부하고 성함이 무너지지 않는 것이며 복 있는 이는 전륜(轉輪)의 곳집[伏藏]을 얻어 칠(七)보가 구족하며 복 있는 이는 능히 허공 가운데 다니는 것이며 복 있는 이는 위엄스런 광명이 해와 달로 더불어 평등한 것이며 복 있는 이는 달 하늘을 이루는 것이며 복 있는 이는 법왕을 이루는 것이며 복 있는 이는 제석을 이루는 것이며 복 있는 이는 능히 천궁(天宮)의 누각 가운데 다니기를 저 천자와 같이 하는 것이다.

또 복 있는 이는 큰 세력(勢力)이 있는 것이 아수라왕(阿修羅王)과 같은 것이며 복 있는 이는 항상 좋은 길에 태어나는 것이며 복 있는 이는 나쁜 길을 여의는 것이며 복 있는 이는 항상 가장 얻기 어려운 뜻을 기쁘게 하는 묘한 꽃을 얻는 것이며 복 있는 이는 하는 일을 성취하는 것이며 복 있는 이는 능히 세간을 위하여 환히 비침을 짓는 것이며 복 있는 이는 하늘 사람과 아수라 등이 바르게 믿는 공양을 얻는 것입니다.」

태자가 이 모든 복의 일을 말할 때에도 네 가지 형은 다르게 보아서 닦음이 한 가지가 아니었다는 것을 알 것이다.

치선병비요경(治禪病秘要經)

아련야에서 산란한 마음병을 다스리는 72가지 법

1. 이와 같이 내가 들었다.

어느 때 부처님은 사위국의 기수급고독원에서 친 二백 五十 비구들과 함께 계셨다.

여름 五월 十五일에 五백 명의 석자(釋子) 비구들은 대숲 밑에서 아련야의 법을 행하면서 열 두 가지로 마음을 닦고 안나반나에서 비유리(毘琉璃)의 삼매에 들어 있었다.

때에 바사닉왕에게는 비유리라는 태자가 있었는데 그는 오(五)백 장자의 아들과 함께 큰 향상(香象)을 타고 제타숲 곁에서 씨름 놀이를 하고 또 코끼리를 취하게 하여 있었으므로 코끼리끼리 싸움하는 놀이를 하고 있었다.

일행연화(一行蓮華)라는 검은 코끼리는 그 소리가 매우 사나와 마치 벼락소리 같고 중간의 적은 소리는 고양이 울음소리 같았다. 석자 비구들 중의 선난제와 우바난제 등은 매우 놀라 털이 일어서며 풍대관(風大觀)에서 미친증이 일어나고 어리석은 생각으로 선정에서 일언 취한 코끼리처럼 내달리므로 제어할 수 없었다.

존자 아아난다는 비구들에게 명령하였다.

『방 문을 굳게 닫아라. 우리 석자는 지금 발광하여 집을 부숴버릴 지도 모른다.』

비구들은 샤아리푸트라에게 가서 사뢰었다.

『대덕(大德)이시여, 대덕님의 지혜는 걸림이 없어 저제석친의 제일 훌륭한 당기가 어디로 가나 두려움이 없는 것과 같습니다. 원컨대 자비스런 마음으로 저 석자들을 미친 공통에서 구해 주십시오.』

그 때 사리불은 곧 자리에서 일어나 아아난다의 손을 이끌고 부처님께 나아가 부처님을 세 번 돌고 예배한 뒤에 꿇어앉아 합장하고 부처님께 사뢰었다.

『세존이시여, 원컨대 부처님께서는 오는 세상을 위하여 일체를 사랑하고 가엾이 여기소서. 아련야 비구들은 다섯 가지 인연으로 발광합니다. 즉 첫째는 어지러운 소리 때문이요, 둘째는 나쁜 이름 때문이며, 셋째는 이양(利養) 때문이요, 넷째는 바깥 바람(외풍) 때문이며, 다섯째는 안 바람(내풍) 때문이다. 어떻게 하면 이 다섯 가지 병을 고치겠나이까. 부처님께서는 해설해 주옵소서.』

그 때 부처님께서 빙그레 웃으시니 오(五)색 광명이 입에서 나와 부처님을 일곱 번 돌고는 다시 정수리로 들어갔다.

부처님께서 샤아리푸트라에게 말씀하셨다.

『자세히 듣고 잘 명심하라. 나는 그대를 위해 분별하고 해설하리라. 만일 어떤 행자가 아련야의 법을 행하고 열 두 가지로 마음을 닦다가 아나반나에게 바깥의 사나운 소리가 마음에 부딪침으로 말미암아 마음을 급하게 가지기 때문에 四백 四맥(脈)이 한꺼번에 어지럽게 움직이고 바람의 힘이 세기 때문에 최초로 발광하고 심맥(心脈)이 움직여 다섯 바람이 목구멍에 들어가면 먼저 나쁜 말을 하게 된다.』

이럴 때에는 그 행자를 가르쳐야 한다 즉 소(酥)와 꿀과 아리륵 열매를 먹고 마음을 한 곳에 매되 먼저 파리 빛깔의 거울을 생각하고는 그 자신이 그 거울 속에서 온갖 미친 짓을 하는 것을 관하게 한다. 그가 이것을 보고 난 뒤에는 다시 그에게 이렇게 말한다.

『너는 거울에서 네가 하는 미친 짓을 스스로 보았고 부모와 친족들도 다 너의 좋지 못한 짓을 보았다. 나는 지금 너에게 미친 짓을 떠나는 법을 가르칠 것이니 너는 기억하라.』

그리하여 먼저 소리를 버리는 법을 가르친다. 소리를 버리는 법이란 혀를 들어 입천장에 대고 두 개의 여의주(如意珠)가 두 귓 속에 있다고 생각한다. 즉『이 여의주 끝에서는 마치 젖방울처럼 방울방울 마다에 제호(醍醐)가 흘러나와 귀를 적시어 소리를 듣지 못하게 한다. 그러므로 아무리 큰 소리가 있어도 기름으로 적신 것 같아 마침내 흔들리지 않는다.』

이 생각이 성취되면 다시 생각한다. 즉 한 개의 무거운 금강 일산이 여의주에서 나와 행자의 몸을 덮는다. 밑에는 금강 일산이 여의주에서 나와 행자의 몸을 덮는다. 밑에는 금강꽃이 있으므로 행자가 그 위에 앉으면 금강으로 된 산이 사면으로 그 행자를 둘러싸는데 그 사이에는 전연 틈이 없어 바깥 소리가 아주 끊어진다. 그 낱낱 산중에는 일곱 부처님이 앉아 행자를 위해 사념처(四念處)를 연설한다. 그 때에는 바깥 소리는 전연 들리지 않고 그는 부처님의 가르침을 따르는데 이것이 어지러움을 제거하는 범문으로서 사나운 소리를 버리는 생각이다.

부처님은 샤아리푸트라에게 말씀하였다.
『그대 행자들은 이 법을 닦아 익혀 부디 잊지 않아야 한다. (이것을 어지럽고 뒤바뀐 마음을 다스리는 법이라 한다.) 또 샤아리푸트라여, 바깥 소리를 버린 뒤에는 안 소리를 버려야 한다. 안 소리란 바깥 소리가 여섯 정(情)을 동요시킴으로 말미암아 심맥(心脈)이 뒤바뀌어 다섯가지 나쁜 바람이 심맥으로부터 들어가며 바람이 심장을 흔들기 때문에 노래하기도 하고 춤도 추면서 갖가지 변을 일으킨다. 그럴 때에는 그대는 그에게 세심관(洗心觀)을 가르쳐야 한다.

세심관이란 먼저 심장을 관하여 점점 밝게 하되 마치 화주(火珠), 불구슬과 같이 하고 四백 四맥(脈)은 비유리·황금·파초 등과 같이 되며, 바로 심장 곁에 이르면 화주는 기운을 내는데 그것은 차지도 낳고 뜨겁지도 않으며 굵지도 않고 가늘지도 않다. 그것은 온갖 맥상(脈想)을 단련시키기 때문에 한 범왕(梵王)은 여의주 거울을 가지고 행자의 가슴을 비춘다. 그 때에 행자는 그 가슴이 여의주와 같이 맑고 깨끗하여 사랑할 만하며 화주로 된 심장을 본다.

대범천왕(大梵天王)의 손바닥안에는 구르는 바퀴의 인(印)이 있고 그 인 속에는 흰 연꽃이 있으며 흰 연꽃 위에는 어떤 천상의 소년이 손에 젖 그릇을 들고 여의주에서 나와 젖을 모든 혈맥에 쏟으면 젖은 차츰 내려와 심장 끝으로 온다. 소년은 두 개의 바늘을 가졌는데 하나는 황금색이요, 하나는 푸른 빛이다. 심장 양쪽에 두 개의 금꽃층 두고 바늘로 뚫되 일곱 번 뚫은 뒤에는 심장은 전처럼 도로 부드러워지며 다시 젖은 돌아와 심장을 씻는다.

젖방울이 흘러 대장 안에 들어가면 대장이 가득 차고 소장 안에 들어가면 소장이 가득 찬 뒤에는 흘러나온 젖들이 방울방울 끊이지 않고 八만 개의 벌레 입 안에 들어가면 벌레들은 포만하며 온 몸 안을 두루 흘러 三백 三十六의 뼈마디에 들어가 모두 가득 차게 한다.

그 다음에는 한 우유연을 생각한다. 그 못에는 흰 연꽃이 있는데 행자는 그 위에 앉아 우유로 목욕하면서 목화솜을 생각하고 그 흰 연꽃이 몸을 일곱 겹으로 둘러싸면 행자는 그 가운데 있다. 범왕은 우유를 들고 행자에게 양치질하게 하고 행자가 양치질하고 나면 범왕은 일산을 잡고 행자 위를 덮는데 범왕의 일산에는 일체의 훌륭한 정계가 두루 보이며 다시 본심(本心)을 얻어 조금도 뒤섞임이 없다.」

부처님께서 이렇게 말씀하실 때 五백의 석자 비구들은 부처님 말씀대로 낱낱이 행하고 마음이 청정해서 몸 · 감각 · 생각 · 지어감 · 의식 등은 무상 · 괴로움 · 공 · 〈나〉없음을 관하여 세간을 탐하지 않고 공한 법을 밝게 알아 봄을 다시 얻어 八十억의 불타는 번뇌를 부수고 수다원을 이루었다. 다시 차츰 수학하여 아라한을 얻고는 삼명(三明) · 육통(六通)과 팔해탈(八解脫)을 갖추었다.

비구들은 부처님 말씀을 듣고 기뻐하며 받들어 행하였다.
(이것은 부드러워 사대(四大)의 안 바람을 다스리는 법이다.)

또 사리불이여, 가을에는 지삼매(地三昧)에 들어가야 한다. 지삼매에 들어 이 땅 모양 즉 백천의 석산(石山) · 철산(鐵山) · 철위산(鐵圍山) · 금강산(金剛山)등과 머리에서 발에 이르는 三백 三십 六의 뼈마디가 각기 백천의 산과 산신(山神) · 바위 등이 되는 것을 보면 그 때에는 빨리 그것을 다스려야 한다.

음악 좋아함을 다스리는 법[治樂音樂法]

『또 사리불이여, 만일 四』부 대중으로로서 온갖 음악을 즐기어 풍류에 만족할 줄 모르면 그로 인해 바람이 움직여 방종한 말[馬]과 같고 또 가을 개나 이니리[伊尼利]사슴처럼 탐혹하고 우치하여 그 마음은 아교와 같이 어디나 달아붙어 제어할 수 없으면 빨리 그것을 다스려야 한다.

그 다스리는 법이란 먼저 생각한다. 즉 단정하기 짝이 없어 어떤 천녀가 두 손엥 천연으로 된 온갖 악기를 가지고 만가지의 소리를 낼 때 행자는 그것을 보되 그 천녀는 다른 여자보다 백억만 배나 아름다우며 그 하늘 음악 소리는 세상에 비할 것이 없음을 듣고 그로 인해 미혹하고 집착하여 빛깔을 보고 소리를 듣는다.

그 때에는 그 여자를 관하게 하되 여섯 정과 모든 감관의 일으킨 바 경제가 수식관을 하는 힘으로 말미암아 그 사랑스러운 눙에서 여섯 마리 독사가 나와 귀로 들어가는 것을 본다. 또 모양이 솔개 같은 두 마리 벌레는 아주 사나운 소리를 지르며 그 여자의 머리를 쪼개고 골을 내어 다투어 먹으며 다른 네 감관은 고양이 · 쥐 · 개 · 늑대 등이 다투어 먹는다.

그로 인해 일체 여자들의 서른 여섯 가지 불질과 더러운 악로(惡露)와 자궁(子宮)의 회충은 여자의 영락이 되는 것을 본다. 또 그 여자가 잡은 온갖 악기는 마치 또 속의 벌레들이 구물거려 늑대의 울음소리를 내며 요괴스러운 말은 나찰들의 울음소리와 같아 바로 들을 수 없음을 본다.

그로 인해 그는 그것을 떠나 지혜로운 사람에게로 가서 전에 지은 악법을 말하고 성심으로 참회한다. 지혜로운 사람은 그에게 무상관(無常觀)을 가르쳐야 한다.

부처님은 이어 샤아리푸트라에게 말씀하셨다.

『그대는 이 음악을 다스리는 법을 잘 받들어 부디 잊어 버리지 말라.』

때에 샤아리푸트라와 아아나다는 부처님 말씀을 듣고 기뻐하며 받들어 행하였다.

노래와 범패(梵唄)와 게송과 좋아함을 다스리는 법
[治好歌唄偈讚法]

또 샤아리푸트라여, 행자로서 즐겨 게송을 짓고 아름다운 소리로 찬탄하는 것은 마치 바람이 사라나무[娑羅樹] 잎을 움직여 부드럽고 맑은 소리를 낼 때 그 소리는 범음(梵音)과 같아서 남의 귀를 즐겁게 하고 마음에 맞는 글을 지어 남의 마음을 기쁘게 하면 그는 그 음향으로 말미암아 뽐내고 교만함으로써 마으은 어지러운 풀과 같이 번뇌의 바람을 따라 어디로 가나 쉬지 않으며, 교만의 당기를 세우고 교만의 북을 두드리면서 온갖 혈맥을 희롱한다. 그 노인해 발광하여 마치 어리석은 원숭이가 꽃과 열매를 따기에 잠시도 그 마음이 쉬지 않는 것처럼 그도 수식관을 하지 못하면 빨리 그것을 다스려야 한다.

그 다스리는 법이란 먼저 생각해야 하는 것이 있다. 즉 七보로 된 높은 당기가 있고 그 당기 끝에는 백옥 같은 몸을 가진 건달바가 몸을 흔들면서 게송으로 찬탄할 때 그 몸을 가진 건달바가 몸을 흔들면서 게송으로 찬탄할 때 그 몸의 털구멍에서는 큰 연꽃츨 내고 백천 비구는 그 연꽃 위에서 만 가지의 솔기를 내는데 그것은 그 자신보다 백천만 배나 더 훌륭하다.

그로 인해 차츰 그 교만이 쉬어지면 지혜로운 사람은 다시 행자로 하여금 당기 끝을 자세히 관하게 한다. 그리하여 그는 당기 끝의 파리 거울에서 본다. 즉 비구들은 그 소리를 믿고 교만하며 마음이 깨끗하지 못한 이는 나찰로 화하여 아주 사나운 소리를 낼 때 붉은 그 입에서 나온다. 또 어떤 야차는 사방에서 모여 와 그이 혀를 빼고 십장을 취하여 당기 끝에 두면 심상은 떨면서 울부짖고 외치는 것은 취한 코끼리의 부르짖음 같고 혹 작은 소리를 내면 비사사의 읊조림 같다.

그로 인해 다시 아름다운 음성들을 들으면 부르짖는 사람이 자기 부모를 무도하게 꾸짖는 것과 같다. 그러므로 그는 그것을 싫어해 귀로는 듣기를 좋아하지 않고 마음으로 거기서 떠날 생각을 낸다. 그 때에 지혜로운 사람은 그에게 여덟 가지 고통을 관하게 하는데 그것은 팔고관(八苦觀)에서 말한 것과 같다.

부처님은 이어 노래와 범패와 게송과 찬탄하는 것을 다스리는 법을 잘 받들어 부디 잊어버리지 말라.』
때에 샤아리푸트라와 아아난다는 부처님 말씀을 듣고 기뻐하며 받들어 행하였다.

처음 좌선을 배우는 이로서 귀신이 들려 갖가지로 불안하여 안정을 얻지 못하는 것을 다스리는

—아난 존자는— 이와 같이 내가 들었다.

어느 때 부처님은 슈라아바스티이의 제타숲 외로운 이 돕는 동산의ㅣ 나리루 귀신의 사는 곳에 계셨다. 그것은 말리(末利)부인이 지은 강당으로서 나순유(羅旬踰)등 ㅡ천 장자의 아들이 처음으로 집을 나와, 존자 아아난다 · 마하아카아샤파 · 샤아리푸트라 등을 청하여 화상으로 삼았다.

마하가섭 가르치는 천 비구들은 고요한 곳에서 수식을 닦다가 마귀에 붙들렸다. 그들은 보았다. 즉 한귀신이 있는데 얼굴은 비파와 같으며 눈은 넷이요, 입은 둘이다요. 온 올굴에서 빛을 놓고 손으로 두 겨드랑 밑과 몽의 각부분을 치면서 입으로 외치기를 「부척부척」하였다. 그것은 도는 불바퀴 같고 번갯불을 잡는 것 같아 일었다 사라졌다 하면서 행자의 마음을 불안하게 하였다. 이것을 본 사람은 빨리 다스려야 한다.

그 다스리는 법이란 그 부척이 올 때에는 일심으로 눈을 감고 가만히 이렇게 꾸짖는다.

『나는 지금 너를 안다. 너는 이 염부제 안에서 불을 먹고 향내를 맡는 투랍길지(송장을 일으키는 귀신)다. 너는 그릇된 소견으로 계율종자를 깨뜨리기를 좋아하지마는 나는 계율을 지키므로 마침내 너를 두려워하지 않는다.』

만일 그가 집을 나은 사람이면 계율의 차례를 외우고 집에 있는 이면 三 귀의 · 五계 · 팔계 등을 외워야 한다. 그리하면 그 귀신은 물러가되 기어간다.

그 때에 아아난다는 이 말을 듣고 부처님께 사뢰었다.

『세존이시여, 지금 이 장자의 아들 비구는 세존님의 말씀에 의하여 부척 귀신을 다스려 온갖 악을 면하고 마귀의 결박을 받지 않았습니다. 그러나 후세 비구로서 부처님이 열반하신 뒤 천 년이 지난 뒤에, 비구·비구니·우바새·우바이들로 하여금 고요한 곳에서 수식관으로 안반을 생각하게 할 때 귀신들이 도를 어지럽게 하기 위해 검거나 혹은 붉은 쥐모양으로 화하여 행자의 마음을 어지럽히고 행자의 다리와 두 손·두 귀 등을 긁으며 어디로 나가고 혹은 새소리를 내며 혹은 귀신의 읊조리는 소리를 내고 혹은 소곤거리며, 혹은 부엉이·솔개 등 온갖 새가 되어 갖가지 소리를 내되 재재거리거나 크게 외쳐 그 소리가 같지 않으며 혹은 어린애가 되어 백천 가지 짓을 하되 十十 五五나 혹은 一·二·三 등 갖가지 소리를 내면서 행자에게로 가며 혹은 등에·파리·벼룩·뱀·살무사 등이 되어 귓 속으로 들어가서는 벌이 우는듯하고 혹은 눈에 들어가서는 낙사(酪沙)가 솟는 듯하며 혹은 마음을 건드려 갖가지 어지러운 짓을 하므로 이로 인해 발광하여 고요한 곳을 버리고 방종하게 놀면 그것은 어떻게 다스려야 하겠습니까.』

부처님은 아아난다에게 말씀하셨다.

『자세히 듣고 잘 명심하라. 너에게 말하리라. 만일 四부 대중으로서 이 귀신을 걱정하는 이가 있으면 너는 그에게 그 귀신을 다스리는 법을 말해 주라. 이 부척 귀신에게는 六十 세 가지의 이름이 있다. 즉 과거 구나함모니 부처님 때에 어떤 비구가 거의 수다원으로 향하게 되었는데 그릇된 생활로 인해 스님의 배척을 받고 성을 내어 목숨을 마칠 때에 스스로 귀신이 되리라고 맹세하고는 오늘에 이르기까지 四부 대중을 괴롭히는데 그 수명은 한 겁으로서 겁이 다하면 아비지옥에 떨어질 것이다. 넣희들은 지금 그 이름을 알아 일심으로 기억하여 그것에 어지럽히지 말라.』

그 때에 부처님은 말씀하셨다.

『부척부척은 사나운 야차로서 몽귀(夢鬼)라고도 한다. 꿈에 이것을 볼 때는 곧 정기를 잃어 버린다.』

그러므로 참회 해야 한다. 즉

「부척이 왔구나, 나는 과거의 나쁜 인연으 이 계율을 깨뜨리는 도적인 사나운 귀신을 만난 것이다. 나는 지금 마음을 채찍질하고 온갖 감정을 속박하여 방일하지 않게 하리라.」

이 귀신은 허공에 있을 때는 허공귀(虛空鬼)라 하고 평상의 침구에 있을 때는 복행귀(腹行鬼)라 한다. 또 세가지 이름이 있으니 심색가복구구니지 예부와 취부취와 아마륵가사화하이다.

그리고 방도귀(方道鬼)·이매귀(魑魅鬼)·망량귀(魍魎鬼)·손롱귀(飡濃鬼)·식타귀(食唾鬼)·수신귀(水神鬼)·화신귀(火神鬼)·산신귀(山神鬼)·원림신귀(園林神鬼)·부녀귀(婦女鬼)·남자귀(男子鬼)·동남귀(童男鬼)·동녀귀(童女鬼)·찰리귀(刹利鬼)·바라문귀(婆羅門鬼)·비사귀·수타라귀·보행귀(步行鬼)·도행귀(倒行鬼)·기승귀(騎乘鬼)·구합귀(鳩鴿鬼)·차휴성귀(車㸀聲鬼)·토교조귀(土鵁鳥鬼)·각치조귀(角鵄鳥鬼) 등이다.

혹은 변화하여 된 八부 귀신과 허모귀(虛耗鬼)·팔각귀(八角鬼)·백서귀(白鼠鬼)·연화색귀(蓮華色鬼)·호매귀(狐魅鬼)·귀매귀(鬼魅鬼)·백충정매귀(白虫精魅鬼)·사악(四惡)·비사차귀·구반다귀 등 이런 추악한 귀신 六十三종의 귀신들이 있다.

만일 이런 귀신이 난동할 때에는 숨길을 세면서 아주 고요히 하고 지극한 마음으로 과거의 일곱 부처님을 생각하며 그 부처님의 이름을 불러야 한다. 즉 「나무 비바시불·시기불·제사불·구루소불·가나하모니불·가서불·석가모니불」이라고 그 부처님의 이름을 부르고는 일체음성(一切音聲)의 다라니를 기억해야 한다.

부처님은 곧 주문을 외우셨다.
아미아미가리사산지리복기누시투제타투제타마하가루니가미다라
보리살타

『만일 마음이 산란하여 부척 귀신에게 미혹되는 사람으로서 혹갖
가지 허깨비의 경계를 지으면 그는 이 다라니와 일곱 부처님의 이름
과 미륵보살을 외워 지니고 일심으로 숨길을 세면서 파라제목차를
一백 번 외우면 이 악귀들은 모두 항복하고 마침내 도를 수행하는
四부 대중을 괴롭히지 못할 것이다.』
부처님은 이어 아아난다에게 말씀하셨다.
『너는 이 몸·입·뜻 등을 깨끗이 하여 다루어진 위의로 악귀를 물
리치는 법을 잘 지녀 四부 대중을 괴롭히지 못할 것이다.』
부처님은 이어 아아난다에게 말씀하셨다.
『너는 이 몸·입·뜻 등을 깨끗이 하여 다루어진 위의로 악귀를 물
리치는 법을 잘 지녀 四부 제자들을 분발시키어 어지러운 생각을 일
으키지 않아 삼매에 들게 하고 이것을 잘 받아 지녀 부디 잊지 않도
록 하라.』
그 때에 존자 아아난다는 부처님 말씀을 듣고 기뻐하며 받들어 행
하였다.
『또 아아난다여, 만일 행자가 앉아 있을 때 두 귀를 앓거나 온 뼈마
디가 아프거나 두 손바닥이 가렵거나 두 발밑이 아프거나 심장 밑이
움직이거나 목줄기가 땡기거나 눈이 부시며 앉은 곳의 꽁무니에 귀
신이 와서 속삭이거나 혹은 향과 꽃을 흩으면서 갖가지 요괴를 부리
면 그것을 빨리 다스려야 한다.
그 다스리는 법이란 먼저 약왕(藥王)·약상(藥上) 두 보살이 손에

금병을 들고 그 물을 쏟는 것을 관하고, 또 관하여야 한다. 즉 설산(雪山)의 신이 흰 꽃 한 가지를 들고 와서 행자의 정수리 위를 덮으면 흰 빛이 흘러 들어 털 구멍을 적시어 온 몸이 부드러워지면서 다시는 다른 현상이 없다.

그리고 그는 본다. 즉 사바 동자가 선인의 꽃을 가지고 와서 행자 위에 흩으면 낱낱 꽃 사이에서 온갖 묘한 약이 내려와 털 구멍을 적신다. 그러면 꽁무니가 가려운 등 갖가지 고통을 주고 작은 소리로 속삭이는 귀신들은 아주 사라지고 약왕ㆍ약상 두 보살은 그를 위해 평등한 대승법을 말해 주며 향산과 설산의 모든 신왕들과 사바동자도 또한 그 근기를 따라 갖가지 十二 법문과 선정이 병에 따른 약과 처방과 주술(呪術) 등을 말해 준다.

그로 인해 그는 본다. 즉 존자 빈두로와 모든 나한과 五백 사미와 순타 등이 모두 한꺼번에 행자에게로 와서 여러 성문들은 갖가지 병을 다스리는 법을 말하고 어떤 나한은 부처님의 말씀을 따라 이 비구를 가르치고는 그 정수리를 도려내어 차츰 비게 하고 온 몸이 다 비면 거기에 기름을 쏟는다.

또 범천은 금빛 약을 가지고 와서 그 몸에 가득 채우고 의왕(醫王) 보살은 갖가지 법을 말한다. 성문에 뜻을 둔 사람은 빈누로의 말을 따라 수다원이 되고 대승에 뜻을 둔 사람은 약왕ㆍ약상ㆍ두 보살의 말을 따라 곧 모든 부처님이 앞에 나타나는 삼매를 얻는다.』

부처님은 아아난다에게 말씀하셨다.

『부처가 열반한 뒤에 四부 제자들로서 좌선하려는 이는 먼저 고요한 곳에서 이렛 동안 단정히 앉은 뒤에 이렛 동안 수식관을 닦고 다시 병들을 제거하는 이 약을 먹고는 소리를 제거하고 귀신을 없앤 뒤에, 마음을 고요히 하고 뜻을 지키어 마음과몸을 닦고 四대에 조화시키되 때를 잃지 않게 하며 한 마음과 한 뜻으로 가벼운 계율과 위의를 범하지 말고, 가진 계율은 눈을 보호하듯 해야 한다. 마치 중

병을 앓는 사람이 좋은 의사의 가르침ㅁ을 따르는 것처럼 행자도 그와 같이 가르침을 따라 더욱 분발해 물러나지 않으며 머리의 불을 끄는 듯 성현의 말을 좇아야 한다. 이것을 일러 병을 다스리는데 몸을 따뜻하게 하는 약을 먹음이라 하느니라.』

부처님은 이어 아아난다에게 말씀하셨다.

『너는 이 말을 잘 받들어 지녀 부디 잊지 말아야 한다.』

때에 존자 아아난다는 부처님 말씀을 듣고 기뻐하며 받들어 행하였다.

또 이 몸은 땅·물·불·바람 등 네 가지 요소가 모여 된 것을 관찰해 안다. 이 요소들로 이루어진 몸은 마치 초목과 조약돌로 된 것과 같다. 이 몸은 그림자와 같아서 나도 없고 중생도 없으며 수명도 없고 사람도 없으며 장부도 없다. 그것은 업으로 되어 스스로 돌아다니는 것이다.

이 눈을 여실히 관찰하면 그것은 살덩이로서 성질은 비고 고요한 것이니 이렇게 귀·코·혀·몸·뜻 등의 성질도 비고 고요한 것이라고 바로 생각한다. 몸은 거울 속의 형상과 같음을 알고 말은 메아리 같음을 알며 마음은 꼭두각시와 같다고 본다.

※ 현담스님이 알려주는 건강비법 ※

찬 음식을 먹지 마십시오. 찬음식 찬물을 먹게되면 안됩니다. 왜냐하면 위에서 데워서 인체로 보내느라 기가 많이 소모되기 때문에 기가 빠지고 감기가 걸릴 수 있습니다. 여름에도 이열치열이라고 따뜻한 밥, 더운 국이 몸에 아주 좋습니다. 여름에도 바닥이 찬 곳에서 자게 되면 냉기가 들어가 병이 됩니다. 절대로 찬 것은 안좋습니다. 명심하세요.

정법념처경(正法念處經)

신념처품(信念處品)

괴미풍(壞味風)

또 그 수행하는 사람은 안 몸을 차례로 관찰한다.

『어떤 바람이 이 몸속에 있으면서 고르거나 혹은 고르지 않음으로써 어떤 업을 짓는가.』

그는 들은 지혜나 혹은 하늘눈으로 본다.

『이 몸 안에 괴미(壞味)라는 바람이 있다. 만일 그것이 고르지 못하면 무슨 짓을 하는가.』

그는 들은 지혜나 혹은 하늘눈으로 본다.

『만일 이 괴미풍이 고르지 못하면 사람의 기첨충(嗜甛虫)이 움직이고 그 벌레가 움직이기 때문에 좋고 맛난 음식을 모두 먹지 못하며 그것을 먹지 못하기 때문에 좋고 맛난 음식을 모두 먹지 못하며 그것을 먹지 못하기 때문에 몸은 쇠약해져 경전 읽는 공부나 참선이나 또 선법을 닦을 수 없는 몸이 고르지 못하기 때문에 마음은 법을 즐기지 않으며 정신과 몸이 서로 인연해 머무르는 것은 마치 묶어 놓은 대가 서로 의지하는 것 같고, 이 서로 의지하는 힘 때문에 이 정신과 몸은 서로 의지한다. 이런 행의 무기가 음식의 인연으로 머무르는 것은 마치 물과 밀가루가 화합한 것을 초장(麨漿)이라 하는 것처럼 정신과 몸도 각각 힘이 있기 때문에 있게 된다. 그러나 이 바람이 고르면 위에서 말한 병 따위는 없다.』

그는 이렇게 괴미풍을 관찰하고는 사람의 몸을 여실히 안다.

폐과풍(肺過風)

또 그 수행하는 사람은 안 몸을 차례로 관찰한다.

『어떤 바람이 이 몸속에 있으면서 고르거나 혹은 고르지 않음으로써 어떤 업을 짓는가.』

그는 들은 지혜나 혹은 하늘눈으로 본다.

『폐과(肺過)라는 바람이 이 몸 안에 있다. 만일 그것이 고르지 못하면 어떤 짓을 하는가.』

그는 들은 지혜나 혹은 하늘눈으로 본다. 즉

『만일 이 폐과풍이 고르지 못하면 음식이 소화 되려할 때에는 밤이면 폐가 아파 음식을 초처럼 시게하고 나아가서는 소화 되더라도 온 몸에 기운이 없으며 혈맥은 그물로 얽맨 것 같다. 그러나 이 바람이 고르면 위에서 말한 병 따위는 없다.』

그는 이렇게 폐과풍을 관찰하고는 사람의 몸을 여실히 안다.

취상행풍(臭上行風)

또 그 수행하는 사람은 안 몸을 차례로 관찰한다.

『어떤 바람이 이 몸속에 있으면서 고르거나 혹은 고르지 않음으로써 어떤 업을 짓는가.』

그는 들은 지혜나 혹은 하늘눈으로 본다.

『취상행(臭上行)이라는 바람이 있다. 만일 그것이 고르지 못하면 어떤 짓을 하는가.』

그는 들은 지혜나 혹은 하늘눈으로 본다. 즉

『이 취사행풍은 사람의 몸·코·입 등 모두를 다 냄새나게 하되 그 냄새가 모두 털구멍으로 나오게 하며 숙장에서 위로 생장을 찔러 온 몸을 뻣뻣하게 하여 매우 괴롭힌다. 그리고 음식이 소화 되지 않아 좌선하지 못하고 밤낮으로 선법을 수행하지 못한다. 그러나 이 취상 행풍이 고르고 맞가우면 위에서 말한 병 따위는 없다.』

그는 이렇게 취상행풍을 관찰하고는 사람의 몸을 여실히 안다.

대변처풍(大便處風)

또 그 수행하는 사람은 안 몸을 차례로 관찰한다.

『어떤 바람이 이 몸속에 있으면서 고르거나 혹은 고르지 않음으로써 어떤 업을 짓는가.』

그는 들은 지혜나 혹은 하늘눈으로 본다.

『대변처(大便處)라는 바람이 있다. 만일 이것이 고르지 못하면 어떤 짓을 하는가.』

그는 들은 지혜나 혹은 하늘눈으로 본다.

『만일 이 대변풍이 고르지 못하면 사람의 항문에 치질이 생겨 내리는 피는 마치 빨간 콩 즙과 같고 몸은 타는 듯 뜨거우며 혼몽히 자기를 좋아하고 힘줄과 혈맥은 뻣뻣하며 음식은 소화 되지 않아 혀는 맛을 얻지 못한다. 그러나 이 바람이 고르면 이런 병은 없다.』

그는 이렇게 대변처풍을 관찰하고는 사람의 몸을 여실히 안다.

망념풍(妄念風)

또 그 수행하는 사람은 안 몸을 차례로 관찰한다.

『어떤 바람이 이 몸속에 있으면서 고르거나 혹은 고르지 않음으로써 어떤 업을 짓는가.』

그는 들은 지혜나 혹은 하늘눈으로 본다.

『만일 이 망념풍(妄念風)이 고르지 못하면 생각한 것을 다 잊어버리므로 외우고 익힌 것을 대개 잊어 기억하지 못하고 사방에서 보는 것은 모두 잘못 보며 지난 일은 다 잊고 기억하지 못하며 먹은 음식을 먹어도 금시 배고프나 음식을 먹지 못하고 몸의 털은 갈끄러우며 손톱도 또 그렇다. 추위와 더위를 견디지 못하고 생각한 것은 곧 잊어버린다. 그러나 이 바람이 고르면 위에서 말한 병 따위는 다 없다.』

그는 이렇게 망념풍을 관찰하고는 사람의 몸을 여실히 안다.

생력풍(生力風)

또 그 수행하는 사람은 안 몸을 차례로 관찰한다.

『어떤 바람이 이 몸속에 있으면서 고르거나 혹은 고르지 않음으로 써 어떤 업을 짓는가.』

그는 들은 지혜나 혹은 하늘눈으로 본다.

『이 몸 안에는 생력(生力)이라는 바람이 있다. 만일 그것이 고르지 못하면 어떤 짓을 하는가.』

『만일 이 생력풍이 고르지 못하면 사람이 아무리 맛난 음식을 먹더 라도 몸은 늘 기력이 없어 마치 독기로 몸을 부순 것 같다. 이 바람 이 고르지 못하기 때문에 이런 병이 있고 만일 그 바람이 고르면 이 런 병이 없다.』

그는 이렇게 생력풍을 관찰하고는 사람의 몸을 여실히 안다.

생신심력풍(生身心力風)

또 그 수행하는 사람은 안 몸을 차례로 관찰한다.

『어떤 바람이 이 몸속에 있으면서 고르거나 혹은 고르지 않음으로 써 어떤 업을 짓는가.』

그는 들은 지혜나 혹은 하늘눈으로 본다.

『이 몸 안에는 생신심력(生身心力)이라는 바람이 있다. 만일 이것 이 고르지 못하면 어떤 짓을 하는가.』

그는 들은 지혜나 혹은 하늘눈으로 본다. 즉

『만일 이 생신심력풍이 고르면 사람이 처음 태안에 있을 때부터 몸 과 마음이 점점 불어나 마음이 굳세어 진다. 이 바람이 고르기 때문 에 할 일과 안할 일을 알고 한 일은 오래도록 잘 기억하며 가거나 오

거나 모든 행동이 씩씩해 겁이 없고 주림이나 목마름이나 추위·더위 등의 온갖 고통을 잘 견디며 몸은 풍만하고 머리털은 때가 아닌 때에 희지 않는다. 그러나 이 바람이 고르지 못하면 이런 일을 다 잃고 만다.』

그는 이렇게 생신심력풍을 관찰하고는 사람의 몸을 여실히 안다.

방인후어풍

또 그 수행하는 사람은 안 몸을 차례로 관찰한다.

『어떤 바람이 이 몸속에 있으면서 고르거나 혹은 고르지 않음으로써 어떤 업을 짓는가.』

그는 들은 지혜나 혹은 하늘눈으로 본다.

『만일 이 인후어풍이 고르지 못하면 사람의 몸에 병이 생기는데 다른 것이 고르지 못함으로써 음성이 나지 않고 때로는 귀가 먹으며 혹은 손발이 찢어지고 혹은 곱사등이가 되며 두 눈이 다 먼다. 이 바람이 고르지 못하기 때문에 이런 병이 생긴다.』

그는 이렇게 방인후어풍을 관찰하고는 사람의 몸을 여실히 안다.

수풍(睡風)

또 그 수행하는 사람은 안 몸을 차례로 관찰한다.

『어떤 바람이 이 몸속에 있으면서 고르거나 혹은 고르지 않음으로써 어떤 업을 짓는가.』

그는 들은 지혜나 혹은 하늘눈으로 본다.

『수풍(睡風)이라는 바람이 있는데 만일 이것이 고르지 못하면 어떤 짓을 하는가』

그는 들은 지혜나 혹은 하늘눈으로 본다. 즉

『만일 이 수풍이 고르지 못하면 무엇이나 그릇 보고 흐르는 혈맥은 어지러워 모두 변동하며 온 뼈마디가 다 아프다.』

그는 이렇게 수풍을 관찰하고는 사람의 몸을 여실히 안다.

지명풍(持命風)
또 그 수행하는 사람은 안 몸을 차례로 관찰한다.
『어떤 바람이 이 몸속에 있으면서 고르거나 혹은 고르지 않음으로써 어떤 업을 짓는가.』

그는 들은 지혜나 혹은 하늘눈으로 본다.
『지명(持命)이라는 바람이 이 몸 안에 있다. 만일 그것이 고르지 못하면 어떤 짓을 하는가.』
그는 들은 지혜나 혹은 하늘눈으로 본다. 즉
『만일 이 지명풍이 고르지 못하면 사람은 목숨을 잃고 감각을 버린다. 그것은 일체 중생의 둘째의 목숨으로서 몸을 유지하고 의식이 의지해 있는 것인데 그것이 고르지 못하기 때문에 사람의 목숨을 끊는다. 그것은 일체 중생들의 목숨이 의지해 있는 것으로서 만일 그것이 고르면 중생은 목숨을 잃지 않는다.』
그는 이렇게 지명풍을 관찰하고는 사람의 몸을 여실히 안다.

손괴일체신분풍(損壞一切身分風)
또 그 수행하는 사람은 안 몸을 차례로 관찰한다.
『어떤 바람이 이 몸속에 있으면서 고르거나 혹은 고르지 않음으로써 어떤 업을 짓는가.』
그는 들은 지혜나 혹은 하늘눈으로 본다.
『손괴 일체신분(損壞一切身分)라는 바람이 이 몸 안에 있다. 만일 그것이 고르지 못하면 어떤 짓을 하는가.』
그는 들은 지혜나 혹은 하늘눈으로 본다. 즉
『사람은 처음 태 안에 있을 때부터 이 바람의 힘으로 말미암아 그 몸이 파괴 되고 손상 되되 곱사등이가 되어 가슴은 높고 허리뼈는 굽는다. 그러나 이 바람이 고르면 이런 병은 없다.』

그는 이렇게 괴손풍을 관찰하고는 사람의 몸을 여실히 안다.

섭피풍(攝皮風)

또 그 수행하는 사람은 안 몸을 차례로 관찰한다.

『어떤 바람이 이 몸속에 있으면서 어떤 업을 짓는가.』

그는 들은 지혜나 혹은 하늘눈으로 본다.

『섭피(攝皮)라는 바람이 이 몸 안에 있다. 그것은 어떤 짓을 하는가.』

그는 들은 지혜나 혹은 하늘눈으로 본다. 즉

『이 섭피풍은 차거나 뜨겁거나 혹은 향기롭거나 냄새나거나 혹은 내려가거나 올라가거나 혹은 힘이 세거나 힘이 약하거나 바깥바람이 때때로 와서 부딪치면 그것을 다 깨닫는다.』

그는 이렇게 섭피풍을 관찰하고는 사람의 몸을 여실히 안다.

단 그 수행하는 사람은 안 몸을 차례로 관찰한다.

『어떤 바람이 이 몸 안에 있는가.』

그는 들은 지혜나 혹은 하늘눈으로 본다. 그리하여 더러움을 떠나고 청정한 곳을 반연하여 의심을 떠나고 의심을 지나며 광야를 건너 여실히 안고 의심하지 않는다. 즉

『이 몸 안에는 이상의 바람 이외에는 다른 바람이 없다. 이런 바람이 보이고 이런 바람이 어울리며 이런 바람이 흘러 감관과 경계를 반연하고 업의 번뇌와 화합하여 머무르면서 몸을 잘 유지하거나 혹은 방해한다.』

그 수행하는 사람은 온 몸 안의 모든 바람을 두루 관찰하고 자세히 보고는 욕심을 버리므로 애욕에 파괴 되지 않고 악마의 경계에 들어가지 않다가 열반에 가까워진다. 그리하여 지혜의 햇빛으로 본래부터 흘러 다니는 탐욕·분노·우치 등의 어두움을 깨뜨리고 의심의 광야를 떠나 빛깔·소리·냄새·맛·닿임 등에 물들지 않고 모든 경계를 여실히 본다.

그리고 三界는 다 무상하고 괴로우며 공이요, 〈나〉가 없음을 여실히 본다.

이렇게 나라제 바라문장자의 촌락에서 수행하는 비구는 여실히 몸을 알고 즐겨 신념처를 수행하여 생멸의 법을 다른 관찰은 생각하지 않는다. 그리하여 온 몸을 관찰하여 일체의 결박과 해탈을 안다.

또 그 수행하는 비구는 다시 다른 법으로 이 몸의 무너짐과 다 멸하는 것을 관찰한다. 즉

『이 몸은 어떻게 무너질 것인가. 목숨을 마칠 때에는 어떤 바람과 벌레가 이 몸을 무너뜨리며 어떻게 일체의 경계를 어지럽히며 얼마만에 목숨을 마치며 어떻게 오르내리는 역순(逆順)의 바람이 부는가.』

그 비구는 안 몸을 차례로 관찰한다. 그는 들은 지혜나 혹은 하늘 눈으로 본다. 즉

『사람이 목숨을 마칠 때에는 그 벌레들이 먼저 화를 당하고 벌레가 죽은 뒤에 사람은 곧 목숨을 마친다. 일체의 유위법(有爲法)은 반드시 파괴 되는 것이다. 이 죽음의 법은 반드시 이런 견고한 큰 죄악을 가진 것이다.』

그 비구는 머리 속을 관찰한다. 즉

『거기는 열 가지 벌레가 있어서 바람 때문에 죽는다. 즉

첫째는 정내충(頂內虫)으로서 족갑풍(足甲風)에 죽고,

둘째는 뇌내충(腦內虫)으로서 양족방풍(兩足防風)에 죽으며,

셋째는 촉루골충(觸髏骨虫)으로서 불각풍(不覺風)에 죽고,

넷째는 식발충(食髮虫)으로서 파골풍(破骨風)에 죽으며,

다섯째는 이내행충(耳內行虫)으로서 행도지풍(行蹈地風)에 죽고,

여섯째는 유체충(流涕虫)으로서 근풍(跟風)에 죽으며,

일곱째는 지내행(脂內行虫)으로서 파경풍(破脛風)에 죽고,

여덟째는 교아절충(交牙節虫)이며,

아홉째는 식연충(食涎虫)으로서 파족완절풍(破足腕節風)에 죽고,

열째는 식치근충(食齒根虫)으로서 파비골풍(破髀骨風)에 죽는다.

또 열 가지 벌레가 있으니 그것들은 목구멍을 돌아다니다가 가슴 속으로 내려와서는 바람 때문에 죽는다.

그 열가지란

첫째는 식연충(食涎虫)으로서 파력풍(破力風)에 죽고,

둘째는 수충(睡虫)이며,

셋째는 소타충(消唾虫)이요,

넷째는 토충(吐虫)이며,

다섯째는 행십미맥충(行十味脈虫)으로서 행전풍(行轉風)에 죽고,

여섯째는 첨취충(甛醉虫)으로서 해절풍(害節風)에 죽으며,

일곱째는 기육미충(嗜六味虫)으로서 파모조갑시풍(破毛爪甲屎風)에 죽고,

여덟째는 서기충(抒氣虫)으로서 정조풍(正跳風) 죽으며,

아홉째는 증미충(憎味虫)으로서 파괴풍(破壞風)에 죽고,

열째는 기수충(嗜睡虫)으로서 포중풍(胞中風)에 죽는다.

또 열 가지 벌레가 있다. 그것은 피 속에 잇다가 바람에 죽는다.

첫째는 식모충(食毛虫)으로서 간분풍(乾糞風)에 죽고,

둘째는 공행충(孔行虫)으로서 방풍(傍風)에 죽으며,

셋째는 선도충(禪都虫)으로서 육구풍(六竅風)에 죽고,

네째는 적충(赤虫)으로서 단신분풍(斷身分風)에 죽으며,

다섯째는 회모충(蛔母虫)으로서 악화풍(惡火風)에 죽고,

여섯째는 모등풍(毛燈風)으로서 일체신분풍(一切身分風)에 죽으며,

일곱째는 진혈충(瞋血虫)이요,

여덟째는 식혈충(食血虫)으로서 파건풍(破健風)에 죽으며,

아홉째는 습습충(虫)으로서 일체신동풍(一切身動風)에 죽고,

열째는 초충(酢虫)으로서 열풍(熱風)에 죽는다.

이 벌레들은 피 속에서 생긴 것으로서 그 형상은 짧고 둥글며 발이 없고 미세하여 눈이 없으며 사람의 몸을 가렵게 하고 고달프게 움직이며 그 맛은 짜다. 이런 벌레들이 바람에 죽고 나면 그 사람은 피가 말라 죽는다.

그러므로 「죽은 사람에 피가 없다」고 사람들은 말한다. 그 피가 마르려 하기 때문에 그는 큰 고통을 받는다. 목숨을 마치려 할 때에는 그는 크게 두려워하여 큰 고뇌를 받는다. 즉 「이 몸을 버리면 다른 곳에 가므로 친족과 벗·형제·처자·재물 등을 버릴까」 걱정한다.

그는 어리게 사랑하고 무지하기 때문에 애욕의 번뇌에 결박 되어 구호하는 이가 없고 좋은 법의 짝이 없이 오직 혼자 몸으로서 온 몸의 각 부분에 피가 마르므로 몸과 마음의 두 가지 고통을 받는다.」

또 그 수행하는 사람은 안 몸을 차례로 관찰한다.
『어떤 벌레가 바람에 죽으면서 어떤 고통을 받는다.』

그는 들은 지혜나 혹은 하늘눈으로 본다. 즉
『열 가지 벌레가 살 속에 있다. 그 열 가지란
첫째는 생창충(生瘡虫)으로서 행풍(行風)에 죽고,
둘째는 자충(刺虫)으로서 상하풍(上下風)에 죽으며,
셋째는 폐근충(閉筋虫)으로서 명풍(命風)에 죽는다. 무엇 때문에
명풍이라 하는가. 만일 그것이 사람의 몸에서 나가면 사람은 곧 목
숨을 마치기 때문이다.
넷째는 동맥충(動脈虫)으로서 개풍(開風)에 죽으며,
다섯째는 식피충(食皮虫)으로서 난심풍(亂心風)에 죽고,
여섯째는 동지충(動脂虫)으로서 뇌란풍(惱亂風)에 죽으며,
일곱째는 화집충(和集虫)으로서 시현풍(視眴風)에 죽고,
여덟째는 취충(臭虫)이며,
아홉째는 오충(汚虫)이요,
열째는 열충(熱虫)으로서 바람을 막기 때문에 목숨을 마칠 때에는
오폐풍(五閉風)에 죽는다.』

또 그 수행하는 사람은 안 몸을 차례로 관찰한다.
『어떻게 죽을 때에는 흰 땀이 흘러나오고 이런 벌레들은 음(陰)속
을 다니다가 어떤 바람에 죽는가.
　이 수행하는 사람은 음황(陰黃) 속을 다니는 열 가지 벌레를 관찰
한다.
　그 열 가지란
첫째는 습습충으로서 괴태장풍(壞胎藏風)에 죽는데 남자나 여자나
목숨을 마치려 할 때에는 이 밟이 맥을 끊는다.

둘째는 철철충(惙惙虫)으로서 전태장풍(轉胎藏風)에 죽는데 그것은 남자나 여자들을 기력을 잃게 하고 혹은 입안에서 마치 금빛 같은 한 웅큼의 누른 덩이를 내게 한다.

셋째는 묘화충으로서 거래행주풍에 죽고,

넷째는 대첨충이며,

다섯째는 행공혈흑충이요,

여섯째는 대식충이며,

일곱째는 난행충으로서 괴안이비설신풍에 죽는다. 이렇게 차례로

여덟째는 대열충으로서 도풍에 죽으며,

아홉째는 식미충으로서 침자풍에 죽고,

열째는 대화충으로서 악황풍에 죽는다.』

또 그 수행하는 사람은 안 몸을 차례로 관찰한다.

『골충은 목숨을 마칠 때 어떤 바람에 죽는가.』

그는 들은 지혜나 혹은 하늘눈으로 본다.

『이 온 몸의 뼛속에는 열 가지 벌레가 있다. 그 열 가지란

첫째는 지골 충으로서 황과풍에 죽고,

둘째는 교골충으로서 냉풍에 죽으며,

셋째는 단절충으로서 상수풍에 죽고,

넷째는 적구취충으로서 상피풍에 죽으며,

다섯째는 소충으로서 상혈푸에 죽고,

여섯째는 적구충으로서 상륙풍에 죽으며,

일곱째는 두두마충이요,

여덟째는 식피충으로서 상골푸에 죽으며,

아홉째는 풍도충으로서 해정풍에 죽고,

열째는 도구충으로서 피추풍에 죽는다.』

또 그 수행하는 사람은 안 몸을 차례로 관찰한다.

『사람이 목숨을 마칠 때 이 대변 속에 사는 벌레들은 어떤 바람에 죽는가.』

그는 들은 지혜나 혹은 하늘눈으로 본다.

『열 가지 벌레가 있다. 그 열 가지 벌레란

첫째는 생충으로서 생력풍에 죽고,

둘째는 침구충으로서 한풍에 죽으며,

셋째는 백절충으로서 임풍에 죽고,

넷째는 무족충으로서 상한풍에 죽으며,

다섯째는 산분충으로서 파치풍에 죽고,

여섯째는 삼초충으로서 후맥풍에 죽으며,

일곱째는 파장풍으로서 하행풍에 죽고,

여덟째는 폐식소충으로서 상행풍에 죽으며,

아홉째는 황충으로서 이방풍에 죽고,

열째는 소중식충으로서 전근풍에 죽는다.

이런 바람과 벌레들은 사람의 대변을 마르게 하고 모든 경계를 어지럽히며 서로 충격한다. 바람은 모두 위로 올라가 몸의 경계를 괴롭히고 파괴하여 기운을 끊고 그 몸을 휘저어 그것을 마르게 하고 힘을 떨쳐 사람을 죽이는데 그 사람이 죽을 때 받는 고통은 어디에도 비유할 수 없다. 세상 사람들이 다 죽는 것은 결정한 것으로 의심의 여지가 없는 것이다.』

또 그 수행하는 사람은 안 몸을 차례로 관찰한다.

『이 골수 속에 있는 벌레들은 사람이 목숨을 마치려할 때에는 어떤 바람에 죽는가.』

그는 들은 지혜나 혹은 하늘눈으로 본다.

『이 골수 속에는 열 가지 벌레가 있다. 그 열 가지란

첫째는 모충으로서 해수풍에 죽고,

둘째는 흑구충으로서 사소풍에 죽으며,

셋째는 무력충으로서 수견난풍에 죽고,

넷째는 통뇌충으로서 불인풍에 죽으며,

다섯째는 심민충으로서 설명자풍에 죽고,

여섯째는 화색충으로서 긴풍에 죽으며,

일곱째는 활충으로서 폐풍에 죽고,

여덟째는 하류충으로서 취상행풍에 죽으며,

아홉째는 기신근충으로서 예문행풍에 죽고,

열째는 억념환희충으로서 망념풍에 죽는다.』

또 그 수행하는 사람은 안 몸을 차례로 관찰하고는 또 그 무상하고 더러우며 〈나〉가 없음을 본다. 이미 앞의 한 벌레 상폐풍에 죽었는데 이와 같이 벌레들은 사람이 목숨을 마칠 때에는 바람에 죽는다.

그 비구는 안 몸을 차례로 관찰한다. 즉

『번뇌 없는 지혜로 원래부터 흘러다니는 어두움을 끊어 버리면 그것은 마침내 없어지는 것이다. 세간의 같은 업으로 이 법을 얻는 것으로서 그것은 일곱 가지 생각을 오랫동안 닦아 현재에 보기 때문이다. 그 일곱 가지란 첫째는 부처님을 생각하는 것이요, 둘째는 법을 생각하는 것이며, 셋째는 스님네를 생각하는 것이요, 넷째는 계율을 생각하는 것이며, 다섯째는 하늘을 생각하는 것이요, 여섯째는 죽음을 생각하는 것이며, 일곱째는 무상을 생각하는 것이다.』

또 그 수행하는 사람은 안 몸을 차례로 관찰한다.

『몇 가지의 죽음이 일체의 없을 파괴 하는가.』

그는 들은 지혜나 혹은 하늘눈으로 본다. 즉

『죽음에는 네 종류가 있으니 이른바 지대(地大)가 고르지 못하고 풍대(風大)가 고르지 못하며 화대(火大)가 고르지 못하고 풍대(風大)가 고르지 못한 것이다. 어떻게 지대가 고르지 못하여 사람의 목숨을 끊는가. 만일 지대가 견고하지 못하면 몸 안의 바람 기운은 지대가 견고하기 때문에 온 몸이 다 닫기어 서로 파괴하고 서로 핍박한다.

마치 금강 같이 견고한 두 산이 있는데 그 두 산 사이에 생소(生酥)를 두고 큰 사나운 바람이 그 두 산을 불면 두 산은 서로 부딪치면서 생소를 치고 누르는 것처럼 지대와 풍대는 그 두 산과 같아서 일체의 신명 즉 가죽살·뼈·지방·골수 등이 몸의 상자에 담긴 것은 마치 생소와 같은데, 지대와 풍대는 그것을 치고 눌러 해치며 온 몸의 경계를 파괴하므로 사람은 매우 고뇌하면서 부처님도 법도 스님네도 생각할 수 없다.

그리하여 현재의 몸이 장차 끝나려 하므로 중음(中陰)에 얽매어 끊이지 않고 계속한다. 우치한 범부들은 마음이 서로 같으므로 계속하여 인연해 나는 것은 마치 도장을 찍는 것과 같아서 죽음도 그와 같으며 현재의 몸은 다하려 하여도 서로 같은 마음 때문에 나는 것도 서로 같다. 마음의 원숭이와 같은 인연의 힘으로 온갖 생사를 받는 것이다.』

또 그 수행하는 사람은 안 몸을 차례로 관찰하고 사람이 목숨을 마칠 때를 관찰한다. 즉
『어떻게 수대가 고르지 않아 나와 일체 어리석은 범부들로 하여금

그 신명을 잃게 하는가.』

그는 들은 지혜나 혹은 하늘눈으로 본다. 즉
『수대가 고르지 못하면 나와 일체 중생들이 목숨을 마치려 할 때에
는 온 몸의 힘줄과 혈맥·가죽·살·뼈·피·지방·골수·정기 등
은 모두 문드러져 고름피가 흘러나오고 서로 핍박하여 모두가 움직
이며 두 산이 압착한다는 것은 앞에서 말한 바와 같다.

마치 생소(生酥)를 바다 가운데 두었을 때 사나운 바람에 불려 큰
물결이 서로 때려 그것은 머무를 수도 없고 또 견고하지도 않은 것
처럼, 수대가 그 몸을 파괴하는 것도 그와 같아서 그는 부처님도 법
도 스님네도 생각할 수 없고 다른 생각만 끊이지 않고 계속한다.

그러므로 우치한 범부들은 반연하는 마음이 서로 같아 나는 몸을
받는 것은 마치 도장을 찍는 것과 같아서 목숨을 마칠 때에 현재의
몸은 다하려 하더라도 같은 생을 받는 것은 그와 같다. 마음의 원숭
이로 말미암아 생사를 받고 생사에 끌려 들어간다.』

또 그 수행하는 사람은 안 몸을 차례로 관찰한다.『어떻게 화대가
고르지 못해 사람의 목숨을 끊는가.』
그는 들은 지혜나 혹은 하늘눈으로 본다. 즉

『사람이 목숨을 마치려 할 때에 화대가 고르지 못하면 사람의 온
몸의 혈맥가 모든 힘줄과 모든 돕는 힘줄·가죽·살·뼈·피·지
방·골수·정기 등 일체는 다 타면서 불꽃이 왕성하다. 마치 거타
라숲을 태워 그 불덩이는 산과 같은데 거기에 새소(生酥)를 던지면
불은 그것을 태워 불꽃이 이는 것처럼, 이 몸도 생소의 한 덩이를 불

에 던지는 것과 같아서 죽음의 고통도 또한 그와 같다.

  그리하여 그는 부처님도 법도 스님네도 생각할 수 없고 현재의 몸이 끝나려 하건만 다른 생각만 계속한다. 우치한 범부는 마음이 반연하는 생각으로 다 같은 생을 받는다. 그것은 마치 도장을 찍는 것처럼 사람이 목숨을 마칠 때 현재의 몸이 다하려 하더라도 그 마음으로 생을 받는 것도 또한 그와 같다. 마음의 원숭이의 인연의 힘으로 생사를 받는 것이다.』

  또 그 수행하는 사람은 안 몸을 차례로 관찰한다.
『사람이 죽을 때에 어떻게 풍대는 고르지 못하여 사람의 목숨을 끊는가.』
  그는 들은 지혜나 혹은 하늘눈으로 본다. 즉

『사람이 목숨을 마칠 때에 풍대가 고르지 못하면 온 몸의 일체의 힘줄과 혈맥과 일체의 몸의 경계인 이른바 가죽·실·뼈·피·지방·골수·정기 등은 다 무너져 흩어지며 마르고 기름기가 없으며 서로 찢어 발에서 정수리까지 모래처럼 흩어진다. 마치 생소 따위가 사나운 바람에 불려 흩어지고 기름기를 잃어 모래와 가이 허공에 흩어지는 것처럼 사람이 목숨을 마칠 때 풍대가 고르지 못하여 죽음의 고통에 핍박을 받는 것도 그와 같아서 부처님도 법도 스님네도 생각할 수 없다.

  우치한 범부들은 모두 반연하는 마음이 계속해 생겨 마치 도장을 찍는 것과 같은 것처럼 사람이 목숨을 마칠 때 모두 마음이 생기는 것도 또한 그와 같다. 그리하여 마음의 원숭이의 인연의 힘 때문에 생·노·평·사 등의 몸을 받는 것이니, 이것이 이른바 四대가 고르지 못해 네 가지 죽음이 있다는 것이다.』

그 수행하는 사람은 이것을 다 보고는 모두는 무상하고 괴로우며 공이요 〈나〉가 없음을 관찰한다. 이렇게 봄으로써 그는 악마의 경계를 가까이하지 않고 열반의 길에 가까워진다.

그리하여 더러운 애욕인 빛깔·소리·냄새·맛·닿임 등을 즐거워하지 않고 집착하지 않는다. 사랑하는 마음을 일으키지 않으므로 번뇌를 떠나고 광야를 떠나 빛깔·소리·냄새·맛·당·임 등에 집착하지 않고 몸의 교만을 일으키지 않으며 젊음을 믿지 않고 목숨의 교만을 믿지 않으며 많은 말을 좋아하지 않는다.

그리하여 도시에 들어가지 않고 치우쳐 집착하는 것이 없으며 언제나 죽음의 두려움을 생각하고 조그만 죄도 두려워한다. 그 몸을 여실히 알고 생멸의 법을 알아 온갖 더러운 욕심에 대해 마음으로 싫어하고 즐겨 바른 법을 행하며 마음이 게으르지 않다. 이렇게 나라제 바라문 장자의 촌락에서 수행하는 비구는 관찰하고 수행한다.

또 그 수행하는 사람은 안 몸을 차례로 관찰하고 또 어떻게 안팎의 몸을 관찰하는가. 이른바 바깥 법을 관찰하고는 안 몸을 차례로 관찰하는 것이다. 그리고 종자를 관찰한다. 즉
『종자에게 싹이 생기고 싹에서 줄기가 생기며 줄기에서 잎이 생기고 잎에서 꽃이 생기며 꽃에서 열매가 생기는 것과 같은 것이니 이것을 바깥 관찰이라 한다.』

또 그 수행하는 사람은 안 몸을 차례로 관찰한다. 즉
『전식(前識)의 종자는 업의 번뇌와 함께 부정(不淨)속에 들어가는

데 그것을 안부타라 하고 안부타에서 가라라가 생기고 가라라로 부터는 가나가 행기며 가나 때로 부터는 살덩이가 생기고 살덩이에서 오포(五胞)가 생기는데 그것은 두 손·두 발 및 또 머리다. 그 五胞에서 다섯 감관이 생긴다. 이렇게 차례로 늙어 죽는다.』

또 그 수행하는 사람은 안 몸을 차례로 관찰한다.
『어찌하여 저 초목은 처음에는 푸르게 보이던 것이 뒤에는 차츰 누르게 변하다가 마지막에는 떨어지는가. 이 몸도 그와 같아서 처음에는 어린애로 보이다 넋이 다음에는 중년(中年)이 되고 차츰 늙어져 곧 죽음으로 돌아간다.』

또 그 수행하는 사람은 안 몸을 차례로 관찰한다.
『저 바깥 종자는 어떻게 생기는가. 즉 땅에서 일체의 약초아 우거진 숲이 나서 자라게 되는가.』

그는 들은 지혜와 하늘눈으로 본다. 즉
『이 온갖 법은 각각 인연이 되어 각기 힘이 생긴다. 안이나 혹은 바깥 것으로서 일체의 유위법(有爲法)은 세 가지 법, 즉 수연무위(數緣無爲)·비수연무위(非數緣無爲)·허공무위(虛空無爲) 등 세 가지를 제하고는 어떻게 각각 힘으로 변화하는가.

이른바 무명을 인연해 행이 있고 행을 인연해 의식이 있으며 의식을 인연해 명색(名色)이 있고 명색을 인연해 육입(六入)이 있으며 인연해 촉(觸)이 있고 촉을 인연해 수(受)가 있으며 수를 인연해 애(愛)가 있고 애를 인연해 취(取)가 있으며 취를 인연해 유(有)가 있고 유를 인연해 생(生)이 있으며 생을 인연해 늙어 죽음과 근심·슬픔·고뇌 등이 있다. 이리하여 일체의 큰 고통 무더기가 모인다.

무명이 멸하면 행이 멸하고 행이 멸하면 의식이 멸하며 의식이 멸하면 명색이 멸하고 명색이 멸하면 육입이 멸하며 육입이 멸하면 촉이 멸하고 촉이 멸하면 수가 멸하며 수가 멸하면 애가 멸하고 애가 멸하면 취가 멸하며 취가 멸하면 유가 멸하고 유가 멸하면 생이 멸하며 생이 멸하면 늙어 죽음과 근심 · 슬픔 · 고뇌 등 큰 고통의 무더기가 멸한다. 이리하여 큰 고통의 무더기가 멸한다.

이렇게 안팎의 모든 법은 서로 인연이 되어 생장하게 되는 것이다. 이렇게 수행하는 사람은 안 몸을 차례로 관찰하되 안을 바깥처럼 관찰하고 바깥을 안처럼 관찰하여 여실히 관찰한다.

이렇게 그 수행하는 사람은 안팎의 법을 관찰한다. 먼저 염부제를 관찰하고 바른 법을 더욱 널리기 위해 안 법의 관찰을 닦고 분별하여 관찰하고 낱낱을 관찰하며 인간 · 천상을 합해 관찰하고 따로 감각 없음을 관찰한다.

안은 바깥의 모든 四대에 의하고 바깥은 안의 마음과 마음에 따르는 법에 의하여 안 법과 바깥 법은 더욱 자라난다. 만일 어떤 안 법을 바로 깨달아 그 안 법이 더욱 늘어날 때는 바깥 법을 분명히 볼 수 있다. 어떻게 안 법은 바깥 법에 의이하여 더욱 늘어나는가. 평사 · 침구 · 약품 등 필요한 물건을 다 구족하면 비구는 선법을 더욱 늘리고 만일 침구 · 약품 등이 없으면 어떤 선법도 더욱 늘릴 수 없으므로 마음에 바라는 것이 없다. 이렇게 안팎이 서로 원인이 되어 더욱 늘게 되는 것으로서 그것은 그렇게 만든 이가 없는 것이요, 항상하여 변하지 않는 것이 아니며 원인이 없이 생긴 것도 아니다.』

또 그 수행하는 사람은 바깥 몸을 관찰한다. 즉

『어떻게 三계 중생들은 바깥 법의 인연으로 더욱 늘어날 수 있는가. 어떤 한 없이 더욱 늘어나면 모든 유위법에 포섭 되는 중생에게는 네 가지 음식이 있다.

그 넷이란
첫째는 단식(摶食)이요,
둘째는 사식(思食)이며,
셋째는 촉식(觸食)이요,
넷째는 식식(識食)이니 이것은 욕심세계의 음식이다.

四대의 종자는 바깥 음식으로 인하여 안의 선인 선정의 즐거움을 더욱 늘인다. 이것을 첫째관찰이라 한다. 바깥 법은 안 법을 더욱 자라게 하는데 어떤 바깥 법이 안 법을 자라게 하는가』

그는 들은 지혜나 혹은 하늘눈으로 본다. 즉
『겁(劫)이 처음 시작 되었을 때 중생들의 음식은 어떤 인연으로 여덟 가지를 두루 갖추었던가. 그 여덟 가지란 이른바 맛난 맛 · 빛깔 소리 · 사랑스러운 소리 · 부드러움 · 굳셈 · 단단함 등의 모양을 가진 것이요, 바깥 법이란 이른바 평상 · 침구 · 약품 등으로서 이것들은 몸을 자라게 하고 즐겨 선법을 닦게 한다.』

그 수행하는 사람은 바깥 몸을 이렇게 차례로 관찰한다. 즉
『만일 모기 · 등에 · 개미 등이 와서 닿아 몸을 괴롭히지 않으면 안 법은 더욱 자라나고 또 만일 바람 · 비 · 추위 · 더위 등이 방해하지 않으면 안 법을 구할 수 있다. 만일 사랑스럽지 않고 즐겁지 않은 추악한 소리를 듣되 그것을 들어도 방해 되지 않으면 안 법을 더욱 자라게 한다.

또 만일 즐겁지 않은 냄새를 맡아도 방해 되지 않으면 안 법을 더욱 자라게 한다 할 수 있으며 또 즐거운 향내를 맡아도 장애됨이 없으면 안 법을 이룹게 한다고 말할 수 있고 다섯 감관의 안의 원인과 밖에서 들어오는 것이 있어서 다섯 가지 내입(內入)이 있다. 이것을 바깥 몸의 관찰이라 한다.』

그 성현의 제자는 이렇게 그 몸을 여실히 안다.
또 그 수행하는 바깥 몸을 관찰한다.
『어떻게 여섯 의식은 법을 취하는가.』

그는 들은 지혜나 혹은 하늘눈으로 본다. 즉
『바깥 법의 장애가 없으면 법을 알 수가 있다. 그 여섯 의식이란 이른바 눈의 의식 · 귀의 의식 · 코의 의식 · 혀의 의식 · 몸의 의식 · 뜻의 의식 등이니 이것들이 안 법으로서 바깥 법을 분명히 안다. 이 안팎의 법은 서로 인연한다. 마치 저 새들이 허공에 놀 때에 그 가는 곳을 따라 그림자가 항상 그 몸을 따르는 것처럼 안팎의 十二입(入)도 그와 같다.

만일 온 몸 즉 모든 안의 법이 증장하면 마음도 또한 증장한다. 마음은 모든 법의 인연으로서 각각 서로 원인이 되어 갖가지 법이 있게 된다.』
이렇게 그 수행하는 사람은 한 법도 항상 되어 변하지 않거나 파괴되지 않는 것을 보지 못한다.

또 그 수행하는 사람은 바깥 몸을 차례로 관찰하되 염부제 사람의 수명을 관찰한다.
『그것은 어떻게 줄어들고 어떻게 늘어나는가.』

그는 들은 지혜나 혹은 하늘눈으로 본다. 즉

『겁초(劫初)에 광음천(光音天)들이 염부제에 내려와 지피(地皮)를 먹었을 때 그것은 三十二천의 수타 맛과 같았다. 겁초의 사람들은 마음이 착하기 때문에 그 지피도 빛깔·냄새·촉감 등이 모두 좋아 어떤 결점도 없으므로 그 사람들은 그것을 먹고는 그 수명이 八만 四천 세다.

그러나 오직 세 가지 병이 있었으니

첫째는 주림이요,

둘째는 목마름이요,

셋째는 희망이다.

그러다가 둘째 때에 이르러서는 그 사람들의 마음이 착하지 못하므로 지피를 취할 때 그 지피는 흐리고 더러워지니 이른바 주림과 목마름과 희망으로써 목숨을 바치려 할 때에는 열병으로 죽는다.』

그는 이렇게 염부제 사람을 관찰할 때 그들은 바깥 음식에 의하여 수명을 얻어 병도 없고 괴로움도 없다.

또 그 수행하는 사람은 바깥 몸을 차례로 관찰한다.

『염부체 사람들은 어떻게 셋째 때에는 모두 음식에 의해 목숨을 얻는가.』

그는 들은 지혜나 혹은 하늘눈으로 본다. 즉

『셋째 때에는 지피가 모두 없어지고 음식의 허물로 인해 바람·추위·더위 등이 다 고르지 못해 한량없는 병이 일어난다. 일체 유위(有爲)의 활동은 바깥 음식의 인연이 안으로 들어감으로써 왕성해지고 안의 인연으로 말미암아 바깥 법이 증장한다.』

그는 이렇게 바깥 몸은 안을 인연하고 안 몸은 밖을 인연하는 것을 관찰한다. 또 그 수행하는 사람은 차례로 바깥 몸을 관찰한다.
『넷째의 투쟁 시대에는 염부제 사람들은 어떤 음식을 먹는가.』

그는 들은 지혜나 혹은 하늘눈으로 본다. 즉
『투쟁 시대의 염부제 사람들은 가라지를 먹거나 혹은 작두(鵲豆)를 먹으며 혹은 어육(魚肉)이나 채소 뿌리를 먹는다. 좋은 음식은 모두 없어지고 병은 많으며 때가 아닌데 늙는다. 투쟁 시대의 사람들은 아무 기력이 없다.』

또 그 수행하는 사람은 바깥 몸을 차례로 관찰하되 염부제 사람의 셋째 때의 수명과 몸을 관찰한다. 그는 들은 지혜나 혹은 하늘눈으로 본다. 즉
『셋째 때의 염부제 사람은 그 수명은 만 세요, 키는 오(五)백 자다.』

또 그 수행하는 사람은 차례로 바깥 몸을 관찰하되 염부제 사람의 수행과 몸을 관찰한다. 그는 들은 지혜나 혹은 하늘눈으로 본다. 즉
『투쟁시대의 염부제 사람들은 그 수명은 백세요, 키는 다섯 자다.』
또 그 수행하는 사람은 차례로 바깥 몸을 관찰하되 말겁(末劫)시대를 관찰한다.

그 때는 十선이 없는 시대로서 모든 사람들은 다만 제몸만 보호하고 복덕이 없는 시대다. 그 수명은 어떠하며 얼마나 오래 사는가. 그는 들은 지혜나 혹은 하늘눈으로 본다. 즉
『그 나쁜 겁의 법이 없는 시대에는 일체의 맛난 것은 다 없어진다. 즉 소금·생소·안석류(安石榴)·꿀·사탕·감자·벼 등 이런 세간

의 아주 맛난 것들은 다 없다.

그리하여 적도(赤稻)·조장래도(鳥將來稻)·비충도(飛虫稻)·가타파도·적망황미도(赤芒黃米稻)·이락도(易洛稻)·반도(斑稻)· 백진주도(白眞珠稻)·속도(速稻)·철망도(鐵網稻)·수수도(垂垂稻)·적색도(赤色稻)·주타가도·수도(樹稻)·수륙도(水陸稻)·육지도(陸地稻)·정의도(正意稻)·해생도(海生稻)·쌍수도(雙穗稻)·등차도(等嗟稻)·초열도(焦熱稻)·앵무불식도(鸚鵡不食稻)·일견도(日堅稻)·명도(命稻)·일체처생도(一切處生稻)·사자도(師子稻)·무구도(無垢稻)·대경도(大輕稻)·일체생도(一切生稻)·대력도(大力稻)·생향도(生香稻)·할사도(割蛇稻)·계빈도(罽賓稻)·산중도(山中稻)·근설산생도(近雪山生稻)·이박도(離縛稻)·가릉도(迦陵稻)·대가릉도·여설도(如雪稻)·대패도(大貝稻)·선덕도(善德稻)·유도(流稻)·불학도(不學稻)·불곡신타도(不曲新陀稻)·부흑도(負黑稻)·파사주도(波斯主稻)·다득도(多得稻)·앙가리도·양도(量稻)·장도(長稻)·잡도(雜稻)·비인도(非人稻)·혜도(惠稻)·일종도(日種稻)·마가타도·수말도(水沫稻)·시생도(時生稻)·무강도(無糠稻)·제일도(第一稻)·난도(暖稻)·한도(漢稻)·황색도(黃色稻)·바살라도·박상도(縛相稻)·설애도(舌愛稻)·삽도(澁稻)·견도(堅稻)·수타도·맥색도(麥色稻)·소도(少稻)·육종장도(六種藏稻)·무피도(無皮稻)·게도(憩稻)·흑색도(黑色稻)·청색도(靑色稻) 등 이런 벼 가운데에는 두 가지 종자가 있으니

첫째는 자연생(自然生)이요, 둘째는 종자를 심는 것으로서 그 이외의 향기로운 꽃들도 그 나쁜 시대에는 모두 없어진다.
그것들이 모두 없어졌으므로 염부제 사람들은 가죽·살·지방·뼈 등이 모두 감소하고 온 몸의 뼈는 모두 짧고 적다. 음식 맛이 기

름기가 없기 때문에 안팎이 모두 서로 인연하여 다 감소되는 것이다.』

그 수행하는 사람은 이렇게 바깥 몸을 관찰한다. 즉
『일체는 무상하고 즐거움이 없으며 깨끗하지 않고 나가 없다. 그것은 지은 이가 없고 원인 없이 생긴 것이 아니며 다른 원인으로 생긴 것도 아니다. 그것은 한 사람이 지은 것도 아니요, 두 사람이 지은 것도 아니며 세 사람·네 사람·다섯 사람·여섯 사람의 지은 것이다.』그것은 삿된 생각을 가진 외도들의 지은 것이다.』

이렇게 그는 바깥 경계를 관찰하고 차례로 그 몸을 관찰한다. 이렇게 그 수행하는 사람이 처음과 뒷 시대를 관찰하는 것은 위에서 자세히 말한 것처럼 차례로 바깥몸을 여실히 관찰한다.

또 그 수행하는 사람은 차례로 바깥 몸을 관찰하되 어떻게 네 천하의 산·강·도시·나라와 바다고기의 유순의 몸을 관찰하는가. 즉

『수미산왕의 사면에는 큰 나라가 있으니 이른바 염부제·울단월·불바제·구타니 등의 나라와 여덟 가지의 큰 지옥과 아귀·축생과 여섯의 욕심세계의 하늘이 있다.』

그는 이렇게 차례로 그 바깥 몸을 관찰한다.
또 그 수행하는 사람들은 먼저 염부제의 동방에 있는 큰 바다·산·강·나라 등을 관찰한다. 그는 들은 지혜나 혹은 하늘눈으로 본다. 즉

『거기에 무감(無減)이라는 큰 산이 있는데 높이는 10유순이요, 넓

이는 30 유순이다. 이 산에는 강가라는 강이 있고 또 가시라는 나라
가 있다.

  또 두 강이 있으니

  첫째는 안수마강이요, 둘째는 비제혜강이다.

  교살라국에는 여섯 나라가 있으니 타앙가라는 나라와 비제혜라는
나라는 넓이가 백 유순이요 안수국은 넓이는 三백 유순이다. 가시국
에는 一만 四천 촌락이 있고 성의 넓이는 二 유순이다. 금포라국에
는 백성들과 많은 수림을 구족하여 나라 지나무와 다마라나무로 장
엄하였으며 그 성에는 거수라나무 · 바나나나무와 온갖 많은 과실이
있다.』

  그 수행하는 사람은 다시 다른 인종들을 관찰한다. 즉
『이른바 취의인(取衣人)과 사바라 인종들은 입술을 뚫고 구슬로
장엄하였는데 얼굴은 낙타와 같다. 그 나라의 새로운 넓이는 一백
三十 유순이다.』

  그는 그런 나라들을 모고 차례로 바깥 몸을 관찰한다. 그리고 다시
염부제의 산과 강과 촌락들을 관찰한다. 그는 들은 지혜나 혹은 하
늘눈으로 본다. 즉

『로혜강은 가라산에서 흘러나오는데 넓이는 二 유순이요 길이는
백유순으로서 동해로 흘러 들어가며 많은 사람과 도시로 장엄하였
다.』

  또 그 수행하는 사람은 차례로 바깥 몸을 관찰한다.
『염부제 안에는 어떤 산과 강이 있는가.』

  그는 들은 지혜나 혹은 하늘눈으로 본다. 즉
『거기는 미작가라는 큰 산이 있는데 높이는 二 유순이요 길이는 백

유순이다. 또 고산(高山)이라는 산이 있는데 높이는 五 유순이요 길이는 백유순이다. 그 산 위에는 못이 있고 그 못에는 큰 돌이 있는데 넓이는 반 유순이다. 그 못에는 강이 있는데 길이는 二백 유순으로서 큰 바다로 흘러 들어간다.』

또 그 수행하는 사람은 차례로 바깥 몸을 관찰한다.
『염부제 안에는 또 어떤 다른 강이 있는가.』
그는 들은 지혜나 혹은 하늘눈으로 본다. 즉
『염부제 안에는 가비리라는 큰 강이 있는데 많은 큰 꽃들로 장엄하였으니 이른바 가다지꽃 · 반차꽃 · 아수나꽃 · 가타마꽃 · 남마리가꽃 · 아제목다가꽃 등으로 장엄하였다.
또 구마제라는 둘째 강이 있으니 거기는 소가 많기 때문에 우하(牛河)라 한다. 이 두 강은 넓이는 반 유순이요 길이는 三백 유순으로서 큰 바다로 흘러들어간다.』(구마제란 소를 뜻함)

또 그 수행하는 사람은 차례로 바깥 몸을 관찰한다.
『염부제 안에는 또 어떤 산과 강이 있는가.』
그는 들은 지혜나 혹은 하늘눈으로 본다. 즉
『염부제에는 생념(生念)이라는 산이 있고 그 산에는 바라바제라는 강이 있으며 그 강가에는 구시나라는 성이 있다. 그 강물은 급하지 않고 양양(洋洋)히 흐른다. 그 산의 둘레는 三十 유순이요, 그 산중에는 지라타라는 인종이 사는데 그들은 변방에 사는 악인으로서 자비스런 마음이 없다. 그 산에는 또 취의(取衣)라는 인종이 사는데 그들은 물로 잘 다니므로 큰 바다를 능히 잘 건넌다. 거기는 고기가 많은데 그들은 과거의 습관으로 오직 피와 살만을 먹고 살아간다.』

또 그 수행하는 사람은 차례로 바깥 몸을 관찰한다.

『이 염부제를 지나서는 어떤 산과 바다와 섬이 있는가.』

그는 들은 지혜나 혹은 하늘눈으로 본다. 즉

『바닷가에 큰 보배산이 있는데 높이는 천 유순이요, 온갖 보배로 되었으니 이른바 푸른 보배 왕·금강·자거·빨간 연꽃 보배로 장엄하였다.

옛날 법대로 행하는 어떤 상인들이 큰 바다에 들어갔다가 바람에 끌려 보배 산으로 갔다. 그 바다의 넓이는 만 유순으로서 그 바다 가운데에는 제미어·제미예라어·실수마라어·촉영어(捉影魚) 등이 많았으나 그들은 그 곤란을 겪지 않고 그 바다를 건너 금벽(金璧)이란 섬에 이르렀다. 그 섬은 순금으로 되었고 거기 사는 나찰 등은 형상이 두렵고 큰 힘이 있었다.

그 섬을 지나 또 한 바다가 있는데 넓이는 二천 유순이며 그 바다를 지나 도 이일(二一)이라는 산이 있고 그 산의 세 봉우리는 높이는 七 유순이요, 둘레는 三백 유순이며 七보로 장엄하였으니 이른바 청보·금강·푸른 비유리·자거 등 보배와 빨간 연꽃 보배로 장엄하였다.』

또 그 수행하는 사람은 차례로 바깥 몸을 관찰한다.

『이 산을 지나서는 또 어떤 산과 바다와 섬이 있는가.』

그는 들은 지혜나 혹은 하늘눈으로 본다. 즉

『흑수(黑水)라는 큰 바다가 있으니 넓이는 一만 유순이요, 아수라들이 그 가운데서 유희하고 용과 용녀들도 그 가운데서 유희한다. 그 바다는 보기에 매우 두렵다. 촉영(捉影)이라는 나찰귀는 아수라를 움켜잡고 그 기운을 빼어 물 속에 빠지게 한다. 그 바다 밑에는 산이 없고 물은 검은 구름 가르며 많은 용들이 그 속에 살고 있다.』

이 수행하는 사람은 이렇게 관찰하여 바깥 몸을 여실히 관찰한다.

그 수행하는 이는 다시 관찰한다.

『이 흑수해를 지나서는 또 어떤 산과 바다가 있는가.』

그는 들은 지혜나 혹은 하늘눈으로 본다. 즉

『적보수(赤寶水)라는 큰 바다가 있는데 빨간 보배 물이 그 안에 가득하다. 그 바다 언덕에는 염부나무라는 나무가 있는데 그것은 모두 나무 중에서 가장 높고 훌륭하며 그 높이는 九十 유순이다. 금강으로 부리가 된 가루라새가 그 나무 위에 있다. 그 염부나무에서 백 유순 떨어진 곳에 청수해(靑水海)라는 바다가 있고 그 바다가운데 만두가라는 나찰들이 있는데 그 몸의 길이는 十리다. 물 가운데 있는 산 속에는 그 나찰들이 살고 있다.』

※ 현담스님이 알려주는 건강비법 ※

밥 잘 먹고 잠 잘 자고 똥 잘 싸고 기분 좋으면 병이 없다는 것입니다. 그러기 때문에 잘 먹어야 하고 잘 자야 되고 잘 싸야하는데 바로 여기에 중요한 부분이 있습니다. 절에서는 화장실을 해후소라고 합니다. 근심을 푼다는 뜻입니다. 이 곳은 혼자 앉아있는 공간이고 볼 일보고 스님들은 천년전부터 이 곳을 들어가기 전에 냄새가 법복 상의에 배일까봐 사찰 해후소(화장실) 입구에는 옷걸이처럼 옷 거는 곳이 있습니다. 상의 탈의하고 들어가게 되어있습니다. 그리고 아래는 휴지로 볼 일을 끝내는 게 아니고 준비되어있는 물병이 있는데 그 물로 밑물을 하게 되어있습니다. 옛날엔 비데가 없던 시절이라 손으로 항문에 붙어있는 균들을 깨끗하게 씻어버리는 역할을 하기 때문입니다. 그리고 그 물병은 쓰고 나서 다른 스님을 위해 다시 채워놓고 나옵니다. 큰 절에서는 행자님들이 준비를 합니다. 왜 밑물을 해야되냐하면 아주 과학적입니다. 일본교수가 연구한 논문이 있는데 휴지로 한번 닦고 두번 닦고 세번 닦아도 대장균이 수억마리가 붙어있는데 밑물 한번에 균이 없어졌습니다.

정법념처경(正法念處經)

신념처품(身念處品)

그 수행하는 사람은 바깥 몸을 차례로 관찰한다.

『청수해(靑水海)를 지나서는 또 어떤 산과 바다와 섬이 있는가.』

그는 들은 지혜나 혹은 하늘눈으로 본다. 즉

『큰 바다가 있어 이름을 청정(淸淨)이라 하며 그 세로와 넓이는 五백유순이다. 그 바다 가운데는 광명만(光明鬘)이라는 산이 있는데 높이는 백유순이요 둘레는 三백유순이며 백은으로 되었고 금꽃으로 장엄하였다. 또 선의(善意)라는 연못이 있어 길이는 三十 유순이요 넓이는 十 유순이다. 만지천(鬘持天)·누가족천(樓迦足天) 등 여러 하늘과 거위·오리·원앙새 등으로 장엄하였다.』

그 수행하는 사람은 차례로 바깥 몸을 관찰한다.

『청정해를 지나서는 또 어떤 산과 강과 바다와 섬이 있는가.』

그는 들은 지혜나 혹은 하늘눈으로 본다. 즉

『대파(大波)라는 큰 바다가 있는데 넓이는 오(五)천유순이다. 그 물 밑에 바람이 일어나면 온갖 인연을 내어 일체의 큰 바다와 섬과 모든 바다 물결이 두유순 넘게 나오는데 염부제 사람들은 그것을 해조(海潮)라 한다. 그 대파해 가운데에는 큰 고기들이 사는데 머리는 개의 머리와 같다.』

그 수행하는 사람의 바깥 몸을 차례로 관찰한다.

『대파해를 지나서는 어떤 큰 바다와 산이 있는가.』

그는 들은 지혜나 혹은 하늘눈으로 본다. 즉

『대파해 북쪽에는 아노마나라는 큰 산이 있는데 넓이는 十四유순
으로서 백은으로 장엄하여 둘째 해와 같다. 하늘의 만타꽃·구사야
사꽃·비유리꽃 및 하늘의 동산숲으로 장엄하였다.』

그 수행하는 사람은 차례로 바깥 몸을 관찰한다.
『아노마나산을 지나서는 또 어떤 큰 바다와 산이 있는가.』
그는 들은 지혜나 혹은 하늘눈으로 본다. 즉

『아노마나산 동쪽에는 증정(澄淨)이라는 큰 바다가 있는데 그 바다
에서 멀지 않은 수미산 곁의 비유리로 된 남쪽에 우타연이라는 산이
있고 그 산은 불바제를 향해 금빛의 광명을 낸다. 염부제국은 비유
리이기 때문에 그 그림자는 푸른빛이다.』

그 수행하는 사람은 차례로 바깥 몸을 관찰한다.
『우타연산을 지나서는 또 어떤 산이 있는가.』
그 수행하는 사람은 이렇게 바깥 몸을 관찰한다. 즉
『선의(善意)라는 큰 산이 있는데 일체 염부단금의 광대한 금꽃으
로 장엄하였고 높이는 五백유순이며 많은 금나무와 순금으로 된 새
짐승과 자마금빛의 파라사나무 등이 있고 많은 하늘 사람·건달바
왕·만지천·삼공후천 등이 있는데 그들은 그 업의 현상과 같이
상·중·하의 업의 과보 때문에 선의산으로 가서 염부제를 본다. 이
것이 이른바 염부제 동방의 산과 바다라는 것이다.』

그 수행하는 사람은 차례로 바깥 몸을 관찰한다.
『염부제 남방의 산과 바다는 어떤가.』
그는 들은 지혜나 혹은 하늘눈으로 본다. 즉

『거기는 민타(民陀)라는 산이 있는데 넓이는 八백유순이요, 남마다라는 강이 있는데 넓이는 반유순이요 길이는 二백유순으로서 큰 독룡(毒龍)이 그 속에 산다. 또 그 강 가운데에는 많은 실수마라 · 거북 · 가라마 등이 있으며 또 도파(濤波) · 비가(鞞伽) 등 큰 강이 있는데 이런 강가에는 많은 수림이 있다.

또 흑빈나라는 큰 강이 있는데 넓이는 三 유순이요, 길이는 三백유순으로서 큰 바다로 들어간다. 또 대로타라는 큰 강이 있는데 큰 독룡이 그 속에 산다.

마라야산에는 많은 전단나무가 있는데 그 산의 넓이는 五백유순이요 높이는 三유순이다. 또 등지니(等祇尼)라는 큰 강이 있는데 그것은 마라야산에서 흘러나온다. 넓이는 一유순이요 길이는 백유순으로서 큰 바다로 들어간다. 또 질다라라는 큰 강이 있는데 갖가지 수림과 온갖 새들로 장엄하였고 넓이는 一유순이요 길이는 五十 유순으로서 큰 바다로 들어간다.』

그 수행하는 사람은 차례로 바깥 몸의 염부제를 관찰한다. 그는 들은 지혜나 혹은 하늘눈으로 본다. 즉
『미거라(彌佉羅)라는 나라가 있는데 갖가지 즐거운 곳이 있고 그 둘레는 四十유순이다. 또 제가라(諸迦羅)라는 나라가 있는데 넓이는 五十유순이요 온갖 아름다운 과실 나무가 많다.

즉 기나가 과실 · 파나바 과실 · 무차나무 관실 · 비라나무 과실 · 가비타나무 과실 · 불루가 과실 · 바타라 과실 · 아수나꽃 · 전타가꽃 등으로 그 나라를 장엄하였다.

또 가릉가국이 있는데 그 나라 둘레는 九十유순이요 수림과 벼밭이 많다. 또 탐바바제라는 나라가 있는데 그 둘레는 백유순으로서

수림과 벼밭이 많다.

　또 전다가라는 나라가 있는데 그 둘레는 二十 유순으로서 텅비어 사람이 없다. (옛날 어떤 신선이 성을 내었기 때문에 그 나라를 비게 하였다.)

　그 수행하는 사람은 차례로 바깥 몸을 관찰하되 염부제 남방에는 또 어떤 산과 강과 큰 바다가 있는가를 관찰한다.
　그는 들은 지혜나 혹은 하늘눈으로 본다. 즉
『구타바리라는 큰 강이 있는데 그 물은 맑고 넓이는 一구사요 길이는 二백 유순이다. 또 오다라는 나라가 있는데 그 둘레는 二十 유순이다. 또 안타라라는 나라가 있는데 그 둘레는 五十 유순으로서 그 나라에는 소와 물소 등이 많고 벼밭과 수림·꽃·과실 등이 많다. 또 남해 가까이 가구마라라는 나라가 있는데 온갖 수림을 다 갖추었고 그 길이는 三백 유순이요 넓이는 五十유순이다.
　또 가비리라는 큰 강이 있는데 온갖 수림으로 장엄하였고 그 물은 맑으며 넓이는 一 유순이요 길이는 五 유순으로서 사랑스러운 가구라나무·계다가나무 등이 많이 있어 그 강을 장엄하여 매우 사랑하고 즐길 만하다.』

　그 수행하는 사람은 차례로 바깥 몸을 관찰한다.
『염부제를 지나서는 또 어떤 산과 바다와 섬들이 있는가.』
　그는 들은 지혜나 혹은 하늘눈으로 본다. 즉
『불리나라는 큰 바다가 있는데 연꽃잎에 덮이었고 둘레는 一만유순으로서 바람이 불어도 움직이지 않는다. 그것은 연꽃잎이 그 물을 덮었기 때문이다. 이 바다를 지나 또 한 섬이 있는데 둘레는 五백유순이다. 그 가운데 사는 나찰들은 형상이 추악하여 매우 두렵다.
　이 나찰섬을 지나 마혜타라는 큰 산이 있는데 둘레는 四十유순이요 높이는 十 유순으로서 다라라나무·사라나무 등 온갖 나무가 많고 아수라와 용과 용녀들이 그 속에서 유희하며 혹은 동산숲에서 유희한다.』

염부제의 여섯 재일(齊日)에는 사천왕천(四天王天)들이 이 산 위에서 염부제를 관찰한다. 즉
『어떤 중생이 부모에게 효도하고 법을 따라 행하며 어떤 사람이 재일에 재계를 받들어 지니고 어떤 사람이 부처님과 법과 스님네를 믿으며 어떤 사람이 악마와 싸우고 누가 마음이 곧으며 누가 보시를 행하는가.
어떤 사람이 인색하지 않고 남을 괴롭히지 않으며 은혜를 알고 업을 믿으며 누가 十선을 행하고 누가 착한 벗을 가까이하며 어떤 사람이 삿된 생각을 가진 외도를 떠나는가.』

이렇게 사천왕은 만혜타라산에서 염부제를 관찰한다. 그리하여 만일 염부제 사람이 법을 따라 수행하면 사천왕은 제석에게 가서 이렇게 사뢴다.
『천왕님은 기뻐하십시오 악마의 군사를 쳐부수고 바른 법과 하늘 무리들은 더욱 늘어납니다. 왜 그러냐 하면 염부제 사람들이 선법을 행하기 때문입니다.』
때에 석가천왕(제석천왕)과 그 천자들은 이 말을 듣고 모두 크게 기뻐한다. 만일 염부제 사람들이 법을 따라 행하지 않을 때는 사천왕은 근심하고 고민하면서 삼십삼천(제석천왕)에게 이렇게 말한다.
『염부제 사람들은 법을 따라 행하지 않습니다. 그러므로 악마의 군사들은 늘어나고 천자들은 줄어듭니다.』
또 그 수행하는 사람은 차례로 바깥 몸을 관찰한다.

『마혜타라산을 지나서는 어떤 산과 바다와 섬이 있는가.』
그는 들은 지혜나 혹은 하늘눈으로 본다. 즉
『마혜타라산을 지나 한 섬이 있는데 그 둘레는 一백 유순으로서 발이 하나인 사람들이 그 섬에 살면서 풀뿌리와 나무 열매를 먹고 살아간다. 그 수명은 五十세로서 나뭇잎으로 옷을 지어 입고 집을 짓지 않고 나무 밑에서 산다.

그 나라에는 사자 따위의 사나운 짐승이 많은데 그 사자 몸에는 두 날개가 있고 토지는 알맞아 춥지도 않고 덥지도 않다. 모든 여자들은 다양한 얼굴로서 입으로 묘한 소리를 낸다.

그 섬을 지나서는 큰 바다가 있는데 세로와 넓이는 二만 유순이요, 그 바다 가운데에는 마리나라는 산이 있는데 금·은·파리·비유리 등의 보배로 되었고 온갖 금빛 새가 많으며 만타라꽃·구사야꽃 등이 밤낮으로 피어 있다. 큰 신통력이 있는 아수라들은 그 산에서 유희하며 향락할 때 즐거운 빛깔·소리·냄새·맛·닿임 등을 갖추었다.

그 산의 길이는 五천 유순이요 높이는 一천 유순이며 열다섯 봉우리는 다 백은으로 되었다. 천녀들이 거기서 향락할 때 아수라들의 괴롭힘을 받으면 그 인연으로 천자들은 비로소 아수라들과 싸우게 된다. 일체의 천자들과 어리석은 범부들은 다 여자들의 지배를 받는다.』

그 수행하는 사람은 차례로 바깥 몸을 관찰한다.
『다리나라산을 지나서는 또 어떤 산과 바다와 섬이 있는가.』
그는 들은 지혜나 혹은 하늘눈으로 본다. 즉

『큰 바다가 있는데 그 둘레는 五천 유순이요 그 속에는 길이가 一 유순되는 고기들이 있다. 또 그 바다에는 물사람들이 있는데 그 키는 五 유순으로서 소 머리 · 돼지 머리 · 물소 머리 · 낙차 머리 · 사자 머리 · 호랑이 머리 · 표범 머리 · 원숭이 머리 등 온갖 짐승 꼴과 두루 같기는 마치 도장을 찍은 것 같다.

이 바다를 지나서는 일륜산(日輪山)이라는 큰 산이 있는데 온갖 쾌락으로 두루 갖추어 있다. 천상의 연못에는 가장 맛 좋은 열매가 있어서 만일 그 열매를 먹으면 이레 동안 즐거워한다. 이 산에는 긴나라오아이 사는데 그 업으로 말미암아 항상 즐거워하되 상 · 중 · 하의 업으로 서로 즐기고 유희하며 향락한다. 이 산의 둘레는 二천 유순이다.

이 산을 지나서는 군사마라는 한 산이 있다. 그 산은 백 은으로 되었고 비유리의 돌은 천상의 장엄과 같다. 또 그 산에는 여수(女樹)라는 나무가 있는데 온 산에 있는 그 나무들은 날 셀 무렵이 되면 모두 어린애를 낳아 해가 뜰 때는 능히 다니고 아침 먹을 때에는 소년이 되며 낮에는 몸이 장성하고 오후가 되면 이미 늙어 지팡이를 짚고 다니며 머리털은 희어 마치 나무에 서리가 내린 것 같으며 해 질 때에는 모두 죽는다. 일체중생들은 그 업과 함께 다니고 지은 업을 따르며 업을 따라 과보를 받는다.』

그 수행하는 사람은 차례로 바깥 몸을 관찰한다.
『군사라산을 지나서는 또 어떤 산과 바다와 섬이 있는가.』
그는 들은 지혜나 혹은 하늘눈으로 그 남방을 본다. 즉
『이 산을 지나면 큰 바다가 있고 그 바닷물 밑 오(五)백 유순에는 용왕의 궁전이 있어 갖가지 보배로 장엄하였다.

비유리 보배·인타의 푸른 보배·파리 등으로 된 난간은 칠(七)보로 장엄하였으며 광명마니의 온갖 보배로는 전당을 장엄하였고 마치 햇빛과 같은 중각(重閣)의 궁전 등 이런 궁전이 한량없다. 덕차가 용왕은 그 업으로 말미암아 이 궁전에서 산다. 이 덕차가 용왕은 밤낮으로 항상 부처님과 법과 스님네를 생각한다.

이 보당(寶堂)을 지나 五백 유순에는 큰 사나운 바다가 있는데 중생들은 그것을 보고 두려워하며 많은 분노한 악룡들은 그것을 둘러싸고 있다.

이 바다를 지나서는 또 우왕(牛王)이라는 산이 있고 그 산에는 온갖 중생들이 다 있다. 이 산에는 우두전단향(牛頭栴檀香)이 나는데 둘째 전단은 이름을 황색(黃色)이라 한다. 그 전단 모습은 마치 햇빛과 같아서 아무도 바로 보지 못한다.

만일 사람들이 법을 따르면 전륜성왕이 세상에 나타나고 혹은 법다운 작은 왕이 세상에 나와 전륜왕과 같이 이것을 얻는다. 건달바왕은 이 산에 살면서 가무와 유희로 즐거워한다.

이 우왕산을 지나 五백 유순에는 대수말(大水沫)이라는 큰 바다가 있어 큰 바람소리가 난다. 이 바다를 지나서는 삼봉(三峰)이라는 큰 산이 있으니
  첫째는 금봉(金峰)이요,
  둘째는 은봉(銀峰)이며,
  셋째는 파리봉(頗梨峰)이다.

그 봉우리에는 말륜(沫輪)이라는 못이 있는데 금모래가 밑에 깔렸

고 하늘꽃으로 장엄하였으며 거위·오리·원앙새 등이 그 안에 가득하다. 바람이 불면 바닷물은 그 셋 산봉우리를 쳐 큰 고기를 죽이는데 제 업으로 말미암아 맞아 죽는 것이다.』

그 수행하는 사람은 차례로 바깥 몸을 관찰한다.
『이 큰 바다를 지나서는 다시 어떤 산과 강과 섬들이 있는가.』
그는 들은 지혜나 혹은 하늘눈으로 앞의 큰 바다를 지나 염라왕이 죄복(罪福)을 판결하는 곳을 보는데 그것은 일체 중생들의 업의 과보를 증명하는 곳이다.

이것은 염라왕의 사는 경계로서 염라왕이 법으로 죄인을 다스리며 중생들은 그 마음의 미혹 되어 어두운 곳에 산다. 이 중생들의 사는 곳을 지나 백 유순에는 다만 허공만이 있고 그 백 유순을 지나면 염라왕이 사는 궁전에 이른다.

그 왕의 궁전은 염부나제금으로 되었고 온갖 보배로 장엄하였으며 강·샘물·흐르는 물·연꽃 등으로 장엄하였고 그 둘레는 백 유순이요, 그 광명은 둘째의 햇빛과 같다. 이 머무는 곳을 지나서는 해달의 광명이 없고 모두가 어둡다.

바다가 광대하기 때문에 햇빛은 나타나지 않고 지옥 중생들은 악업의 인연으로 묻다가 어두어 아무 것도 보이지 않으므로 동서를 분간하지 못한다.

또 그 수행하는 사람은 차례로 바깥 몸을 관찰하되 중생들의 사는 곳을 두루 관찰한다. 즉
『지옥이나 강·산·나무·바다 나 천상세계·축생세계·아귀세계

등 八방 사하의 중생으로서 과연 나고 죽지 않고 또 생멸하지 않으며 또 과연 은애(恩愛)와 이별하지 않을 수가 있는가. 한 곳도 파괴되지 않고 변하지 않는 곳이 없고 무상한 은애와는 반드시 이별해야 한다.

이렇게 그 비구는 어디서도 사랑과 이별하지 않는 것이 없고 다섯 세계 가운데서 한 손가락만한 땅에도 사랑과 이별하지 않는 것을 보지 못한다. 중생들의 사는 곳에는 모두 생사와 생멸의 무상이 있었다.

『그러므로 이 유위(有爲)의 나고 죽는 모든 행에 대해 싫어하는 마음을 내어야 한다. 이것은 유혹하고 조급한 장애로서 많은 근심과 슬픔이 있고 빨리 지나 머무르지 않으며 파괴되고 멸하는 것이므로 얻었다가는 도로 잃고 허깨비와 같고 꿈과 같은 것이므로 얻었다가는 도로 잃는다.

이 은애가 있는 곳은 유혹하고 우치하며 원래부터 흘러 다니는 탐욕·분노·우치 등이 있는 곳으로서 마치 원수가 거짓으로 친우가 되는 애욕이 있는 곳이다. 그러므로 유위에 대해 열중을 내고 산란한 마음을 버려 무상한 경계를 좋아하지 말고 우치와 함께 유희하지 말아야 한다.』

이렇게 수행하는 사람은 중생들을 가르치고 또 여실히 바깥 몸의 머무르는 四十 곳을 차례로 관찰한다. 즉
『중생들은 모두 업에 의해 났고 업으로 흘러 다니며 업에 결박되고 그 지은바 선·악의 업을 따라 그 과보를 받는 것이다.』

부처님 말씀하신 몸에 대한 법문

몸

모든 선근으로 이렇게 회향하나니, 이른바 일체 중생이 다 법신과 지혜의 몸을 성취하여지이다. 일체 중생이 고달픈 줄 모르는 몸을 얻어 금강과 같아지이다. 일체 중생이 파괴할 수 없는 몸을 얻어 상해할 이가 없어지이다. 일체 중생이 화신과 같은 몸을 얻어 세간에 두루 나타나되 다함이 없어지이다. 일체 중생이 사랑스러운 몸을 얻어 깨끗하고 아름답고 견고하여지이다. 일체중생이 법계에 나는 몸을 얻어 여래와 같이 의지할 데가 없어지이다. 일체 중생이 묘한 보배의 광명과 같은 몸을 얻어 세상 사람들이 무색케 할 이가 없어지이다. 일체 중생이 지혜광[智藏]의 몸을 얻어 죽지 않는 세계에서 자재하여지이다. 일체 중생이 보배바다의 몸을 얻어 보는 이마다 이익을 얻고 헛되이 지나가는 이가 없어지이다. 일체 중생이 허공 같은 몸을 얻어 세상 걱정으로는 물들일 수 없어지이다 하느니라.

이것이 보살 마하살이 피를 보시할 때에 대승의 마음, 청정한 마음, 광대한 마음, 기뻐하는 마음, 경사스러워 하는 마음, 환희한 마음, 더 늘어가는 마음, 안락한 마음, 흐리지 않은 마음인 선근으로 회향하는 것이니라.

불자들이여, 보살 마하살이 그 골수와 살을 구걸하는 이를 보고 환희하게 부드러운 음성으로 말하기를 나의 골수와 살을 마음대로 가져가라 하여 요익(饒益)보살과 일체시왕(一切施王)보살과 다른 무량한 보살들과 같이 하느니라.

여러 갈래에서 가지가지로 태어나는 곳마다 골수와 살을 달라는 이에게 보시할 적에 매우 환희하여 보시하는 마음이 증장하여 보살들과 같이 선근을 닦으며, 티끌과 때를 여의고 즐거운 생각을 가지며, 몸으로 보시하는 마음이 다하지 아니하여 한량없이 광대한 신근을 구족하며, 모든 공덕 보배를 거두어서 보살의 법과 같이 행하되 만족함이 없으며, 마음으로는 보시하는 공덕을 항상 좋아하여 여러 가지로 이바지하되 뉘우침이 없으며, 모든 법이 인연으로 생긴 것이어서 자체가 없는 줄을 잘 살피고, 보시하는 업이나 업으로 받을 과보를 탐하지 아니하며, 만나는 사람마다 평등하게 베풀어 주느니라.

머리

불자들이여, 보살 마하살이 와서 구걸하는 이에게 머리를 보시할 적에 마치 최승지(最勝智) 보살이나, 대장부인 가시국왕 등 여러 보살이 보시하던 것과 같이 하나니, 일체 법에 들어가는 가장 승한 지혜의 머리를 성취하려는 것이며, 대보리를 증득하여 중생을 구호하는 머리를 성취하려는 것이며, 일체 법을 보는 가장 제일인 머리를 구족하려는 것이며, 바른 소견과 청정한 지혜의 머리를 얻으려는 것이며, 장애 없는 머리를 성취하려는 것이며, 제일지(第一地)의 머리를 증득하려는 것이며, 세상의 가장 승한 지혜의 머리를 구하려는 것이며, 三에서 정수리를 볼 수 없는 청정한 지혜의 머리를 이루려는 것이며, 시방에 이르는 일을 보이는 지혜왕의 머리를 얻으려는 것이며, 모든 법으로 깨뜨릴 수 없는 자재한 머리를 만족하려는 것이니라.

불자들이여, 보살 마하살이 이 법에 머물러서 부지런히 닦으면, 부처님들의 종성에 들어가서 부처님의 보시하던 일을 배우며, 부처님께 청정한 신심을 내고 선근을 증장하며, 구걸하는 이들을 기쁘게 하여 마음이 청정하고 한량없이 경사롭게 하며, 믿고 이해하는 마음으로 불법을 밝게 비치며, 보리심을 내고 보시하는 믿음에 머물러 여러 근이 희열하고 공덕이 증장하며, 착한 욕망을 내어 크게 보시하는 행을 좋아하느니라.

보살이 이때에 선근으로 회향하나니, 이른바 일체 중생이 여래의 머리를 얻어 볼 수 없는 정수리를 가지며, 어느 곳에서나 그보다 나을 이가 없으며, 여러 세계에서 가장 우두머리가 되고, 머리털은 오른쪽으로 돌아서 깨끗하고 윤택하며, 卍자로 장엄하게 꾸며서 세상에서 희유하고, 부처님 머리를 갖추고 지혜의 머리를 성취하여 모든 세간에서 제일가는 머리가 되며, 구족한 머리가 되며, 청정한 머리가 되며, 도량에 앉아서 원만한 지혜의 머리가 되어지이다 하느니라.

이것이 보살 마하살이 머리를 보시할 때에 선근으로 회향하는 것이니, 중생들로 하여금 가장 나은 법을 얻어서 위가 없는 큰 지혜를 이루게 하려는 연고니라.

얼굴

일체 중생이 노기가 없는 얼굴을 얻으며, 모든 법에 대하는 얼굴, 장애가 없는 얼굴, 보기 좋은 얼굴, 마땅하게 생긴 얼굴, 허물이 없는 얼굴, 여래의 원만한 얼굴, 온갖 곳에 두루 하는 얼굴, 한량없이 아름다운 얼굴을 얻기를 원하느니라.

이것이 보살 마하살이 코를 보시할 때에 선근으로 회향하는 것이니, 중생들로 하여금 끝까지 부처님 법에 들어가게 하려는 연고며, 중생들로 하여금 끝까지 부처님 법을 거두어 받들려는 연고며, 중생들로 하여금 끝까지 부처님 법을 분명히 알게 하려는 연고며, 중생들로 하여금 끝까지 부처님 법에 머물러 유지하려는 연고며, 중생들로 하여금 끝까지 여러 여래를 항상 보게 하려는 연고며, 중생들로 하여금 부처님 법문을 증득케 하려는 연고며, 중생들로 하여금 깨뜨릴 수 없는 마음을 성취케 하려는 연고며, 중생들로 하여금 부처님의 바른 법을 비치어 알게 하려는 연고며, 중생들로 하여금 부처님의 국토를 엄정케 하려는 연고며, 중생들로 하여금 여래의 큰 위력 있는 몸을 얻게 하려는 연고니라.

이것이 보살 마하살이 귀와 코를 보시할 때에 선근으로 회향하는 것이니라.

불자들이여, 보살 마하살이 견고하고 자재한 땅에 편안히 있으면서 치아로써 중생에게 보시하되, 마치 옛날의 화치왕(華齒王) 보살과 육아상왕(六牙象王) 보살과 다른 무량한 보살들과 같이 하느니라.

눈

보살마하살이 눈을 보시할 적에 보시하는 눈을 청정히 하려는 마음을 일으키며, 지혜의 눈을 청정히 하려는 마음을 일으키며 불안(佛眼)을 내게 하기 위함이며, 일체중생이 가장 좋은 눈을 얻어 모든 이를 인도하기를 원하며, 일체 중생이 장애 없는 눈을 얻어 넓은 지혜의 장을 열기를 원하며, 일체 중생이 청정한 육안(肉眼)을 얻어 광명으로 비치는 것을 능히 가리울 이가 없기를 원하며, 일체 중생이 청정한 천안(天眼)을 얻어 중생의 나고 죽는 업과 과보를 다 보기를 원하며, 일체 중생이 청정한 법안(法眼)을 얻어 여래의 경계에 순응하여 들어가기를 원하며, 일체 중생이 지혜안(智慧眼)을 얻어 모든 분별과 집착을 버리기 원하며, 일체 중생이 불안(佛眼)을 구족하여 모든 법을 능히 깨닫기를 원하느니라.

일체 중생이 두루 보는 눈[普眼]을 성취하여 모든 경계를 당하여도 장애될 것이 없기를 원하며, 일체 중생이 청정하고 가리움이 없는 눈을 성취하여 중생계가 아주 공한 중로 알기를 원하며, 일체 중생이 청정하고 막힘이 없는 눈을 구족하여 여래의 十력을 끝까지 얻기를 원하느니라.

이것이 보살마하살이 눈을 보시할 때에 선근으로 회향하는 것이니, 중생들로 하여금 온갖 지혜의 청정한 눈을 얻게 하려는 연고니라.

귀

보살이 이렇게 귀와 코를 보시할 적에 마음이 항상 고요하여 모든 근을 조복하며, 중생들로 하여금 험악한 데서 제도하기를 힘쓰며, 온갖 지혜와 공덕을 생장케 하여 크게 보시하는 바다에 들어가며, 법과 이치를 통달하여 모든 도를 갖춰 닦으며, 지혜를 의지하여 법에 자재함을 얻고, 견고하지 못한 몸으로써 견고한 몸을 바꾸느니라.

불자들이여, 보살 마하살이 귀를 보시할 때에 모든 선근으로 이렇게 회향하나니, 이른바 일체 중생이 걸림 없는 귀를 얻어 모든 설법하는 소리를 두루 듣기를 원하며, 일체 중생이 막히지 않는 귀를 온갖 음성을 잘 알기를 원하며, 일체 중생이 여래의 귀를 얻어 모든 것을 분명히 듣고 막힘이 없기를 원하며, 일체 중생이 청정한 귀를 얻어 귀바퀴를 인하지 않고는 분별을 내기를 원하며, 일체 중생이 어둡지 않는 귀를 얻어 귀먹는 일이 끝까지 생기지 않기를 원하느니라.

일체 중생이 법계에 두루하는 귀를 얻어 모든 부처님의 법문 소리를 죄다 알기를 원하며, 일체 중생이 막히지 않는 귀를 얻어 모든 장애가 없는 법을 깨닫기를 원하며, 일체 중생이 망그러뜨릴 수 없는 귀를 얻어 모든 논리를 잘 알아 깨뜨릴 수 없기를 원하며, 일체 중생이 두루 듣는 귀를 얻어 광대하고 청정하여 모든 귀의 왕이 되기를 원하며, 일체 중생이 하늘 귀와 부처님 귀를 구족하기를 원하느니라.

이것이 보살 마하살이 귀를 보시할 때에 선근으로 회향하는 것이니, 중생들로 하여금 모두 청정한 귀를 얻게 하라는 연고니라.

코

불자들이여, 보살 마하살이 코를 보시할 적에 이렇게 회향하나니, 이른바 일체 중생이 높고 곧은 코를 얻고, 잘 생긴 코, 어른다운 모양의 코, 사랑스러운 코, 깨끗하고 묘한 코, 마땅하게 생긴 코, 우뚝한 코, 원수를 굴복하는 코, 보기좋은 코, 여래의 코를 얻기를 원하며,

치아

보살 마하살이 치아를 보시할 적에 마음이 청정하여 희유하고 만나기 어려움이 우담발화와 같나니, 이른바 무진한 마음으로 보시하며, 큰 신심으로 보시하며, 한걸음 한걸음 성취하는 한량없이 버리는 마음으로 보시하며, 모든 것을 버리는 마음으로 보시하며, 온갖 지혜를 원하는 마음으로 보시하며, 중생을 안락케 하려는 마음으로

보시하며, 크게 보시하고, 지극히 보시하고, 낮게 보시하고, 가장 낮게 보시하고, 몸에 필요한 것을 내놓으면서도 한탄이 없는 마음으로 보시하느니라.

보살이 그때 모든 선근으로 이렇게 회향하나니, 이른바 일체 중생이 예리하고 흰 치아를 얻어 가장 좋은 탑을 이루고 천상 인간의 공양을 받아지이다. 일체 중생이 가지런한 치아를 얻어 부처님의 잘 생긴 모양과 같이 성기거나 결함이 없어지이다. 일체 중생이 마음을 조복하여 보살의 일체 중생이 입이 청정하고 치아가 깨끗하여 분명하게 나타나지이다. 일체 중생이 생각할 만하게 장엄한 치아를 얻고 입이 청정하여 미운 모양이 없어지이다. 일체 중생이 치아가 성취되어 四十개를 갖추고 항상 여러 가지 희유한 향기가 나게 하여지이다.

일체 중생이 뜻이 조복되고 치아가 청결하여 백련화와 같으며 무늬가 오른쪽으로 돌아 卍자를 성취하여지이다. 일체 중생이 입술이 청정하고 치아가 결백하여 한량없는 광명을 놓아 두루 찬란하게 비치어지이다. 일체 중생이 치아가 견고하고 예리하여, 먹을 적에 온전한 알갱이가 없고 맛에 집착함도 없어, 상품 복밭이 되어지이다. 일체중생이 치아 사이에서 항상 광명이 나서 보살의 제일 수기를 받아지이다 하느니라.

이것이 보살 마하살이 치아를 보시할 때에 선근으로 회향하는 것이니, 중생들로 하여금 온갖 지혜를 갖추어 모든 법 중에서 지혜가 청정케 하려는 연고니라.

혀

불자들이여, 보살 마하살이 어떤 사람이 와서 혀를 구걸하거든, 그 구걸하는 이에게 자비한 마음으로 부드럽게 말하고 정답게 말하나니, 마치 옛날의 단정면왕(端正面王)보살과 불퇴전(不退轉) 보살과 다른 무량한 보살들과 같이 하느니라.

수족

불자들이여, 보살 마하살이 수족으로 중생에게 보시하기를, 마치 상정진(常精進)보살이나 무왕(無憂王)보살이나, 다른 무량한 보살들과 같이 하여, 여러 갈래에서 여러 가지로 태어나면서 수족을 보시하나니, 신심이 손이 되어 이익하는 행을 일으키고, 가거나 오거나 부지런히 바른 법을 닦으며, 보물손을 얻어 손으로 보시하고 다니는 데 마다 허되지 아니하여 보살도를 갖추며, 항상 손을 펴서 은혜를 베풀려 하고, 편안히 걸어 다니면서 겁이 없이 용맹하며, 깨끗이 믿는 힘으로 정진하는 행을 갖추고 나쁜 갈래를 멸하고 보리를 성취하느니라.

불자들이여, 보살마하살이 이렇게 보시할 적에, 한량없고 그지없이 광대한 마음으로 청정한 법문을 열고 부처님 바다에 들어가서 보시하는 손을 성취하여 시방에 이바지하며, 원력(願力)으로 온갖 지혜의 도를 호지하고, 끝까지 때를 여인 마음에 머물러서 법신과 지혜의 몸을 끊을 수도 없고 깨뜨릴 수도 없어, 일체 마군의 법으로 흔들 수 없으며, 선지식을 의지하여 마음이 견고하고 보살들과 함께 보시 바라밀다를 수행하느니라.

불자들이여, 보살 마하살이 중생들을 위하여 온갖 지혜를 구하려고 수족을 보시할 적에 모든 선근으로 이렇게 회향하나니, 이른바 일체 중생이 신통한 힘을 갖추어 보배 손을 얻으며, 보배 손을 얻고는 서로 존경하여 복밭이란 생각을 내고 가지가지 보배로 서로 공양하며, 또 여러 가지 보배로 부처님께 공양하고, 보배 구름을 일으키어 부처님 세계를 덮으며, 중생들로 하여금 서로 자비한 마음을 내어 남을 해롭히지 않게 하며, 부처님들의 세계에 다니되 편안하여 두렵지 않으며, 끝까지의 신통을 저절로 구족하여지이다 하느니라.

손

모두 보배 손·꽃 손·향 손·옷 손·일산 손·화만 손·가루향 손·장엄 거리 손·끝없는 손·한량없는 손·두루한 손을 얻게 하며, 이런 손을 얻고는 신통한 힘으로 모든 부처님 국토에 항상 나아가 한 손으로 모든 세계를 두루 만지며, 자재한 손으로 중생들을 보호하며, 묘한 손을 얻어 한량없는 광명을 놓으며, 한손으로 중생들을 두루 덮으며, 여래의 손가락 사이의 그물무늬 막과 구리빛 손톱을 성취케 하느니라.

보살이 그때에 큰 소원 세운 손으로 중생을 두루 덮으면서 원하기를, 일체 중생이 위가 없는 보리를 항상 뜻두어 구하며, 모든 공덕의 바다를 내게 하여지이다 하며, 구걸하는 이를 보면, 기뻐하며 싫어하지 않고, 불법 바다에 들어가 부처님 선근과 같으려 하느니라. 이것이 보살 마하살이 수족을 보시할 때에 선근으로 회향하는 것이니라.

살

불자들이여, 보살 마하살이 그 골수와 살을 구걸하는 이를 보고 환희하게 부드러운 음성으로 말하기를 나의 골수와 살을 마음대로 가져가라 하여 요익(饒益)보살과 일체시왕(一切施王) 보살과 다른 무량한 보살들과 같이 하느니라.

피

불자들이여, 보살 마하살이 몸을 깨고 피를 내어 중생에게 보시하되, 법업(法業) 보살과 선의왕(善意王) 보살과 다른 무량한 보살들과 같이 하느니라.

모든 갈래에서 피를 보시할 적에 온갖 지혜를 성취하려는 마음을 내며, 큰 보리를 앙모하는 마음을 내며, 보살행 닦기를 좋아하는 마음을 내며, 괴로운 감각을 가지지 않는 마음을 내며, 구걸하는 이를 보기 좋아하는 마음을 내며, 와서 달라는 이를 싫어하지 않는 마음을 내며, 모든 보살의 도에 나아가려는 마음을 내며, 모든 보살의 버리는 것을 수호하려는 마음을 내며, 보살의 보시하는 일을 넓히려는 마음을 내며, 모든 보살의 버리는 것을 수호하는 마음을 내며, 보살의 보시하는 일을 넓히려는 마음을 내며, 퇴전하지 않는 마음, 쉬지 않는 마음, 자기를 그리워하지 않는 마음을 내느니라.

이것이 보살 마하살이 피를 보시할 때에 대승의 마음, 청정한 마음, 광대한 마음, 기뻐하는 마음, 경사스러워 하는 마음, 환희한 마음, 더 늘어가는 마음, 안락한 마음, 흐리지 않은 마음인 선근으로 회향하는 것이니라.

골수

여러 갈래에서 가지가지로 태어나는 곳마다 골수와 살을 달라는 이에게 보시할 적에 매우 환희하여 보시하는 마음이 증장하여 보살들과 같이 선근을 닦으며, 티끌과 때를 여의고 즐거운 생각을 가지며, 몸으로 보시하는 마음이 다하지 아니하여 한량없이 광대한 신근을 구족하며, 모든 공덕 보배를 거두어서 보살의 법과 같이 행하되 만족함이 없으며, 마음으로는 보시하는 공덕을 항상 좋아하여 여러 가지로 이바지하되 뉘우침이 없으며, 모든 법이 인연으로 생긴 것이어서 자체가 없는 줄을 잘 살피고, 보시하는 업이나 업으로 받을 과보를 탐하지 아니하며, 만나는 사람마다 평등하게 베풀어 주느니라.

※ 현담스님이 알려주는 건강비법 ※

사람은 병든 다음에 후회합니다. 미리 아프기 전에 예방하는 것이 중요합니다. 병이 안 생기려면 어떻게 해야하나요? 일을 적게 해야합니다. 나이가 먹을수록 오장육부가 젊었을 때보다 30퍼센트 줄어듭니다. 얼굴만 변하는 것이 아니고 인체내의 모든 장기도 변하는데 의욕을 갖고 깡다구로 기를 쓰고 열심히 일하면 긴장이 풀어질 때 회복이 쉽게 안되면 그때 병으로 변하는 것입니다. 과로사라는 것은 피로물질이 쌓인 것을 말합니다. 일일결산을 보듯 하루하루 털어버려야 됩니다. 약이 잘 든다고 약으로 해결하고 보약으로 효과보려고 하지만 결국을 원기가 떨어지면 병원신세를 지는 것입니다. 그러니 일을 줄이라는 것입니다. 나라에서 65세 이상 은퇴시키고 일하지 말라는 것은 모든 판단력이 젊었을 때와 다르다는 것입니다. 지혜는 있어도 몸이 안따라주면 안되기 때문에 젊은 사람들에게 일자리를 주고 나오라는 것입니다. 신선은 일하지 않습니다. 과로로 병을 만나느냐 일하지 않는 신선이 되느냐.

현담스님 건강 특강

부처님의 몸에 벌레가 있다는 이야기가 사실인 것입니다. 그래서 가급적이면 생선회를 먹지 말라는 것입니다. 어떤 사람은 생선회 먹고 생선 속에 있던 디스토마가 간에서 자라서 간을 뚫고 나와 큰 수술을 받았다고 합니다. 그리고 고기는 육회를 먹지 마십시오. 육회는 동물 살 속에 있는 세균을 사람 몸으로 이사시켜서 병균을 만들수 있다는 사실입니다. 부처님이 몸에 벌레가 있다는 이 경전을 읽고서도 회를 먹고 육회를 먹겠다는 것은 병자가 되겠다고 발언하는 것과 같습니다. 면역력이 강한 젊은 청년은 상관없지만 나이가 많아 힘이 없는 상태에서 회를 좋아하면 안된다는 것입니다. 잘 아셨죠?

여러분 시골에서 가난했던 시절에는 간혹 아기들이 먹을 간식거리가 없어서 땅에서 놀면서 흙을 먹는 일도 있었다고 합니다.

부처님은 먹는 행동을 기미증(嗜味症)이라고 하는데 평소에는 하지 않는 이상한 행동을 하는 것을 가리키는 말이다. 이것은 몸속에 있는 벌레가 그렇게 하도록 아기를 조종하였기 때문에 발생한 현상이라는 것이다. 일부 기생충들이 자신의 목적 달성을 위해 숙주를 조종하여 이상행동을 유발하는 것으로 보이는 특이 현상에 대한 연구결과가 있습니다.

'연가시'라는 영화는 귀뚜라미나 메뚜기, 사마귀 등의 곤충에 기생하는 연가시라는 기생충의 특이한 생태를 모티브로 하여 제작된 화제의 영화였다. 연가시는 물속에 사는 벌레인데 수 cm부터 수십 cm

에 이르는 가늘고 긴 철사 모양을 하고 있기 때문에 철선충이나 철사벌레라고도 한다.

연가시에 감염된 곤충은 어느 날 물속으로 뛰어드는 특이한 행동을 보인다고 한다. 이것은 연가시가 숙주의 몸속에서 살다가 성충이 된 후에는 숙주를 물가로 이끌어 투신자살을 유도함으로서 숙주의 몸에서 나와 물속으로 들어가기 위한 행동으로, 생존과 번식이라는 자신의 목적을 달성하기 위해 숙주의 뇌를 조종한다는 것이다.

연가시는 개봉된 영화 덕분에 비교적 널리 알려진 기생충이 되었지만 이외에도 새에 기생하는 기생충인 리베이로이아(Ribeiroia)는 유충 상태로 개구리에 있으면서 개구리가 다리 하나를 더 갖는 기형을 만든다. 이는 개구리의 동작을 둔하게 만들어 새에게 잡아먹히기 쉽게 하려는 일종의 숙주 조종이다.

시스토세팔러스 솔리두스라는 촌충은 유충이 가시고기에 기생해 사는데, 이것 역시 새에게 잡아먹히기 쉽도록 가시고기가 물 표면에서 헤엄치게 한다. 이외에도 메디니충, 창형흡충, 톡소포자충, 미메코네마 네오트로피쿰, 기생따개비 등도 숙주조종을 하는 것으로 알려져 있다.

곤충뿐만 아니라 포유류에서도 이러한 퇴조종이 관찰되었는데, 톡소포자충에 감염된 쥐는 고양이도 두려워하지 않는 이상행동을 보인다. 고양이에게 겁 없이 대드는 쥐의 영상을 본적이 있는가? 이 기생충의 종숙주는 고양이인데 그를 자극하여 먹이가 되도록 함으로서 고양이 몸속으로 들어가 최종 목적인 번식을 위한 것으로 알려져 있다. 이러한 현상은 숙주의 뇌에 영향을 미치는 신경물질을 분

비하여 뇌를 자극함으로서 숙주의 행동을 조종한다는 것이다.

이것은 S.F 영화속 에이리언 이야기가 아니다. 소설도 상상도 아닌 과학적 연구결과이며 현실이다. 톡소포자충 감염자들은 일반인에 비해 교통사고를 2.6배나 더 일으키고, 자살이니 조현병과 같은 정신 병리적 현상과도 높은 연관성이있다는 연구는 매우 주목할 만하다.

어쩌면 이해할 수 없었던 개인의 행동이나 사회현상에 대한 의문이 곧 풀릴지도 모르겠다.

이런 행동이 나오는 것은 부처님이 말씀하신 머리 속에도 10가지의 벌레 종류가 있고 대변에도 10가지 종류의 벌레가 있다. 수 백 가지의 벌레가 있다는 것을 경전에서 말씀하신 것을 뒷받침하는 내용의 일부분입니다.
그러니 여러분들은 이 충격적인 부처님 건강법이라는 내용을 가볍게 여기지 마시기 바랍니다.

현담스님이 권하는 건강비법은 첫째는 음식이요, 둘째는 휴식이요, 셋째는 하기 싫은 일을 안하는 것이며(스트레스), 스트레스는 모든 만병의 원인이라는 것입니다.

그리고 몸의 정액이 소멸되면 원기가 빠져서 병을 바로 만나는 것입니다. 이것이 현담스님의 건강 비법입니다.
정(精)을 새지 않게 한다는 불루정(不漏精)은 정핵을 사정하지 않는다는 의미가 아니다. 수행자는 마땅히 정액이 발동하기 이전에 그것을 변화시켜야만 한다. 도가(道家)에서 광성자(廣成子)는, "정(情)

이 움직일 때 반드시 정(精)을 흔들어야 한다"고 하였다. 마음속에 일념이 생겨 정감이 동하면, 정기(精氣)는 이미 분산된 것이다. 정(精)의 도리란 바로 이 정(精)이지 결코 정충(精蟲)의 정(精)이 아니다. 하물며 몽정(도가에서는 누단(漏丹)이라고 부른다) 수음이나 자위 등이랴. 기본적으로 먼저 이 계(戒)를 지켜 나가야 한다. 그러나 일반인들은 해내지를 못한다. 가부좌하여 며칠간 잘 하다가도 다시 무너지는 것이다.

부처님은 음식을 통해서 피와 살을 만들고 골수를 만들며, 골수가 정액이 되고 정액이 원기가 된다고 하셨습니다. 사람의 관계든 꿈속의 몽정이든 일체, 수음이든 일체 정액 발산은 건강을 헤치는 것이라는 것을 명심하기 바랍니다.
잘 아셨죠.... 이 길만이 살 길입니다.

그리고 몸의 균이 벌레로 변합니다. 대표적인 예가 우리 몸엔 회충이 있지 않습니까. 그러니 초기에 나무의 씨앗과 같은 것이 균입니다. 벌레는 나무라고 하면 씨앗은 균입니다. 지금 코로나19도 세균이 옮겨 다니면서 감염시키는 것입니다.

그것이 폐로 들어가서 열을 나게 하고 호흡기관을 갉아 먹어서 사망에 이르기까지 한다는 것을 깊이 명심하시기 바랍니다. 잘 아셨죠. 다시 한번 강조합니다. 자기 입맛에 맞는 영양분 있는 음식, 잠을 푹 자고 쉴 수 있는 충분한 휴식, 정액을 배출하지 말 것, 이것이 현담스님이 강조하고 강조하는 건강상식입니다.

그러면 병치료를 어떻게 하는 것이 가장 효과적이냐. 몸 안에 있는 벌레들은 뜨거운 열을 싫어합니다. 흉터는 생기더라도 뜸이 최고입

니다. 1뜸 2침 3약이라고 했습니다. 이상 제가 말한 것을 명심하시고 뜸을 가볍게 여기지 마십시오.

지금부터는 뜸의 고수, 지금은 현존해 계시진 않지만 현담스님이 존경했던 여의도 충정한의원 최원장님 체험담을 알려드리면서 건강법을 마칠까 합니다.

사람은 누구나가 아픈 것을 싫어합니다.

몸이 아프면 이대로 죽지 않나 이런 생각을 하는 사람도 있고 이 병은 별것 아니라고 자신 있게 생각하고 병원 한번 가서 약 받아 와서 몇 번 먹고 깜쪽 같이 낫는 사람도 있습니다.

문제는 몸은 아픈데 병원에 가도 입원을 해도 병이 잘 낫지 않는 것입니다. 그래서 누구나가 걱정을 합니다.

건강에 관심을 갖고 이 글을 읽는 분들은 지금부터 제가 이야기 하는 것을 잘 들어야 합니다.

병이 오기 전에 신호가 온다는 것입니다.

만사가 귀찮고 쉬고 싶고, 몸이 힘드니까 자중을 잘 내고 화를 잘 낸다는 사실입니다.

옛날부터 병은 고로에서 온다고 했습니다. 과로는 병을 만나기 전 바로 전단계입니다. 휴식이 보약인데 쉴 수가 없습니다.

주부들은 병원에 입원하기 전까지 아침밥을 하고 상을 차리고 가족을 위하여 설거지와 집안 청소, 빨래 그리고 조금 쉬려면 전화받아야 하고 신경쓰고 그렇게 살아야 합니다.

입원하여야 모든 것이 멈춘 것 같은데 병나기 전에는 아프다고 해도 가족들은 별것 아닌 것이라 생각합니다.

자 그렇다면 왜 휴식이 보약이냐 하면 에너지가 충전이 되면 몸이 거뜬합니다.

건강한 사람은 잠 한번 실컷 자고나면 몸이 거뜬합니다.

아픈 사람은 잠을 자도 잔 것 같지 않고 약을 먹어도 별로 효과가 없습니다.

주사를 맞아도 침을 맞아도 뜸을 뜨도 그때만 반짝할 뿐 원기회복이 되지 않으면 몸이 아프다는 사실입니다.

병은 어떤 병이든지 하루 이틀, 한달 두달, 일년 이년, 푹 쉬어주고 잠 푹자고 자기가 좋아하는 맛있는 음식 실컷 먹고 꼴보기 싫은 사람 안쳐다 보고 살면 병이 분명 낫습니다.

이것이 현담 건강강의 핵심입니다.

만병통치 치료법은 오로지 뜸이다!!!

원기 회복된 증거는 몸이 반응하는 것을 알 수 있습니다. 기분 상쾌하고 얼굴 표정 밝고 짜증나지 않고 몸 어디고 불편하거나 통증을 느끼는 사실이 없다는 것입니다.

너무 많이 쓰기 때문에 에너지가 빠져나가 병이 된다는 사실입니다.

이 말을 명심하셔요.

휴식으로 80% 병 고치고 약이 20% 고친다고 믿으셔요. 휴식 80% 수술이 20% 병을 고친다는 것을 믿어야 합니다.

남자들은 처자식 먹여 살리기 위해 다니기 싫은 직장을 계속 다닐 수밖에 없기 때문에 결국 과로로 병을 만나게 되고 주부들은 집안 일과 자식 키운다고 병이 되고 절에 다니는 보살님들 중 매일 같이

108배하는 것과 천배를 하는 것이나 또는 삼천배를 무리하게 많이 하게 되면 그때는 모르지만 나중에 고관절이 닳아서 인공관절로 넣는 수술을 하던지 뼈 주사를 맞던지 무릎 통증을 느끼게 됩니다.

자동차 부속품도 계속 쓰면 닳는 것처럼 무릎 연골도 닳는다는 사실을 명심하시기 바랍니다.

스님들도 몸이 아픈 이유는 신도기 많으면 찾아오는 사람 많아 계속 상대하다 보면 젊었을 때는 상관없는데 나이가 들면 과로에 연결됩니다.

자기 몸 하나 건강하게 잘 쓴다는 것은 쉬운 이이 아닙니다.

제가 말씀드리고 싶은 것은 첫째도 휴식, 둘째도 휴식, 셋째도 휴식이라는 것입니다.

그리고 잠 잘 자는 것은 면연력을 강화시켜 주기 때문에 바이러스 균이 침투해도 이겨낼 수 있다는 것입니다. 저의 건강비법은 밥 잘 먹고 잘 자고 똥 잘 싸면 기분 좋은 병이 없다는 것이 저의 가풍이고 건강 비법입니다.

모든 일이 주변에서 생기면 묻지도 따지지도 말고 그럴 수도 있겠구나 이해하게 되며 마음이 편하게 되어 건강에 도움이 된다는 사실입니다.

현실적으로 가장 중요한 것은 뜸이라는 사실입니다. 이 책 내용 가운데 나오지만 서산대사도 제자들에게 일 뜸, 이 침, 삼 약이라고 가르쳤다고 합니다.

침 보다 뜸이 한수 위입니다.

내가 만난 90살 된 우리나라 최고 뜸의 권위자 여의도 KBS 연기자 주차장 건너편 지금은 폐업했지만 충정한의원 최원장님 경험담을 드리고 싶습니다.

우리나라 최고의 뜸 대가인데 대단한 분입니다.

지금은 살아 계시는지 돌아가셨는지 몇 년 전 폐업하고 종적을 감추셨기 때문에 찾아가야 소용없습니다.

그러나 제가 재미있게 한의원 원장님한테 2005년 15년전에 들은 그때 그 시절로 돌아가서 말씀을 드리겠습니다.

최원장님은 간호사도 없고 조그만 18평 정도의 작은 한의원을 운영하셨는데 한번 뜸을 뜨게 되면 삼만원 입니다. 카드도 안되고 온라인 손금도 안되고 현찰만 받는데 입소문이 나서 제주도에서 오고 경주에서도 오고 전국에서 많이 옵니다. 엄청나게 입소문이 나서 저도 가게 됐습니다.

우리 선방 다니는 최원경화 보살의 친척이라서 소개 받고 알게 되었습니다.

내가 그 많은 큰스님들을 만나는데 직감적으로 명의라는 생각이 들었습니다.

소탈하고 안경을 썼는데 직감이 까만 눈동자에 착하고 순하면서 강단이 있어 보였습니다.

저하고 전생 인연이 있는지 제가 질문하면 답을 너무 잘해 주셨습니다.

기자들 하고 인터뷰 하자고 해도 한적도 없고 취재를 허락하지 않았습니다.

그런데 저한테는 손님이 없을 때 술술술 말씀하시는 겁니다. 그냥 갈 수 없고 안아픈데도 뜸자리를 미리 잡아 달라고 부탁을 했더니 가슴 있는데 폐 자리 3개, 위 자리 하나, 목 있는데 9개 어깨 좌우로 2개 2개 무릎 두 군데 얼굴 눈 있는데 시력 좋아지라고 귀 옆에 관자 양쪽으로 2개 2개 이렇게 잡아 주셨습니다.

그래서 저는 지금도 시력이 좋고 온 몸이 거뜬합니다.

왜 뜸만 하시냐고 물었더니 사연이 있었습니다.

5.16 혁명 당시 지금과 달리 별 3개면 엄청났습니다. 장군 부인한테 한약을 지어주었는데 부작용이 생겨 장군이 자기 부인 살려내라고 돌팔이 한의사야 하고 권총을 이마에 대면서 못 살리면 죽여버리겠다고 하여 너무 놀라 집으로 찾아가서 긴급히 뜸을 몇 군데 놓았더니 한잠 자고 상태가 좋아져 위기의 순간을 넘긴 적이 있어 그 이후부터는 한약도 사람의 체질에 따라 부작용 생긴다는 것을 알고 뜸만 떠달라고 합니다.

그 당시 한약방은 서대문 미동초등학교 근처에 있는 충정동이 있기 때문에 충정한의원이라는 이름을 부쳐 장소는 지금 여의도 동부빌딩 3층으로 옮겼지만 충정한의원이라고 한다는 것입니다.

노무현 대통령이 국회의원 시절 소문 듣고 이곳에 와서 치료받고 나중에 대통령도 되고 탤런트들도 안 온 사람이 없고 합니다.

진짜 이분은 조선시대 때 명의 허준이 환생하신 분 같습니다. 뭐라고 말씀하시냐면, 뜸은 만병통치라고 합니다. 틈은 부작용이 없고 못고치는 병이 없다고 합니다. 다만 시일이 오래 걸릴 뿐이지 성질 급하게 속전속결로 빨리 고치겠다는 그 심보를 가진 사람은 뜸의 효과와 효능을 믿지 않는 사람이기 때문에 그런 사람은 치료가 더디다고 합니다. 자기를 믿는 것만큼 병을 고칠 수 있는데 자기는 꼭 고쳐준다고 하는 말은 안한다고 합니다.

한번 해봅시다 이렇게 말한다고 합니다.

전생에 나하고 무슨 인연이 깊은지 나를 너무 좋아합니다. 그동안 살면서 겪은 이야기를 연속극 30부 작으로 이야기 하는 것처럼 틈날

때마다 저에게 들려주신 것입니다. 우선은 고향을 말씀하시는데 백범 김구가 출생한 황해도 연백이라는 곳이라고 합니다. 그리고 거기서 박정희 대통령 당시에 중앙정보부장을 했던 김형욱 부장도 같은 고향 사람이라고 합니다.

6.25가 터지기 2년전에 1948년경 대학을 가기 위해서 서울로 내려와서 친척집에서 먹고 자고 하면서 한의학대학을 다녔는데 그 뒤에 6.25를 만나고 수많은 우여곡절을 겪은 끝에 한의사가 되어 약을 짓고 침을 놓고 뜸을 놓으면서 남의 밑에 있었는데 4.19혁명 나기 전에 독립해서 한약방을 차렸는데 아까 이야기한 것처럼 4.19 개엄시절에 장군 부인의 한약을 잘못 지어서 죽을 고비를 넘긴 것이 충격이 돼서 지금까지 몇 십년을 뜸만 뜨는 것으로 마음이 바뀌어서 뜸의 대가가 되었다가 자랑스럽게 말씀하십니다.

그래서 가족관계를 물었더니 할머니 한분과 아들이 둘에 딸 하나인데 아들 딸들이 다 잘 풀렸다고 합니다. 그 이상은 얘기를 안하고 뜸의 중요성을 얘기하는데 이 부분을 저한테 강조하는데 이 글을 읽는 여러분들은 뜸 놓는 이원장님 말씀을 부처님 말씀으로 생각하시고 들으셔야 됩니다.

나는 100% 말씀의 진실이 느껴지기 때문에 확신을 했습니다.
이분이 바로 약사여래불의 화신이라는 살아 있는 명의라는 것을 가장 중요한 것은 이분의 인격입니다. 사치도 모르고 크게 부당하게 많은 돈을 요구하거나 특별히 비싼 약을 보약이라고 지어서 팔기 위해 권하거나 그런 것이 없고 오직 3만원 뜸값이 왜 이렇게 비싸냐고 남들이 묻거나 따지지 않느냐고 제가 장난삼아 가슴 아픈 부분을 찔러서 얘기하면 웃으면서 하시는 말씀이 비싸면 안오면 될거 아냐 싸게 해서 사람을 많이 오게 하면 과로로 자기가 기가 빠져 죽는다고 비싸며는 가치를 인정하는 사람만이 서너 명이 오더라도 오기 때문에 자기 건강을 유지하고 진짜 고칠사람만이 오시는 거니까 싸게 다 매박리로 물건 찍듯이 만들어 파는 것이 의술이 아니지 않느냐고 그래서 자기는 카드도 안되고 외상도 안되고 온라인 송금도 안되고 비싸다는 사람은 안와도 좋으니 이런 사상을 갖고 한다는 것입니다. 이치가 그럴듯 합니다.

그리고 우리 이 원장님은 자기 죽기 전에 꼭 날 보고 뜸자리 잡아 줬으니까 아프며는 혼자 거울보고 부작용이 없으니까 뜸을 놓을 지언정 병원 가지 말라고 그래서 뜸 자리를 다 잡아줘서 내 혼자 거울 보고 시력이 않좋고 침침할 때는 눈 관자 자리에 뜸을 뜨고 소화가 안될 때는 배꼽 위에 뜸을 뜨고 기침을 하면 폐에 먼지가 들은 걸로 알고 폐 뜸자리에 뜸을 뜨면 기침이 딱 멈추고 시력이 밝아지고 소화가 잘되고 진짜 만병통치라는 것을 직접 실험했기 때문에 많은 사람에게 뜸을 권했습니다.

텔레비전에 나오는 유명한 김○○ 그분에 대해서 물어 보니까 라이벌 아니시냐고 메스컴에 나오고 제자도 많이 거느리고 하니까 최 원장님께서는 나이는 나보다 좀 많지만 어떻게 비교를 나하고 할수 있느냐고 자기는 국가가 인정한 한의대를 나왔고, 한의사 면허증이 있고 그분은 뜸과 침을 놓을 수 있는 의사가 아니고 옛날에 침구사라는 자격증이 있는 것이지 정식 의사는 아니라고 그러면서 나라에서 면허증 있는 의사와 어떻게 그렇게 비교를 할수 있느냐고 섭섭하다고 말하는 것입니다.

그래서 제가 잘못했습니다. 이시대 최고의 지존이시고 존엄하시고 위대하시고 하나님 보다도 뜸에는 대가이시고 부처님과 같은 급수이신 약사여래불의 후신이신 최원장님을 조금이라도 심려를 끼치는 말을 함으로써 큰 잘못을 저지른 저를 자비스럽게 관세음보살 같이 용서해 주십시오. 다시는 이런 말을 하지 않겠습니다. 그러니까 깔깔깔 웃으시면서 날 보고 재밌고 즐겁고 기쁘다고 말동무가 돼줘서 그래서 제가 물었습니다.

이 부분은 그날 물어본게 아니고 그 뒤에 며칠 있다가 한가할 때 연장해서 물어보았습니다.

뜸을 놓을 때 향불로 불을 댕겨서 강화도에서 나오는 인진쑥을 돌돌 말아서 성양개피 1/3 정도 작게 말아서 싸구려 만수향으로 불을 붙여서 놓으시는데 왜 싸구려 향을 쓰십니까 제가 좋은 향을 한곽 갖다 드리겠습니다 하니까 모르는 소리 하지 말어, 여기에 비법이 있는거여, 왜냐하면 향 냄새가 좋고 비싼 향은 독성이 강해서 약효가 별루 없는 것이여, 싼 만수향 시골 장터에서 팔고 한 곽에 1,000원짜리 냄새가 적게 나는 싸구려 향 일수록 뜸에 효과가 더 있는거여. 왜냐 하면 쑥이라는 것이 독한 향불로 댕길 때 파괴될 수 있기 때문에 싼걸로 불 댕기는 역할만 하는 것이지 다른게 아녀, 이 말에 충격을 먹었습니다. 작은 뜸을 성냥개피 1/3로 돌돌 말아서 작게 뜨는 것은 사람도 심약한 사람한테 무거운 돌을 옮기라면 못하거나 갑자기 기운이 다 빠져 소모되는 것처럼 빨리 병을 고치겠다고 많은 양의 쑥을 듬뿍듬뿍 놓게 되면 면역 세포가 너무 놀라서 피하느라고 효과가 없을 수 있기 때문에 조금 조금씩 서서히 혈관의 부위를 찾아서 아픈 곳에 핏줄 위에 올려놓으면 그 속에 살고 있는 백혈구가 뜨거워서 왔다 갔다 하면서 피해 다니다가 나쁜 세균을 잡아먹는데 운동하고 나서 배고프면 사람도 밥을 맛있게 먹는 것처럼 그 부위가

뜨거워지면 왔다 갔다 하면서 숨어 있는 나쁜 세균들 바이러스 균들이 혈액 속에 있는 것을 잡아먹기 때문에 병을 고치는 이치가 된다는 것입니다.

또 적혈구는 산소공급을 해주고 하기 때문에 적혈구도 중요하지만 균들하고 싸우는 백혈구는 훈련이 잘된 공수부대라 해병대처럼 경찰처럼 직접 총격전을 하고 싸우는 전투 요원이 혈관 속에 있는 흰핏돌 흰백자를 써서 백혈구라고 자세하고 알기쉽게 설명을 해 줍니다.

적혈구는 핏줄을 움직이게 하고 산소 공급이 주원인이고 균하고 싸우는 것은 백혈구이기 때문에 면역력을 강화시키려면 백혈구 숫자가 몸에 늘어나야 되기 때문에 백혈구도 아들 딸 손자 증손자 까지 계속 새끼를 낳아서 나쁜 균만 들어오면 잡아먹도록 하면 건강해질 수밖에 없는 것이 쑥 뜸의 이치라는 것입니다. 그래서 제가 상상을 했습니다.

그리고 최원장님께 바로 질문을 했지요.
원장님 저는 말씀을 듣자마자 참선을 해서 그런지 이해가 너무 잘 되면서 비유법이 생각이 납니다. 작은 핏줄이라고 하지 말고 큰 도로공사 할 때 도로속에 녹관을 묻게 되면 그 속에 사람도 들어가고 동물도 왔다갔다하는 것처럼 하수도 녹관과 같은 것이 혈관이고 혈액은 흘러가는 물줄기 같은 것이고 백혈구는 흘러가는 물줄기는 따라 들어온 침투한 도둑이나 강도나 혈액속에 들어와서는 안될 나쁜 균들이기 때문에 백혈구가 숫자가 많을수록 싸움을 잘 하는 것 아닙니까. 이렇게 말씀을 드리니까 그럴 듯한데 내가 알기 쉽게 설명해줄게. 나쁜 균이 들어왔는데 백혈구도 그날 자기가 잡아먹을 만큼 먹으면 한계가 있기 때문에 안먹어. 뷔폐식당 가봤지? 네. 뷔폐식당

에 있는 그 많은 음식 다 먹어? 아니지? 먹을 만큼 먹으면 내버려두
지 균들도 똑같애, 아무리 나쁜 균이 들어와서 자기 먹을 만큼만 먹
지 더 이상 먹지 않어. 그래 작게 뜸을 뜨라는 거야. 그래서 작은 뜸
을 뜨게 되면 뜨거워서 나쁜 균도 피할려고 하고 좋은 균 백혈구도
그렇게 갑자기 뜨거워지면 하수도 녹관을 왔다갔다 하는 것처럼 난
리가 난 것처럼 좋은 균 나쁜 균이 왔다갔다 하게 되어 있어. 그러다
보면 전쟁이 벌어지게 되는거야. 백혈구도 죽고 세균도 죽고 전투를
끝내려면 산사람들도 죽은 사람 시체를 치워야 냄새도 안나고 자기
네가 살수 있는 것처럼 균들의 세계도 죽은 시체들을 쓰레기처럼 폐
기시켜야 되고 없애려고 하니까 있는 힘을 다해서 혈관 바깥으로 세
포바깥으로 내보내는 작용이 고름이 되고 고름이 온도가 안맞으면
딱지가 되는거야. 그러니 딱지가 생긴다는 것은 그만큼 치료가 된다
는 것이지. 그래서 1 뜸 2 침 3 약이라는 거야.

어느 부위든 세균의 장난으로 병이 생기는 거거든. 잘 알았지. 딱
지가 나온다는 것은 고름이고 고름은 죽은 백혈구와 세균의 시체라
는 것이지. 그러니까 나을려고 하면 뜸을 뜨고 나서 간질간질해 지
는 거야.

고름이 나온다는 것은 좋은 현상 딱지가 생기는 것은 더 좋은 현상
그래서 내부에 있는 균들을 바깥으로 고름을 만들어 뿜어 대니까 혈
액이 맑아지고 혈관속이 깨끗해져서 원상회복이 되는 이치야. 내말
이 맞지? 그런데 바보같이 금방 병 고치겠다고 어리석게 큰 뜸을 놔
서 한번에 빨리 고치겠다네. 뜸은 서서히 오래 뜨야 효과가 있는거
야. 허리 디스크도 고칠 수 있나요? 목 디스크도 고칠수 있나요? 이
렇게 물으니 당연하지. 우리 몸에 뼈가 바치는 걸로 알고 있는데 뼈
는 별것 아니야. 피아노 끈처럼 힘줄이 바쳐줘서 뼈가 유지되는 거

니 뼈가 무슨 힘이 있어? 허리 디스크나 목 디스크는 힘줄이 오므려든 거야. 그 아픈 허리나 목 부위에다가 뜸을 조금 조금씩 뜨면 힘줄이 늘어나. 늘어나면 병을 고치는 거야. 수술 안해도....

약 먹어봐야 소용없어. 먹을 때 분이다. 암도 고치나요? 고쳐보셨나요? 진짜 명의는 사람 셋은 죽여봐야 명의 소리 듣는거여. 요렇게 하면 고칠 것 같은데 약을 잘못 써서 죽은 거야. 자기만 의사만 알아 그렇지만 말을 안하지.

엄청난 양심의 가책을 느끼기도 하고 약이나 수술은 잘못하면 멀쩡한 사람 죽일 수도 있어. 그게 의료사고야. 근데 방법이 없어. 간단히 말하면 되니까. 너무 늦게 왔습니다. 이 말 한마디면 더 이상 환자 가족들은 묻지도 따지지도 못해. 자기는 그래서 뜸을 뜨라는 거야. 그리고 앞으로 내가 죽은 후에라도 아는 보살들 한테 얘기해요. 자기 몸을 의사면허증 없는 사람한테 고쳐달라고 맡기지 말라고.... 의사와 의사 아닌 사람이 어떤 차이점이냐 하면 의대에서는 한의사가 되든 양의사가 되든 시체 해부학을 배워. 장기가 어디 있는지, 배를 갈라서 직접 눈으로 목격하기 때문에 이런 것을 보고 느끼는 것은 이론은 인체도 그림과 달리 붙어 있는 위치가 조금씩 다르고 장기가 큰 사람이 있고 작은 사람이 있고 다 다르기 때문에 잘못하면 결과가 달라질 수 있다는 거지.

근데 뜸은 부작용이 없어. 흉터가 약간 남을 뿐이지 죽으면 없어질 몸뚱아리 병 고치겠다는 사람이 흉터 조금 남는 것으로 뜸을 갖다가 무시해! 또 한약방에서 뜸을 놓으면 돈이 안돼. 얼마를 받을 거야. 환자도 뜨겁다고 싫어하고 냄새난다고 싫어하고 으리으리하게 해놓고 간호사에 컴퓨터에 실내장식에 조명에 그렇게 해 놓은 그 돈이 누구 돈 이겠어? 환자들 돈이야. 나는 그래서 혼자 하는거야. 그런데 많은 사람들이 소문 듣고 와서 뜸 한번 뜨고 금방 병을 고쳐달라고 해. 한번이라는 건 없어. 꾸준히 뜨야지.

내가 그래서 다시 최원장님께 물었습니다.

가난한 사람은 못오겠네요. 그랬더니 어쩔수 없어. 나도 살아야지.
싸게 해서 과로로 죽으란 말이야. 내 나이가 이제 90이 다됐는데.

스트레스는 어떻게 푸세요? 좁은 공간에서 매일 환자만 상대하다
가 낙이 뭐가 낙이예요? 이렇게 물었더니 현담스님하고 이야기하는
게 낙이야.

진짜 잘 고친다고 소문났어요. 대단하세요. 그랬더니 뜻밖에 재미
있는 말씀을 하시는 겁니다. 나는 내가 고치는게 아니야. 나는 복이
많아서 이 병원 저 병원 다 다니고 이 한약방 저 한약방 다 다니고
병 고치려고 무척 애썼던 사람들이 많은 돈과 시간을 낭비했는데 다
나을 때 쯤 되니까 나를 찾아와서 뜸 한번 뜨 줬더니 나았다고 좋아
하는 거야. 그런 경우도 있지. 복이 있으니까....

사실 내가 고친건 아닌데... 나을 때가 돼서 날 찾아와서 병이 나
은건데...

복이 있어서 그런가봐. 그런데 반대로 안되는 한의사는 죽을 사람
이 찾아오거야. 이 사람은 아무래도 죽을 것인데 병월에 안가고 치
료한다고 버티다가 상태가 아주 안좋은데 마지막으로 119 구급차 타
고 병원에 가거나 하게 되면 죽을 환자가 그 의사한테 나타나면 의
사가 죽인 것처럼 그 병원은 들어가면 잘 못고치고 죽는다고 소문이
나는거야. 복이 없는 사람이지. 나는 살 사람만 다 와서 잘 고친다는
말을듣고... 그러니가 그런줄 알어. 아~ 그래서 복이 있으신 원장님
은 좋은 사람만 많이 만났군요. 그렇다고도 보지만 실력이 있지. 사
람을 딱 보면 알지. 싫은 사람 있지. 자기를 믿는 사람이 있지. 그
래...

그러면 제자는 안 두십니까? 돌아가시면 어떡하죠?

다 필요 없어. 원광대학교 한의학과를 나온 서른다섯 된 한의사가 내가 치료하는거 제자가 되어서 배우고 싶고 비디오로 녹화를 해서 허준처럼 영원히 남기고 싶다고 하는데 그래서 마음에도 들고 그래서 제자로 1주일에 한번씩 와서 내가 치료하는거 보고 배우라고 최대한 가르쳐 줬어.

그리고 간단한건 치료해 보라고 옆에서 나를 찾아오는 환자를 소개도 시켜줬는데 환자들이 다 싫다는 거야. 싫다고 하는데 어떡할 거야. 치료 안받겠다는데 어떡할 거야. 방송국에서도 기자들이 많이 와. 피디들도 오고 치료받으러…

요 앞에가 KBS잖아 특집으로 내 주겠다고 그래서 내가 헛소리 할려면 오지 말라고… 지금 오는 사람만 해도 내가 벅찬데 방송 나와서 내가 무슨 이익이 되겠어. 그래서 인터뷰 거절했고 사람들 하고 대화도 안하는데 어떻게 현담스님하고는 인연이 있는가 맘이 편안하고 술술술 얘기가 다 나오네. 나는 가끔 한달에 한번이든 두달에 한번 임진각에 가서 술 한잔 먹고 고향 바라보다가 오는게 내 낙이야. 할머니는 돈만 밝혔지 결혼해서 몇 십년을 살아도 대화가 안돼. 내가 뜸 논 돈만 낮에 도시락 가지고 와서 방석 밑에 놓은 돈 매일 수금해 가. 대화가 안돼. 하고 싶지도 않고… 근데 현담 스님하고는 말이 잘돼.

나 할 얘기는 엄청나게 많거든…. 뜸이 최고여 못 고치는 병 없어. 내가 오늘은 이만하고 다음에 내가 얘기를 또 할게 있어. 그렇게 해서 또 세월이 흘러 두 세달이 지났습니다.

궁금한걸 하나 물었습니다.
병을 고치는 사람 마음가짐은 어떻게 해야 되나요?
의사들의 마음가짐, 그랬더니 의사 힘들어. 스트레스 많이 받어…

그러나 천직이지 뭐야. 나는 경주최씨야... 현담스님 다니는 선방에 가고 싶어.

그러나 가진 못하지... 왜냐? 환자가 찾아오니까... 이게 내 직업이야. 명심해.

원기를 회복하면 되는거야. 뜸은 서서히 조금씩 한달 두달 석달 치료하는 것이지 단번에 고친다고 큰 뜸을 놓거나 하면 안돼 흉터만 생겨...

이렇게 말씀하시는데 진짜 대단하신 분이란 생각이 들었습니다.

오늘은 이만 끝 다음에 또 이야기 하겠습니다.

여러분들은 이 글을 읽으시면 그럴 듯하다고 생각하실 것입니다.

인터넷 구글에서 충정한의원 치면 이름만 나옵니다.

그 건물은 지금 한의원은 없어졌고 살아계시는지 돌아가셨는지 소식을 모릅니다. 2005년도부터 2015년도까지 10년간을 내가 아는 보살님들 가족들 현담스님의 소개로 왔다고 그 많은 사람을 보내도 꾸준히 가는 사람이 없고 존경심으로 대하는게 아니고 한동안 왔다 갔다 하다가 그만둔 사람이 너무 많아.

안타까운 것을 많이 경험했습니다. 그래서 약사경 책을 만들면서 뜸의 중요성을 알리고 싶어서 이 글을 쓴 것입니다.

할 말을 다 할려면 한이 없습니다. 이것으로 일단 끝마치겠습니다.

나중에 생각나면 재판 찍을 때 2부로 말씀드리겠습니다.

왜 이렇게 좋은 뜸을 한의원에서는 좁쌀 뜸을 안뜰까요?

첫째 돈이 되지 않는다. 둘째 냄새가 난다. 셋째 상처가 난다. 상처가 남으로써 의료사고 손해배상 청구 소송을 당할 수도 있기 때문에 안한다는 것입니다.

안타까운 21세기 첨단과학 의료장비 속에서 사라지는 뜸의 치료방법을 알려드리고 싶어서 중요성을 강조하고 싶어서 말하는 것입니다.

  절대 뜸은 크게 뜨지 마십시오. 금방 고치려고도 하지 마십시오. 치료 잘한다고 의사 면허증이 없는 분에게 몸을 맡기지 마십시오. 이것이 최원장님의 사상입니다.

병의 원인(현담스님 체험담)

여러분, 기가 빠지면 죽습니다. 기라는 것은 아주 중요하기 때문에 원기회복이 건강에서 제일 중요합니다. 배가 고프면 허기가 졌다고 하고, 힘이 없어 보이면 기운이 없어 보인다고 합니다. 눈에는 보이지 않지만 이 기에 대해서 간단히 한의학적 학문을 이용하여 알려드리겠습니다. 건강한 사람은 힘이 넘칩니다. 그런데 이 넘치는 힘이 빠지면 안됩니다. 음악을 너무 들어도 기가 빠지고, 눈으로 이것 저것 많이 봐도 기가 빠집니다.

아주 알기 쉽게 말하면, 외국 여행가서는 볼 것도 많고 들을 것도 많고 친구와 말도 많이 하기 때문에 눈으로 귀로 입으로 걸어다니면서 사진찍고 이것 저것 보느라고 기가 빠지기 때문에 호텔 방에 와서 잠을 푹 잡니다.

왜 그럴까요? 그 이유는 간단합니다.

몸에 기가 빠졌기 때문에 그런데 다시 자고 나면 회복이 되고 충전이 됩니다.

그래서 여행이 좋다는 것입니다. 누가 가기 싫은 사람 있겠어요. 해외여행 가려면 시간 복, 돈 복, 건강 복 이 세 가지가 다 필요합니다. 돈도 있고 시간이 있는 사람은 건강이 안좋아 못가고, 건강도 있고 시간도 있는 사람은 돈이 없어 못갑니다. 돈도 있고 건강도 있는데 못가는 사람은 직장이 바쁘고 사업이 바쁘고 집안에서 애들 키우느라 바빠서 못가는 것입니다.

세 가지가 딱 맞아 떨어지기는 힘듭니다.

부처님 건강법 책을 읽는 여러분, 건강이 중요하지만 왜 태어났는지, 왜 살아야 되는지 깊이 생각해야 됩니다. 죽은 다음에는 몸도 필요 없는데 영혼만 남은 상태에서는 아픔도 끝입니다. 살아 있을 때 잘 살아야 됩니다.

인심 잃지 말고 인색하지 말고 인간의 욕심이란 한이 없습니다.

일억을 모으고 싶은 사람은 모은 다음에 안정을 느끼지 않고 10억이 없다고 자기는 가난하다고 불쌍하다고 하는 것이 중생입니다. 10억 있는 사람은 100억이 없다고 100억에 비해서 새발에 피라고 부끄럽다고 100억 있는 사람은 1,000억이 없다고 나는 별개 아니지만 불쌍한 사람 같다고 100억이 돈이냐고 이렇게 끝이 없이 인간의 욕심은 한이 없다는 것입니다. 바닷물은 언젠가 마르지만 인간의 탐욕은 영원히 마르지 않는다고 부처님이 말씀하셨습니다.

돈 벌려고 건강을 해치면 병원비가 더 들어가고 수술비가 더 들어갑니다.

일단 사표를 내고 쉬더라도 다른 직장을 찾더라도 스트레스 받지 말고 건강을 생각해야 됩니다. 만약에 결혼한 남자 같으면 처자식은 어떻게 먹여 살리냐고 하는데 다니기 싫은 직장 다니면서 병을 얻는 것 보다는 일단 휴식을 통해서 쉬다 보면 길이 보입니다. 길이 나옵니다. 인생이라는 것은 한 눈으로 봐야 됩니다. 건강을 잃은 다음에는 아무 소용없습니다. 기가 빠지면 죽습니다. 불이 훨훨 타는 것은 화기라고 하고 술을 먹은 기운은 술기운이라고 하고, 그리고 기분 좋게 잘 노는 것은 놀기 좋아 한다고 합니다. 기가 빠지지 않고 가장 건강하게 사는 방법은 이유없이 정액 보존입니다. 자신있게 현담스님이 말하는 것입니다. 여자든 남자든 똑같습니다. 꿈 가운데 배출이 되는 것도 마찬가지입니다. 정액만 잘 보존하면 무병장수 착한 부인이랑 사는 사람이 병이 걸리는 이유중에 하나는 남편이 부부관계 해달라는거 다 해주다 보니 남편의 기가 빠져서 눈동자가 충혈되고 맥이 없고 힘이 없고 지치게 만들어 단명하게 만드는원인이 착한 부인이 남편의 성적 욕구를 발로 뻥 차서 거절하지 못하고 마냥 들어주다 보니 병을 만나게 하거나 단명한 원인을 제공할 수 있다는 것입니다.

 스님들은 혼자 사는 이유가 딱 한가지입니다. 정액을 보존해서 건강한 몸으로 생사해탈에 대도를 닦고 육신통이 터질 때까지 닦고 또 닦는 것입니다.
 귀신들은 반드시 우리 주변에 있습니다. 눈으로 보는게 아닙니다. 귀로 듣는게 아닙니다. 냄새로 맡는게 아닙니다. 느낌으로 아는 것입니다. 참선을 많이 하면 일반 중생이라도 기가 빠진 사람에게 영가나 귀신이 붙어 있는 사람을 느낌으로 압니다. 참선 많이 한 스님들은 알아도 말을 하지 않습니다.
 왜냐, 知者는 無言이라고 말하지 않습니다. 무엇하라고 권하지도 않습니다. 기도해 주라고 말하지도 않습니다. 돈을 요구하고 기도비를 요구하고 하는 것은 진정한 선객이 아닙니다. 염력으로 텔리파시로 귀신에게 산 사람처럼 법문을 해 줍니다. 왜 그렇게 애착으로 붙어 다니고 쫓아다니며 살아 있는 사람 힘들게 하고 괴롭게 하고 고통을 주느냐고 절대로 이 순간부터는 새몸을 받아야되고 인도 환생하여야 되고 서방정토 극락세계를 가야되니 한맺힌 영가여 중생성불 찰라 간이니 훌쩍 떠나가시오. 이렇게 염력을 보내면 귀신들은 사람의 생각과 마음을 읽기 때문에 법문 잘 들었습니다. 이제는 나쁜 악신에서 선신으로 바뀌어서 더 이상 애착 갖고 산사람 주변에 얼씬거리지 않겠습니다.
 이렇게 떠나가도록 하는 것이 마음의 세계 이심전심 잡신귀신을 천도하는 길입니다. 모든 게 돈으로만 되는 게 아닙니다. 마음의 세계 우울증 걸려서 죽은 사람은 귀신이 되서 비슷한 조건을 가진 사람에게 붙을 수 있습니다.

그러기 때문에 모든 것이 기가 빠지면 안된다는 것입니다.

다시 한번 강조하지만 마음을 닦고 건강한데 힘이 넘치는데 이 욕구 욕망 어찌할가요. 가장 성욕심이 강한 것은 고등학생, 대학생입니다. 대입 시험공부하다가 정액이 배출되면 도로아마타불입니다. 실력이 나지 않습니다. 기억력도 감퇴되고 졸립기만 하고 하품만 나오고 기억력이 살아나지 않아 시험에 떨어지는 원인이 될수 있다는 것입니다. 여자도 마찬가지입니다.

군대에서는 한창 나이 20대 때 쇠를 십어 먹어도 소화가 될 정도로 왕성한 체력이 있는데 성욕이 안생기는 이유는 제 경험담입니다. 바쁩니다. 바뻐...

훈련이 고됩니다. 고되... 해야 될 일도 많고 잠도 부족하고 개인 시간이 단 5분도 없습니다. 오줌 누고 오줌방울 털 시간이 없다고 할 정도로 돌립니다.

가만히 놔두지 않습니다. 할 일 없으면 망상 들어온다고 고향생각하고 여자 생각한다고 일을 시킵니다. 사욕으로... 그래서 사건 사고가 또 안납니다.

요즘 군대는 스마트폰을 사용할 수 있게 하고 시간을 많이 주기 때문에 한창 나이에 망상피고 어찌해야 될지 모를 정도로 심각한 수준이 될 것라고 예측합니다.

부처님건강법 책을 읽는 여러분 몸 안에 수많은 벌레가 있다는거 잘 아셨죠? 이 벌레도 먹고 살기 위해서 인간한테 밥을 먹으라고 하고 과일을 먹으라고 하고 자기 좋아하는 고기를 먹으라고 하고 뇌로 신호를 보내서 먹게 만듭니다.

그래서 식성이 각각 다른 것은 먹는 것이 몸안에 벌레들이 청구하기 때문에 채식체질이냐. 육식체질이냐. 체식육식 혼합체질이냐 나오는 것입니다.

이 부처님 건강법 책 내용의 핵심은 바로 이것입니다.

사람은 살기 위해서 먹어야 되고 싸야 되고 잠자야 되고 기분지수도 맞춰서 살아야 되는데 음식을 먹으면 피와 살을 만들고 피는 뼈속에 물 골수를 만들고 골수는 정액을 만든다는 사실입니다. 이 정액이 배출된다는 것은 몸의 건강을 해치는 근본이 됩니다. 그러니 몸 발란스를 잘 맞춰야 됩니다. 보약보다 더 중요한 것은 음식입니다. 음식으로도 못 고치는 병이 있다면 보약으로도 못 고친다는 말이 있습니다. 잠을 또 잘 자야 됩니다. 수면제 먹고 자는게 습관이 된 사람은 간이 나빠집니다. 합병증이 온다는 것입니다.

잠 잘 자고 밥 잘 먹고 똥 잘 싸면 기본적으로 병이 없다는 것은 명언이며 첫째도 정액보존, 둘째도 정액보존, 셋째도 정액보존입니다.

대한민국에서 이런 것을 이렇게 권하는 스님은 현담스님밖에 없을 것입니다.

왜 그러냐하면 경험이 있기 때문에 그렇습니다.

제가 30대 때 지리산 금대암 토굴에 들어갔는데 사람 얼굴보지 않는 결재한다고 그 당시 금대암 주지스님이 진명스님이었는데 저를 무척 좋아했습니다.

1300년 된 금대암은 지리산에서 제일 좋은 곳입니다. 대웅전 밑에 80m 정도의 거리에 약수터가 하나 있고 약수터 옆에 속가 동생 영명스님이 지리산 마지막 수행자인데 대단한 스님입니다. 자기가 토굴을 지었습니다. 나이는 나랑 한 동갑인데 전생에 많이 닦아서 도가 높은 분입니다. 이 토굴을 지었으니 나는 요번 철에는 다른 곳에서 하니 현담스님이 하고 싶다면 한철 들어가 하시오. 그런데 이곳은 기가 세서 1주일 만에 죽는 사람이 나올 수 있는 터요.

아주 옛날에는 내가 이 토굴을 짓기 전에는 성철선사 스승 동산선사가 이 약수터옆 토굴에서 한철을 났어. 6.25 끝나고 빈터만 남을 것을 내가 지었어.

내가 3년 살다보니 권태가 나니까 비어있으니 현담스님이 한번 정진해 보시오. 그래서 알았습니다. 생사해탈에 대도를 닦겠다고 발심하고 지리산을 좋아하는 제가 이곳에서 정진할 수 있다니 영광입니다. 그렇게 하겠습니다.

그리고 형제간이 스님이기 때문에 동생인 진명스님이 형인 주지 진명스님에게 부탁을 해서 허락이 떨어진 것입니다. 그래서 너무 감동을 받고 열심히 정진하러 들어갔습니다. 그리고 정진을 했습니다. 60일째 되던 날 3개월을 못 채우고 정진이 끝장이 났습니다. 왜냐.... 꿈 가운데 귀신한테 홀린 것입니다.

생시로 착각하고 잠이 들어서 꿈을 꾸는데 지리산 벽송사가 보입니다.

벽송사가 멀지 않기 때문에 몇 번 산책삼아 조실 원응선사에게 법문도 듣고 하기 위하고 다녔던 것이 꿈에는 벽송사 찾아가다가 혼자 있는데 올라 가다가 바위 밑에 다리가 아파서 혼자 쉬고 있는데 어떤 여인이 키는 크지도 작지도 않은 아름다운 모습에 비녀를 꽂은 머리에는 무엇인가 이고 가는데 불공을 드리러 벽송사로 올라가는 보살 같았습니다.

그런데 스님이 혼자 바위 밑에 힘들어 쉬고 있으면 아는 척이라도 해야 되는데 쌀쌀맞고 냉정한 모습으로 아는척도 하지 않고 싹 앞만 보고 걸어 올라가는데 참 희안하다 왜 저럴까? 그리고 말았습니다. 그런데 조금 쉬다가 느낌이 누군가가 바위에 앉아 있는 것 같아서 고개를 돌려서 바위에 걸터앉은 사람을 보는 순간에 깜짝 놀랐습니다. 조금전에 올라갔던 아름다운 모습에 말 없는 무표정한 여인이었습니다. 거기까지는 정상인데 고개를 돌려서 다시 한번 보는 순간에 치마 속을 봤습니다. 그 순간에 나도 모르게 몽정을 하고 말았는데 여자는 간곳도 없고 축축하게 모든 상황이 끝났습니다.

그 뒤에는 힘이 없고 참선도 되지도 않고 기가 다 빠져서 한들을 허송세월을 보내다가 하산을 했습니다. 그 뒤에 큰스님들한테 경험담을 얘기했습니다.

그랬더니 정일선사께서 지리산에는 담정귀라고 있는데 지리산은 여신이기 때문에 남자수행자가 들어오면 정기를 뽑아 먹어야 그 냄새로 천년을 더 산다고 비구들만 그렇게 기를 연극하듯이 홀리게 만들어 빠지게 만든다는 것입니다.

그 뒤부터 가급적이면 지리산은 안가게 되었습니다.

전라도 해남 진불암이 터가 굉장히 좋고 편안함을 느꼈고 충청도 진묵대사가 계셨던 봉림사가 경치도 좋고 산세가 좋습니다. 이곳에서 여름에 정진을 하니 지구상에서 기가 가장 맑은 곳 같았습니다.

소백산은 부석사가 좋은데 누각이 좋습니다. 문경 김룡사도 누각이 좋습니다.

그리고 제가 경험했던 사찰 중에서는 가장 힘이 있고 정진이 잘 되는 곳은 역시 부여 무량사입니다. 편안한 기운입니다. 경허선사께서도 계셨고 다 이야기 할려면 너무 많아서 다 못합니다. 더 많은 경험을 했지만 이렇게 많은 것은 산란한 도량은 성욕이 생깁니다. 귀신이 보입니다. 귀신이 느껴집니다. 화두가 잘 안됩니다. 나하고 가장 잘 맞는 터는 인도 영축산입니다. 너무 좋아서 18번을 갔습니다. 그리고 보드가야도 좋습니다. 대만은 잡신이 많은 나라입니다.

중국은 오대산이 최고입니다. 오대산에 가면 망상도 생기지 않고 신심이 나고 힘이 솟아나고 아주 좋은 곳입니다. 중생들은 제 경험담을 믿어야 됩니다.

오대산이 최고, 인도는 영축산이 최고, 우리나라는 설악산을 끼고 속초에서 간성으로 올라갈 때에 그 울산바위에서 나오는 에너지가 엄청나게 좋습니다.

설악산 봉정암 밑에 마을, 강원도 양양군 현북면 진전리 라는 곳이 있습니다.

설악산의 기운은 진전리에 다 모여 있습니다. 너무 기가 맑고 좋습니다.

숨어서 도를 닦는 곳입니다. 앞에는 설악산에서 흘러내리는 물이 흐르고 봉정암에서 기도하는 기도 소리가 들리지는 않지만 기운을 느낄 수 있는 좋은 곳입니다. 나의 살던 고향은 꽃피는 산골 진전리에 한번 가보십시오.

어지간한 병은 이곳에서 쉬면서 물 먹고 폭포수 앞에서 참선하고 산책하면 백두대간의 기를 받아 기분전환 하고 다 고쳐 갈 것입니다.

제가 군대생활 한 곳이 진전리 바로 옆 물치리 라는 곳이 있습니다.

그곳에서 3년간 군대생활을 하였으므로 그래서 지리를 잘 알고 있습니다.

건강하려면 잘 먹고 잘 자야 되지만 잘 싸여 되고 기분 좋아야 되지만 원기회복을 하려면 나이가 먹을수록 원기보존, 정액보존이 중요하다는 것입니다.

어떤 의사는 별거 아니라고 단백질로 구성된 것이 빠져나가는데 날계란 하나만 먹으면 된다고 이런 말을 하는 것을 들었습니다.

부처님 제자인 제 말을 믿으십시오. 세속적인 의사의 말을 듣지 말고...

자 그럼 의학적인 차원으로 정리했습니다.

한번 읽어보세요.

현대 의학에서도 질병에 대해 정의(定義)하는 일은 쉬운 일이 아니다. 하지만 '氣의 의학'의 시름판에 서면 간단히 단언할 수가 있다. 곧 질병이란 '몸 안의 氣의 균형(均衡)이 상실된 상태'이지 다른 것이 아닌 것이다.

《소문》〈조경론편(調經論篇)〉에「혈기가 화(和)를 잃으면 백병(百病)이 변화를 일으켜서 일어난다.」고 나온다. 이런 '혈기 불화'의 상태가 넓은 의미의 병이다.「백병」이란 구체적인 자각·타각(他覺) 증상을 수반하여 나타나는 여러 가지 질환, 곧 좁은 뜻의 질병을 의미한다.

부처님 말씀은 자업자득이라고 했습니다. 병이 생기는 것도 피해 갈 수 없는 업보라고 합니다. 그러나 신심을 갖고 참선 잘하고 염불 잘하고 마음 잘 쓰면 죽을 병도 고칠 수 있다는 것 입니다. 어떻게 마음을 쓰느냐. 재산이 있는 분은 반을 떼어 그 돈으로 인연있는 사람들 서운하지 않게 골고루 나눠주던지 만날때마다 주던지 하여 인심을 얻으면 좋은 염력을 받아 "그 사람 죽으면 안돼, 살아야 돼" 이런 인심을 얻어 살 수 있습니다. 재산이 아까워서 정리 못하고 생각도 바뀌지 않고 약으로 주사로 수술로 살겠다고 발버둥을 치게되면 그것은 중생심입니다. 생각이 바뀌면 허공계에서 신장들이 불교에 이익을 줘야 신통력이나 가피력으로 살 수 있다는 것이 현담스님의 생각입니다. 중생이 부처님입니다. 아프다고만 하지말고 인심을 얻으십시오. 잘 아셨죠? 스님들 서운하게 하지 말고. 절에 다니는 보살님들 섭섭하게 하지 말고 시주 잘하고 인심을 얻게 되면 확 달라져서 벌떡 일어날 수 있다고 생각합니다.

마지막으로 드릴 말씀은 마음이 몸을 다스린다는 것 입니다. 이것을 유식 전문용어로 안위공동 이라고 합니다. 유투브에서 현담스님 유식강의 안위공동을 들어보세요.

이상 끝~